U0836783

中国财政科学研究院智库丛书

稳中求进的财税政策选择

中国财政科学研究院　编

中国财经出版传媒集团
中国财政经济出版社

图书在版编目（CIP）数据

稳中求进的财税政策选择/中国财政科学研究院编．—北京：中国财政经济出版社，2016.9

（中国财政科学研究院智库丛书）

ISBN 978－7－5095－6864－4

Ⅰ.①稳…　Ⅱ.①中…　Ⅲ.①财政政策－研究－中国②税收政策－研究－中国　Ⅳ.①F812.0②F812.422

中国版本图书馆CIP数据核字（2016）第160630号

中国财政经济出版社出版

URL：http：//www.cfeph.cn

E－mail：cfeph@cfeph.cn

社址：北京市海淀区阜成路甲28号　邮政编码：100142

北京京华虎彩印刷有限公司印刷

787×1092毫米　16开　14.25印张　249 000字

2016年10月第1版　2016年10月北京第1次印刷

定价：38.00元

ISBN 978－7－5095－6864－4/F·5518

（图书出现印装问题，本社负责调换）

质量投诉电话：010－88190744

打击盗版举报热线：010－88190492，QQ：634579818

总　　序

党的十八届三中全会在明确“完善和发展中国特色社会主义制度，推进国家治理体系和治理能力现代化”这一全面深化改革总目标的同时，提出了“财政是国家治理的基础和重要的支柱”的重要判断，充分彰显出财政在国家治理现代化之中的地位与作用。

强调发挥财政在国家治理中的基础和重要支柱作用，是与我国经济社会发展阶段相联系的。在改革开放初期，政府的作用是促进改革和开放，财政改革主要是推动政府职能转换、改进政府与市场关系，让市场在资源配置中发挥更大的作用。随着我国经济社会转型进入新的阶段、国家实力逐渐增强以及大国财政使命的提出，财政在改革和发展中的作用日趋多样化、全方位，涉及经济、政治、社会、文化、生态文明建设各个领域。

在市场经济不断发展的基础上，社会结构及其整个上层建筑都发生了极大变化，社会成员利益关系变得复杂起来。在经济进入新常态的背景下，这种复杂的利益关系对于财政在国家治理中作用的发挥是一个新的考验。改革开放初期，财政政策着眼于关注国内，对于国际环境关注不多，现在财政政策的一举一动都对世界经济产生重要影响；改革开放初期，财政主要解决温饱问题，经济建设成为财政工作的突出任务，现在财政既要解决发展问题，又要解决改革问题，经济、社会、政治、文化和生态文明要协同发展；改革开放初期，中央和地方财政实力虽然都较弱，但地方政府债务也少，现在国家财政实力快速扩张过程中也面临着地方政府债务特别是或有债务快速扩张的问题，财政自身可持续性发展面临挑战。

财政作为国家治理的基础正在发生多维变化。改革开放初期，财政主要从经济维度发挥国家治理基础性作用，主要是处理好政府与市场的关系；在经济社会转型、利益关系多元化背景下，财政要从多维度支撑国家治理：既有国家与市场的维度，也有国家与社会（个人）的维度，以及公共部门内部（包括中央与地方、政府部门之间）的维度。

随着财政发挥作用的多维变化，财政理念也随之发生变化。改革开放初期，政府在市场失灵的领域提供公共服务；随着时代的进步，政府承担的各种责任（城镇化、养老、医疗、教育、环境保护等）在不断增加，在政府能力有限的情况下，政府与社会资本合作呼之欲出。政府和社会资本合作打破了传统主流经济学、财政学的基本看法：政府与市场是水火不相容的，二者是对立的；公共服务领域是市场失灵的领域，只能由政府来干。过去注重政府与市场之间的分工，现阶段则注重在分工基础上的合作。政府与市场关系需要进行再改革，一些新的问题又随之产生：在多元主体提供公共服务的同时如何保障社会公共利益，如何理顺政府与社会的关系，如何理顺政府内部如中央和地方之间、政府各部门之间的关系等。财政全方位、深层次嵌入国家治理体系和治理能力现代化之中，带来了许多需要用全新理论诠释的问题，也考验着各方面的智慧。

面对新阶段、新形势和新任务，财政如何有效支撑和推动国家治理现代化更需要新思路、新思想，财政智库或财政思想库也应运而生。可以说，财政智库是财政有效支撑和推动国家治理现代化的思想源泉，也是点亮财政作用于国家治理的"智慧之灯"。发达国家在财政现代化和国家治理体系与治理能力现代化过程中，财政智库的作用功不可没。要发挥好财政作为国家治理基础与重要支柱的职能作用，财政智库的基础性作用更是不可替代。

第一，财政智库是推进国家治理决策的科学化、民主化和法制化的重要支撑。当前，全面建成小康社会进入决定性阶段，破解财政改革发展稳定难题和应对全球性问题的复杂性艰巨性前所未有，迫切需要健全中国特色的财政决策支撑体系，大力加强财政智库建设，以财政科学咨询支撑财政治理的科学决策、民主决策和依法决策，以财政科学决策引领科学发展。

第二，财政智库是国家治理体系和治理能力现代化的重要内容。纵观当今世界各国现代化发展历程，智库在国家治理中发挥着越来越重要的作用，日益成为国家治理体系中不可或缺的组成部分，是国家治理能力的重要体现。全面深化改革，推进国家治理体系和治理能力现代化，推动协商民主广泛多层制度化发展，建立更加成熟更加定型的制度体系，必须切实加强中国特色新型财政智库建设，充分发挥智库在治国理政中的重要作用。

第三，中国特色新型财政智库是国家软实力的重要组成部分。一个大国的发展进程，既是经济等硬实力提高的进程，也是思想文化等软实力提高的进程。智库是国家软实力的重要载体，越来越成为国际竞争力的重要因素，在对外交往中发挥着不可替代的作用。树立社会主义中国的良好形象，推动中华文化和当代中国价值观念走向世界，在国际舞台上发出中国声音，迫切需要发挥中国特色财政新型智库在公共外交中的重要作用，不断增强我国在国际财经和公共事务的国际影响力和国际话语权。

正是考虑到智力资源是一个国家、一个民族最宝贵的资源，考虑到我国智库发展面临的各种瓶颈，2015 年 1 月，中共中央办公厅、国务院办公厅印发了《关于加强中国特色新型智库建设的意见》，提出加强智库建设整体规划和科学布局，统筹整合现有智库优质资源，重点建设 50～100 个国家急需、特色鲜明、制度创新、引领发展的专业化高端智库。

中国财政科学研究院的前身财政部财政科学研究所（财科所），于 1956 年根据毛泽东主席的指示而成立，2016 年 2 月正式更名。60 年前财科所成立之初，就定位为政府部门的政策咨询机构，以探索我国财政经济问题和培养财政、会计专门人才为己任，为党中央和国务院中心工作服务，为财政经济发展的现实服务。为此，一代又一代财政科研人员为我国财政科研事业做出重要贡献。60 年后的今天，中国财政科学研究院正致力于转型、创新，努力创建一流新型智库。

根据智库建设与发展的规划，本院推出“中国财政科学研究院智库丛书”。该丛书内容既包括本院各年度重要《研究报告》的文集，也包括本院承担完成的一些重大科研项目成果，以及本院研究人员研究、撰写的各类专著。目的在于集中展示财科院的科研成就，扩大科研成果的宣传和社会效果，全面提升财科院的智库影响力。

不忘初心，砥砺前行。我们将明确智库建设的宗旨，在传承既有科研优势和办院特色的基础上，探寻新型高端智库建设的途径，潜心探索财政与国家治理的新理论、新观点、新思路、新对策，与各界同仁一道，共同致力于现代财政制度建设，开创国家治理现代化之美好未来。

"中国财政科学研究院智库丛书"编委会

2016年7月

让宏观调控“归位”

（代序）

刘尚希

宏观调控是政府的一项重要职能。转变政府职能，其中自然也蕴含着宏观调控要创新。而要创新宏观调控，一个重要的前提是，重新认识宏观调控，避免认识上的误区和盲区。

宏观调控≠干预市场

宏观调控的目的是防范区域性、系统性风险，即治理宏观风险，或说经济领域的公共风险。经济运行总是会产生不确定性，进而带来风险。但风险有两种：微观风险和宏观风险，前者是交由市场来处理，微观主体企业自己来化解。例如市场风险、财务风险、信用风险、操作性风险等，在市场竞争过程中总是存在，不需要政府去干预。而宏观风险，则往往需要政府来防范与化解，例如通货膨胀、经济波动、金融海啸、外来冲击等等，这类风险要靠政府采取措施来应对。对于这两类性质不同的风险，长期以来混为一谈，以至于出现各种“干预市场”的观点。把宏观经济风险的存在视为“市场失灵”的表现，同样是因为混淆了这两类风险所致。政府与市场是经济系统中不可或缺的两个基本要素，二者是分工合作的关系，而不是相互替代。所谓“市场失灵”需要“政府干预”的流行看法，是导致政府“缺位”、“越位”和“错位”的重要原因。要让市场在资源配置中发挥决定性作用，就需要政府“归位”，有效治理宏观经济风险，这样才能真正稳定市场预期，让市场机制发挥决定性作用。例如，对某种产品价格的干预、对微观金融风险的兜底、对企业产能的裁定等等做法，都是在干预市场，妨碍市场决定性作用的发挥，而不是宏观调控。

宏观调控≠权力调控

由于宏观经济内生的不确定性及其公共风险的存在，政府宏观调控不可或缺。但宏观调控首先是政府的一种责任，而不是权力。可长期来把这个问题给颠倒了，不是当作一种责任来履行，而是仅仅当作一种权力来行使，宏观调控一旦变为一种权力、权威，就不再是宏观调控，而是行政干预市场运行。宏观调控必须在“宏观领域”，实施调控的主要手段是财政货币政策，即通过对经济参数（通胀率、利率、投资率、消费率等）的影响来发挥作用，从而防范化解宏观经济风险。如果宏观调控变为微观干预，经济调控变为行政命令，宏观风险治理变为微观风险兜底，将会扭曲政府与市场分工合作的关系。

宏观调控的作用是减少经济波动。但当宏观调控从一种责任变异为一种权威时，经济不想波动都难。只有让宏观调控从一种权力回归到一种责任，才能真正达到治理宏观风险的目的。

宏观调控≠包医百病

宏观调控的作用对象是社会总需求，即通过财政货币政策影响社会总需求，促进社会总供需平衡，减缓经济波动。由于对宏观调控的认识出现偏差，在我国过去的实际操作中，有一种倾向，凡是与经济有关的问题，都归结到宏观调控上，如过去有“银根”一说，意指货币的松紧；后来出现“地根”的说法，把土地供应也归结到宏观调控。粮食安全问题、农产品价格、房价、产能过剩等等，都纳入宏观调控的范围。这使得宏观经济只有“调控”而无“管理”，导致许多重大问题，事关全局性、长期性、基础性、战略性问题，也随着宏观调控的节奏变得时而重要，时而次要；时而刹车，时而加油。如电力、猪肉、棉花，过去都是一会儿多了，一会儿又少了；其政策是时而限制，时而鼓励。这实质上是在实施行政调控。宏观调控的扩大化，不但不能解决问题，反而掩盖了风险，导致风险累积、后移。这方面的教训不少，值得总结深思。

宏观调控≠治理长期风险

宏观调控带有应急的任务，应对的是短期宏观风险。与短期风险相比，当前面临的长期风险——中长期不可持续的风险凸显，转方式、调结构，是治理长期宏观风险的基本路径。宏观调控让位于转方式、调结构，也就在情理之中。2014 年政府工作报告明确提出了“底线思维”，经济运行只要不突破底线，宏观调控就不需要出手。不难看出，宏观调控优先的短期操作思维有所淡化，长期风险治理摆到了越来越重要的位置。

而长期风险治理依赖于宏观管理体系的健全和完善。对此，一直认识不足，过去都是以宏观调控代行了宏观管理的任务，宏观管理长期缺位。宏观管理缺位，宏观经济中的各种深层次矛盾和问题长期得不到解决，以宏观调控的方式去解决，能缓解一刻，治标不治本。深层风险不断积累，导致各种矛盾和问题此起彼伏。如发展方式问题、产业结构问题。问题越多，宏观调控就越是要强化；宏观调控越是强化，越是替代宏观管理，问题就越多，由此形成恶性循环。要破解这个循环，必须让宏观调控“归位”，让宏观管理“到位”，形成短、长结合的宏观风险治理机制。唯如此，更好地发挥政府的作用才能实现，市场发挥决定性作用也才有可能。

目录 ■■■■

从供给端发力破解中国中长期经济增长、结构调整的瓶颈

贾　康

中国经济在经受不期而至的世界金融危机冲击之后，也走到了一个自身"潜在增长率"下台阶而"矛盾凸显"对"黄金发展"瓶颈制约日趋严峻的新阶段。往前看，寻求经济增长的可持续，必须在"发展是硬道理"升华为"全面协调的科学发展是硬道理"之后，使中长期发展与有效激发、如愿释放内生潜力与活力相结合，使经济增长质量真正提高，使强调多年的优化结构、加快发展方式转变成为现实。而相关分析认识现在指向一个人们无法回避、议论纷纷的问题：为使中国中长期经济增长、结构调整所面临的瓶颈制约得到破解，需要构建什么新的思路？我们认为回答这个问题，首先需要得到理论创新之光的烛照引领。

我们"新供给经济学"研究群体，已提出了从供给端发力应对现实挑战、破解瓶颈制约的一套认识和建议。在此简要勾划一下：我们所表述的"以改革为核心的'新供给'经济学"，是特别强调了什么理论创新，我们的"理论研究"所联系的"实际"具体落在什么样的系列化基本政策主张之上。（已有文献，有《财经》、《第一财经日报》上的浓缩和重点报道；阶段性研究成果的全文已发表在《财政研究》2013 年第 1 期。）

作为研究者，我们力求有所作为地形成对主流经济学理论框架的反思，和对于实现"中国梦"历史目标的理论创新支撑。相关认识的切入点，是需要对已有的经济学成果有"破"有"立"。

首先说"破"。在世界金融危机和中国改革开放的现实生活经验层面考察，

对经济学理论迄今已取得的基本成果亟需反思。

我们已直率地指出主流经济学认知框架的不对称性。古典经济学、新古典经济学和凯恩斯主义经济学可说存在着一种共同失误——虽然他们各自强调不同角度，都有很大贡献，但是共同的失误确又不容回避——他们都在理论框架里假设了供给环境，然后主要强调的只是需求端、需求侧的深入分析和在这方面形成的政策主张，都存在着忽视供给端、供给侧的共同问题。另外，最近几十年有莫大影响的“华盛顿共识”，理论框架上是以“完全竞争”为对经济规律认知的假设条件，但是回到现实即联系实际的时候，并没有有效地矫正还原，实际上拒绝了在供给侧作深入分析，在这样一个重要领域存在明显不足。世界头号强国美国前几十年经济实践里，在应对滞胀的需要和压力之下应运而生的供给学派是颇有贡献的，其政策创新贡献在实际生活里产生了非常明显的正面效应，但其理论系统性应该说还有明显不足，他们的主张还是长于“华盛顿共识”框架之下、在分散市场主体层面怎样能够激发供给的潜力和活力，但却弱于结构分析、制度供给分析和政府作为方面——因为美国不像中国这样的经济体有不能回避的、解决转轨问题的客观需要，他们也就自然而然地对后一方面的重视程度提升不上去。

我们还可以较直率地评价一下经济学主流教科书仍然存在的和实践“言行不一”的缺点。美国等发达市场经济在应对危机的实践中，实际上是跳出主流经济学教科书来实行了一系列区别对待的结构对策和供给手段的操作，这些他们自己在教科书里面也找不出清楚依据，但在运行中间却往往得到了特别的倚重与强调。比如，美国在应对金融危机真正解决问题的一些关键点上，是教科书从来没有认识和分析过的“区别对待”的政府注资，美国调控当局一开始对雷曼兄弟公司在斟酌“救还是不救”之后，对这家150多年的老店任它垮台，而有了这样的一个处理后又总结经验，再后来对从“两房”、花旗一直到实体经济层面的通用公司，就施以援手，大量资金对特定主体的选择式注入，是一种典型的政府区别对待的供给操作。

在经济发展的“产业政策”方面，尽管美国的理论界很少提及，但其实美国的实践可圈可点，从克林顿主政时期的信息高速公路，到最近奥巴马国情咨文所提到的从油页岩革命到3D打印机，到制造业重回美国，到区别化新移民和新兴经济等一系列的亮点和重点，都不是对应于教科书的框架，而是很明显地对应于现实重大问题，以从供给端发力为特色。

有上述这种反思之“破”而后，我们还强调，必须结合中国的现实需要，以更开阔的、对经济学理论创新有所贡献的视野，考虑我们能够和应当“立”的方面。

第一，我们特别强调的是经济学基本框架需要强化供给侧的分析和认知，这样一个始发命题需要更加鲜明地作为“理论联系实际”的必要环节。

第二，我们强调正视现实而加强经济基本理论支点的针对性。比如“非完全竞争”，应作为深入研究的前提确立起来，因为这是资源配置的真实环境，过去经济学所假设的完全竞争环境虽带有大量理论方面的启示，但它毕竟是一种模型。现在讨论问题应放在非完全竞争这样一个可以更好反映资源配置真实环境的基点上，来扩展模型和洞悉现实。

第三，我们认为市场、政府应各有作为，这也是优化资源配置的客观要求。这里无非是有的放矢地来讨论不同的主体——最主要是市场和政府，其实还有“第三部门”（非政府组织、志愿者、公益团体等），它们在优化资源配置里面可以和应该如何互动。

在基础理论方面我们强调：应以创新意识明确指出人类社会不断发展的主要支撑因素，从长期考察可认为是有效供给对于需求的回应和引导，供给能力在不同阶段上的决定性特征形成了人类社会不同发展时代的划分。需求在这方面的原生意义是不可回避的——人有需求才有动力、才要去追求各种各样的可用资源——但是在经济学角度上，对于有效供给对需求引导方面的作用过去却认识不足。我们从供给能力在不同阶段上的决定特征这样一个视角，强调不同发展时代的划分和供给能力、以及与“供给能力形成”相关的制度供给问题，特别是在中国和发展中国家怎样完成转轨和可持续发展方面的突出问题，也包括那些发达经济体怎样在经历世界经济危机冲击后更好地把理论服务于现实需要。

我们还强调制度供给应该充分地引入供给侧分析而形成有机联系的一个认知体系，就是物的和人的这两个视角在供给端应该打通。各种要素的供给问题和制度供给问题应该是一个体系。通过这样的“立”来回应转轨经济和中国现实的需求，形成的核心概念便是我们在理论的建树和理论联系实际的认知中，必须更加注重“理性的供给管理”。在中国要解决充满挑战的现代化达标历史任务，必须藉此强调以推动制度和机制创新为切入点、以结构优化为侧重点的供给端的发力。当然，这些并不意味着我们就可以忽视需求方面的认识——“需求管理”

的认识在已有的经济学理论成果中已经相对充分，我们希望在供给这方面更丰富地、更有针对性地把认识框架的对称性提高。这样的认识落到现实中间，必然合乎逻辑地特别强调要以改革为核心，在供给端入手推动新一轮制度变革创新。这是有效缓解“滞胀”式的、“中等收入陷阱”式的、“塔西佗陷阱”式的风险、实现中国迫切需要的方式转变与可持续健康发展直通“中国梦”的“关键一招”、“最大红利所在”。我们的研究意图和可能贡献，是希望促使所有可调动的正能量把重心凝聚到中国迫在眉睫的“十八大之后新一轮改革能不能实质性推进”这一问题上，以求通过全面改革和理性的供给管理，跑赢危机因素的积累，破解中长期经济增长、结构调整的瓶颈，从而使“中国梦”的实现路径可以越走越通、越走越顺。

我们在上述基本认识后面引出的新供给经济学的基本政策主张，是以改革统领全局之下的“八双”。

“双创”——走创新型国家之路和大力鼓励创业。

“双化”——推进新型城镇化和促进产业优化。

“双减”——加快实施结构性减税为重点的税费改革和大幅度地减少行政审批。

“双扩”——对外开放格局和新的国际竞争局面之下，扩大中国对亚非拉的开放融和，以及适度扩大在增长方面基于质量和结构效益的投资规模（对于消费的提振当然是比较重要的，已经有了不少研究成果和重视程度的明显提高，但是对于投资这方面的进一步认识，我们认为也需要强调，这里放在“双扩”概念之下）。

“双转”——尽快实施我国人口政策中放开城镇体制内“一胎化”管制的转变，和积极促进国有资产收益和存量向社保与公共服务领域的转置。

“双进”——在国有、非国有经济发挥各自优势协调发展方面，应该是共同进步，需要摒弃那种非此即彼截然互斥的思维。

“双到位”——在政府、市场发挥各自应有作用，双到位地良性互动、互补和合作（这方面分析认识，扩展到中国势必要发展起来的第三部门，即志愿者组织、公益慈善界的非政府组织、非盈利组织，这些概念之下的一些越来越活跃的群体，应该在社会主体的互动中间发挥他们的贡献。我们非常看重国际上已高度重视的公私合作伙伴关系——PPP 模式，在此模式之下寻求共赢，应该是最基本的认识视角)。

“双配套”——尽快实施新一轮“价、税、财”配套改革，和积极地、实质性地推进“大部制”配套改革。

在上述基本考虑中，“双创”是发展的灵魂和先行者；“双化”是发展的动力与升级过程的催化剂；“双减”则代表着侧重于提升供给效率、优化供给结构以更好适应和引导需求结构变化的制度基础；“双扩”是力求扩大供给方在国际、国内的市场空间；“双转”是不失时机、与时俱进地在人口政策和国有资产配置体系两大现实问题上顺应供给结构与机制的优化需要，以支持打开新局；“双进”是明确市场供给主体在股份制现代企业制度安排演进中的合理资本金构成与功能互补和共赢效应；“双到位”是要在政府与市场这一核心问题上明确长期困扰相关各方的合理定位；“双配套”是对基础品价格形成机制和财税、金融两大宏观经济政策体系，再加上行政体制，以大决心、大智慧推进新一轮势在必行的制度变革与机制升级。

简要地说，前面主张的这些“立”，既对应于中国的“特色”和背景，又服务于中国现代化的赶超战略。邓小平所强调的“三步走”可理解为一种实质性的赶超战略。其间前面几十年主要是追赶式的直观表现，最后的意图实现则确切无疑地指向中华民族能够实现伟大复兴，在落伍二百余年之后又“后来居上”地造福全中国人民和全人类，这也就是习总书记所说的“中国梦”。这个“中国梦”决不是狭隘民族主义的，是一个古老民族应该对世界和人类做出的贡献，是文明古国应该通过现代化来加入世界民族之林第一阵营、在人类发展共赢中间做出自己应有的、更大的贡献。

我们深知，相关的理论和认识的争鸣是难免的和必要的，而在中国现在的讨论中间，似还很难避免有简单化贴标签的倾向。比如说一般的评议中对某个思路和主张很容易被简单地分类——某些观点被称为新自由主义，某些观点被称为主张政府干预和主张大政府，有些则被称为是主张第三条道路。

我们自己的认识倾向是希望能够超越过去的一些贴标签式的讨论，侧重点在于先少谈些主义、多讨论些问题，特别是讨论真问题、有深度的问题，来贯彻对真理的追求。没有必要在经济学框架之内、在对经济规律的认知领域之内，对这些讨论中的观点处处去贴意识形态标签。

还有，对于理论研究的“从实际出发”应该加以进一步的强调。“一切从实际出发”既要充分体察中国的传统（包括积极的、消极的）；充分体察中国的国情（包括可变的与不可变的）；也要特别重视怎样回应现实需要——有些已认识的固然是真实合理的现实需要，但也会有假象的现实需要即不合理的、虚幻的诉求，我们要通过研究者的中肯、深入分析，来把这些理清。既从实际出发体察中国视角上必须体察的相关各种事物，同时也要注重发展中国家的共性和个性，以及发达国家的经验和教训，包括阐明和坚持我们认为现在已经在认识上可以得到的普世的共性规律和价值。

总之，由破而立，由理论而实际，在分析中就特别需要注重供给端、需求端、政府、市场、第三部门等全方位的深入考察和互动关系考察，力求客观、中肯、视野开阔、思想开放。我们决不是为了创新而创新，而是面对挑战有感而发，为时代而做所理应追求的创新。中国自上世纪 90 年代以来宏观调控中“反周期”的政策实践，有巨大的进步和颇多成绩，但延续主流经济学教科书和仿效发达国家的需求管理为主的思路，随近年的矛盾积累和凸显，已日益表现了其局限性，经济下行中再复制式推出“四万亿 2.0 版”的空间已十分狭窄，较高水平的理性“供给管理”的有效运用，势在必行。既然在中国中长期发展中如何破解瓶颈制约是国人面临的共同的历史性重大考验，那么我们应站在前人肩膀上，以严谨的学术精神，秉持理论密切联系并服务实际的创新原则，追求经济学经世济民的作用，从供给端发力，在实践中破解瓶颈，把握未来。

我国体制性产能过剩的形成机理及其化解对策建议*

贾　康

产能过剩的实质是投资过度。我国的产能过剩在相当大程度上是政府以投资拉动经济增长、过度干预市场和经济运行的必然产物，主要属于“体制性产能过剩”，其产生是由于政府对于部分企业的干预和关照过强、过多、不适当。政府在GDP、税收、就业等导向下，通过运用手中的经济权力和政治权力，强力干预市场、大幅度拉低各项要素价格而形成扭曲的价格导向，对企业投资、生产经营活动产生强烈的不当刺激引致了产能过剩，因此，化解产能过剩的关键，在于发挥市场配置资源的决定性作用，着力恢复正确的比价关系与价格形成机制，使企业面对真实成本与市场优胜劣汰的竞争压力，引出淘汰落后产能、消减过剩产能的结果。当下重中之重的任务，在于消除政府干预价格的诸多体制性土壤，减少行政干预，大力推动要素市场化的“攻坚克难”的配套改革，改革干部考核制度和财税制度，使国家产业政策及其实施机制科学化、合理化。应通过制度供给的变革，发展教育培训、科技创新、保护知识产权、维护市场环境、依法行政，为市场运行构建出坚实、稳定的基础和条件。只有这样，才能将产能过剩控制在市场和社会所能接受的范围之内。

实证考察中，可知目前政府治理产能过剩仍然高度依赖以“关、停、并、转”、下指标、卡指标、定时间为主的行政方式，这虽有一定的必要性，但毕竟主要使用的手法不过是当初鼓励产能扩张时的反向操作，表现着以

* 在全国政协双周专题协商会上的发言。

“后一轮”行政干预来治理“前一轮”行政干预的路子，恐怕很难走出“打摆子”、“治后反弹”、“按下葫芦起了瓢”甚至“越治越多”的循环怪圈，以及现实生活中公共权力实操环节“选择性执法”、“设租寻租”的紊乱局面与不良境况。行政色彩强烈的“关停并转”其实只适用于数量有限的企业（如国资委下管的100多家大型、特大型企业和各地也为数不多的大中型企业），面对我国总数已超过6000万家的市场主体，政府对其中绝大多数并没有能力去一一甄别谁是落后、过剩产能的代表而“关”，哪些技术路线应“停”，如何合理地形成“并”与“转”的方案；硬要做，必定弊端丛生。环保“准入”操作其实也属关停并转式操作，虽然必不可少，但可行的覆盖面相对有限。

在“三中全会”顶层规划精神的指导下，建议以改革为核心抓住以下对策要领：

一、理清多种手段协调配合化解产能过剩的大思路。坚持在全面改革中结合制度建设打造经济手段为主的长效机制，加快推进行政审批制度改革，使市场公平竞争中的优胜劣汰发挥决定性资源配置作用。对具体投资项目的审批与核准，不论把权力交于高端或低端批，各有利弊，问题的关键其实是应让市场决定项目与企业的命运。

二、在大力推进要素市场化建设的方面，应紧紧抓住现时煤炭市场价格低平而“自然并轨”的有利时间窗口，推出煤炭资源税从量变从价、以及“从煤到电”的攻坚克难配套改革事项，使我国基础能源的比价关系和价格形成机制摆脱严重扭曲和僵化状态，形成全产业链、消费链各市场主体和消费大众“内生地”依经济利益考虑而千方百计节能降耗的长效机制，挤出落后、过剩产能，调整消费习惯与方式，走向绿色、低碳的可持续发展状态。政府要掌握好：①改革中企业的“负担冲击”力度，应使大多数企业在税费整合后的公平竞争中经过努力可以继续发展，少数企业被淘汰出局——出局的即是所谓落后、过剩产能——如果一轮做不到位，可以多作几轮。②及时适度提高居民的“低保”标准使最低收入阶层实际生活水平不下降，中等收入阶层以上者则会根据价格信号调整自己的消费习惯和模式。

三、在必要的行政甄别前提下实行“关停并转”和依法规执行“准入”标准以卡掉不可准入对象的操作中，注重目标群的合理规模，尽可能防范和减少

“设租寻租”的弹性空间。

四、改革官员政绩考核制度，尽快推出替代“以 GDP 论英雄”的适宜操作的新考核指标。

五、加强和动态优化我国资源、能源开发的顶层规划，进而提升产业规划与产业政策合理性，对接其合理的“引导型”实现机制。

我国就业形势分析与若干建议

苏　明

就业是政府宏观调控的重要目标，是关乎民生与社会和谐的头等大事。本文就我国当前及未来一个时期的就业形势作些简要分析，与此同时，就改善我国的就业状况提出一些思路与建议。

一、关于就业形势的基本判断

（一）当前国际上“就业危机”正席卷全球，多国失业率不断攀升

全球金融危机已进入第五个年头，然而汹涌的失业潮依然在世界各地起伏。最近，各国和相关机构公布的失业数据让世界心惊，国际劳工组织警告，一场“就业危机”正席卷全球，而超高的青年失业率更让媒体惊呼世界正迎来“失业的一代”。

近日，国际劳工组织在日内瓦发布全球工作报告《修复经济与社会架构》，报告称全球失业人数2015年将增至2.08亿。报告指出，新兴经济体和发展中经济体的就业率2015年将恢复到金融危机前的水平，而发达经济体则需要到2018年才能回到危机前的水平。

欧盟统计局5月底的数据表示，欧元区4月份失业率上升至12.2%，创下1995年有数据记录以来的新高。失业率最高的3个国家分别为希腊（27%）、西班牙（26.8%）以及葡萄牙（17.8%）。欧元区第二大经济体法国4月份失业率又创新高。另据意大利国家统计局发布的数据，第一季度该国总体失业率升至12.8%，创36年新高。被评为“最幸福发达国家”的澳大利亚也面临就

业难。

更严重的是，世界目前面临的失业大潮的特点之一便是青年失业率高。欧盟统计局的数据显示，4 月份欧元区青年失业率升至 24.4%，这意味着，欧元区近 1/4 的青年无法找到工作。希腊青年失业情况尤为严峻，失业率近 2/3。意大利国家统计局的数据显示，15 岁至 24 岁青年人口的失业率达 41.9%，为 1977 年有数据记录以来的历史最高水平。美国 5 月份失业率升至 7.6%。

欧盟统计局最新数据显示，今年 5 月，欧元区和欧盟国家的整体失业率分别达到 12.1% 和 10.9%，均为欧盟统计局 1995 年开始发布这一数据以来最高值。25 岁以下年轻人的失业率依然远远高于平均水平，在欧元区和欧盟分别为 23.8% 和 23%。希腊、西班牙和葡萄牙年轻人的失业率分别高达 59.2%、56.5% 和 42.1%。

近日，国际劳工组织发布的数据显示，到 2013 年年底，全球 15 岁到 24 岁的年轻人中将有 7340 万人失业，占该年龄段总人口的 12.6%。英国《经济学家》周刊则估计，该年龄段人口的实际失业总数接近 3 亿。“失业的一代”，有的媒体如此称呼这些年轻人，并认为这已经成为全球现象。

（二）我国当前就业状况较好，但存在的问题不容忽视

近年来我国实施积极的就业政策，政府出台大量的扶助就业措施，就业形势总体较好，一个明显的标志是就业增长高于经济增长，失业率在可控的范围之内。今年 1 月到 5 月我国城镇的新增就业量 602 万，比上年同期的 574 万增长 4.9%，全年目标是 900 万，不到半年时间就完成 2/3。城镇失业人员再就业人数 243 万，比上年同期的 238 万增长 2.1%。就业困难人员就业人数 75 万，与上年同期持平（详见表 1）。这表明当前我国的就业成效非常明显。

虽然我国当前的就业状况较好，但存在的问题不容忽视。其一，一些特殊群体的就业问题非常突出。包括大学生、农民工就业等等，这些特殊群体的就业还面临着压力。今年我国毕业的大学生规模达 690 万，是历史上毕业人数最大的一年。到目前为止，大学生签约率不甚理想，低于往年。其二，就业的质量问题比较突出。质量不高，包括就业不稳定，也包括劳动力的素质、劳动者的权益保护

等问题并没有完全得到解决。其三，现在生产产能过剩对就业带来潜在的压力很大。当前我国部分行业产能严重过剩已成为经济运行中的突出矛盾。2012年我国粗钢、水泥、电解铝产能利用率分别为72%、72.7%和72%，低于美国制造业75.8%的平均水平，而58家多晶硅生产企业中开工的更是不足10家。显然，产能过剩仍将会加剧就业紧张。其四，现在我们讲的失业率统计跟国际上的统计还不完全一致。我们的失业率在3%、4%是登记失业率，跟国外的口径还有很大差别，国外的专家对失业率的估计是调查失业率，通过抽样调查的失业率相比登记失业率高，换句话说，我国现在公布的登记失业率低估了失业的实际情况。其五，我们的就业制度、政策还面临一些障碍和问题。

表1　2013年1至5月我国就业总体情况

2013年	城镇新增就业人数	与2012年同期相比		城镇失业人员再就业人数	与2012年同期相比		就业困难人员就业人数	与2012年同期相比	
		去年人数	变化趋势		去年人数	变化趋势		去年人数	变化趋势
1月	89	81		39	37		12	12	—
2月	102	112	9%	39	45	13%	13	12	8%
3月	151	139	9%	59	5	4%	17	18	6%
4月	128	120	7%	51	51	—	16	16	—
5月	132	122	8%	55	48	15%	17	16	6%
1—5月合计	602	574		243	238		75	75	—

（三）从中长期趋势看，我国就业面临四个压力

就业在我国是一个长期性的问题，就业形势从中长期走势看非常严峻，面临四个压力：一是人口和劳动力增长 的压力。虽然我国从去年开始劳动人口的比重出现了一个拐点，但实际上我国每年新增加的就业人口仍是一个很大的数字。从未来发展趋势来看，我国未来的总人口还会继续增长。目前，我国有13.4亿人口，人口总量要持续增加，我国的人口高峰在2030年可能达到峰值，届时将突破15亿人口。由此决定，今后每年新增加的劳动人口大约在600万—800万

人。二是技术进步的压力。在技术进步的大趋势下，特别是传统产业的技术升级会对劳动力的就业带来很大压力，也就是要淘汰一些劳动力，正如马克思所讲的“机器要代替人”。三是结构调整的压力。我国下一步经济结构调整是一个大的方向，产能过剩是非常突出的问题。所以，下一步淘汰后产能，关闭一些工厂，对劳动力的就业会带来一些压力。四是国有单位改革压力，改革要淘汰一些劳动力。具体来讲，我国机关事业单位和国有企业现在就业人口比较多，机关公务员约 1 千万，事业单位的就业人口 3 千多万，国有企业约是 3 千多万，加起来的数据实际上是 7 千多万。特别是机关事业单位现在面临很大的问题是机构膨胀，人员较多，效率低下，改革的一个趋势就是要减少财政供养人口，要提高效率，所以这项改革对就业也会带来压力。

二、解决就业问题的思路与建议

基于中国就业问题的长期性与复杂性，按照社会主义市场经济体制的要求，今后必须实行促进就业的长期战略和政策，积极探索并努力建立适合中国国情的促进就业长效机制，以进一步加强和改善就业工作。

（一）应切实将扩大就业、降低失业率作为最基本的宏观政策目标

鉴于就业问题的重要性以及现实中失业的各种矛盾和问题，在未来改革发展过程中，国家宏观调控政策取向应切实将扩大就业、降低失业率作为最基本的政策目标。为此，首先仍必须保持国民经济有较高的增长速度，经济总量的增长是扩大就业的基础。未来长时期中国作为一个发展中国家，需求潜力很大，经济增长的潜力也很大。为了保持经济发展的良好势头，今后一个时期要继续加强和改善宏观调控，健全宏观政策体系，确保国民经济持续健康发展。这就为扩大就业、实现积极就业政策的目标创造了良好的宏观环境。其次，鉴于我国人口众多、就业压力过大的特定国情，政府在确定经济发展战略和增长模式时，必须考虑有利于扩大就业和创造就业岗位，并要具体体现到制定国民经济社会发展计划和产业政策、财税政策、投资政策、金融货币政策等宏观政策上来，以实现国民经济较快发展和促进充分就业的双重目标。再次，政府和社会都要切实增加就业方面的投入，这对于扩大就业也具有至关重要的作用。

（二）合理界定政府与市场在促进就业中的职责与分工

市场经济国家的实践证明，就业主要应依靠市场调节，政府不能包揽过多。在社会主义市场经济条件下，充分发挥市场机制在就业和再就业中的基础性作用，主要通过市场调节劳动力供求，引导劳动者自主就业。目前无论在机制上还是在功能上，我国的劳动力市场尚不完善。一些制度性因素，如户籍制度及其相关政策不合理，导致城乡、地区、所有制之间的劳动力市场分割，就业缺乏竞争机制，限制了劳动力的合理流动，损害了劳动者平等、自由就业权利的实现，破坏了公平的就业环境，阻碍了就业的扩大。因此，充分发挥和完善劳动力市场，维护和尊重劳动力市场机制，应该成为我国促进就业的要务。

充分重视劳动力市场机制的作用，并不意味着政府在促进就业中无所作为。政府在促进就业和再就业中的作用主要是实行积极的就业政策，制定就业发展战略、完善就业服务体系，引导全社会转变就业观念，努力改善就业和创业环境，为市场配置劳动力资源基础性作用的发挥创造条件。具体考虑，市场经济下政府应该从以下几方面入手，积极扩大就业。

——选择符合国情的劳动力市场原则。在向市场经济转型的过程中，一个国家面临着如何选择劳动力市场规则手段的问题。能否扩大就业，是进行制度选择的重要标准。20 世纪 70 年代以来，欧洲主要发达国家，由于执行了一系列更容易导致劳动力市场僵化的规则措施，使其就业增长速度 远远低于美国。而美国，在 20 世纪 90 年代实现了低通货膨胀和低失业率并存的局面，也得益于其劳动力市场良好的灵活性。我国正在加强劳动力市场制度建设时，应该充分借鉴国际经验，选择符合国情的规则措施，确保对劳动力市场的管理，不致降低劳动力市场的灵活性和竞争性。

——为劳动力市场的高效运行提供良好的外部环境。劳动力市场在运行过程中，不可避免地会出现种种难以靠市场机制本身解决的问题，政府应积极补充市场机制的缺失。例如，完善就业服务体系、提供劳动力市场信息等方面的服务，都具有公共物品的性质，企业和个人难以有效提供；同时这些公共服务又能有效地减少交易成本，降低自然失业率，政府应该积极介入，有所作为。

——矫正扭曲的生产要素价格，形成符合中国比较优势的增长方式。对于一个劳动力丰富的发展中国家来说，如果选择符合自身比较优势的发展战略，就意味着劳动密集型产业应该成为其产业的主体。劳动力是我们的比较优势，符合比较优势的技术结构和产业结构，才是可持续发展的。只有资金和劳动的价格都准确反映要素的相对稀缺程度，依靠市场的诱导，符合比较优势的产业结构和技术结构才能形成。

——建立健全社会保障体系，为劳动力市场提供有效支撑。劳动力市场的发育和形成，有赖于社会保障功能与市场竞争标准相分离，使企业按照其需求使用劳动力，而社会保障的职能则交给社会运行。如果没有健全 的社会保障体系，企业必然要承担过度的社会职能，面临沉重的政策性负担，劳动力市场也不能正常发挥作用，妨碍劳动力资源的有效配置。因此，建立健全社会保障体系，对充分发挥劳动力市场机制的作用至关重要。

（三）大力加强人力资源能力建设

大力加强人力资源能力建设，是使中国从人口大国转变为人力资源强国的关键途径，也是解决就业问题的根本之策。应当看到，人不仅是消费者，还是财富的创造者；不断提高人口质量，就可以把人口多的压力转变为巨大的财富创造能力。世界上一些人口密度大的国家和我国一些人口稠密省区，之所以能够充分就业和实现经济的持续快速发展，经验之一就是积极推进人力资源能力建设，充分发挥人力资源对经济增长的决定性作用。近年来，随着教育和培训事业的发展，我国劳动者的受教育程度和职业技能均有显著提高。但总体上看，我国劳动者文化水平仍然整体偏低，特别是技能素质偏低，是一个制约就业和经济发展的突出问题。因此，解决就业问题，不应作为一个被动的安置劳动人口的过程，而应看做一个主动通过人力资源能力建设，提高人口素质，促进经济加快发展的过程，从而使我国从人口大国变为人力资源强国，把人力资源优势转变为经济优势。为此，要千方百计调整财政支出结构，增加各级政府职业培训经费的投入，大力加强职业教育和培训，优化教育培训机构，提高培训质量。以适应经济发展和科技进步对劳动者知识水平和劳动技能提出的越来越高的要求。

能源回弹效应及其对我国的政策启示

王朝才　杨晓华　Jatin Nathwani

能源消费和经济增长密切相关，减少能源消费总会引起放慢经济增长速度的担忧。世界各国都将能源效率政策视为重要的能源政策，且认为它是降低能源消费、碳减排且不损害经济增长的有效技术。英国经济学家杰文斯 1865 年出版《煤的问题》一书中指出，伴随着蒸汽机的发明，能源使用效率大大提高，煤的开采成本大大降低，反而促进了煤和其他能源消费的大大提高。20 世纪 70 年代以来，很多能源经济学家越来越关注能源效率提高是否能够降低能源消费这一问题。从近代世界历史的发展来看，技术进步促进了能源使用效率的提高，同时，能源消费更是呈几何指数在增长。能源效率的提高是否能够带来预期的效果，也即能源消费的减少？由此引发了大量的学者就能源回弹问题展开了深入的研究。

一、能源回弹效应的内涵及分类

所谓能源回弹效应（Rebound Effect），是指当一项新技术提高能源效率之后，刺激消费者和生产者使用更多的能源，结果可能不会达到预期能源消费量的减少，甚至可能带来能源消费的增加。当最终结果是增加了能源消费时，将这种回弹称之为逆反效应（Backfire）。例如一项新的燃油效率技术，预期可以降低油耗总量 5%，最终油耗总量仅降低 2%。此时回弹效应是 60%，油耗总量的减少之所以没有达到预期，是因为消费者开车更多及行驶里程增加，引致耗油总量未按静态计算达到预期的减少量，也即发生了回弹效应的缘故。如果最终油耗总量不降反升，这时回弹效应将超过 100%，也即发生了逆反效应。

能源效率提高，将会带来能源服务边际成本的下降。在简单的供求模型（如图1所示）中，将表现为供给曲线的右移，因此能源效率提高所带来的是能源有效价格的降低和能源消费的增加。进一步的，能源价格的下降，使得消费者在预算约束下的购买能力增强，从而增加了对其他商品的需求，也进一步的增加了能源的消费。由此就产生了能源的回弹效应。回弹效应的度量需要运用经济学工具。效率的传统度量方法是产出和投入之比，不同的产出采用价值量来度量。效率的提高采用技术改进之后和改进之前的效率之差来度量。因此预期的能源消费节约量和实际的能源消费减少量就有了对比，二者之差在预期减少量中所占的比重即为回弹效应的大小。

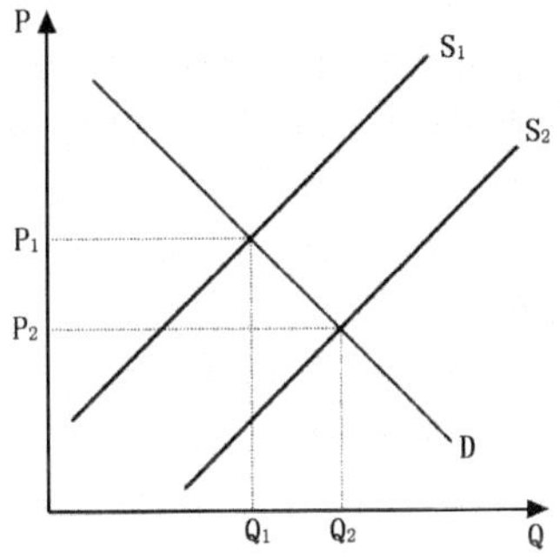

图1　能源服务边际成本下降效果分析

在现有的文献中，回弹效应的定义和分类仍然存在一定争议，虽然有所不同，但大体上基本认同从微观到宏观的分类：

第一个层次是直接回弹效应（Direct Rebound），即当某种能源或能源服务效率的提高，带来的该种能源服务消费量的增加。这种回弹效应主要是在微观经济学的范畴内进行讨论，并且可以分解为收入效应和替代效应。收入效应是指能源效率的提高使得该种产品或服务的成本下降，消费者消费同样数量的该种产品需要的花费减少，从而有更多的收入可以购买该种产品或服务，以提高效用。如油耗的下降可能会带来消费者购买更多的汽油，行驶更多的里程。替代效应是指消费者在维持效用不变的情况下，可能会用更有效的服务去替代较贵的服务（或劳动或资本）。如选择驾车去公司，来替代公共交通工具。

第二个层次是间接回弹效应（Indirect Rebound），即当某种能源或能源服务效率提高，所带来的其他能源或能源服务消费量的增加。间接回弹效应可以分解为两种机制。一种是间接效应（Secondary Effect），指能源效率的改进带来其他能源消费的增加。这种效应也可以分解为收入效应或替代效应，当某种能源效率改进，收入效应或替代效应带来了其他能源消费的增加，就产生了间接效应。第二种是引致能源（Embodied Energy），是指为了实现、生产或是实施能源效率提高所需要的能源，譬如为了生产能耗更低的汽车所需要消耗的能源。

第三个层次是宏观回弹效应（Economy-wide Rebound），也即整个经济层面的回弹效应。由于经济增长和技术进步带来能源效率的提高，从而推动了能源消费的增加。在这里，生产率提高所带来的效率改进所起的作用，比厂商层面或消费者层面收益成本分析要重要得多。譬如越来越多的节能灯具被用在户外、装饰、电器和安全照明行业，节能灯具的成本节约与它在这么多新市场的应用相比，已经微不足道。

二、影响回弹效应大小的因素探析和经验研究结果

（一）直接回弹效应的影响因素探析

1. 能源的需求价格弹性。

因为直接回弹效应是一种能源效率提高所带来的该种能源消费量的增加，为了简化问题，仅考虑单一能源服务市场情形。处理直接回弹效应的方法有几种，虽然各不相同，但是都无一例外地定义回弹效应是能源价格弹性或是效率弹性的函数。能源的需求价格弹性越大，回弹效应就越大。图 2 清晰地展示了在价格变化相同的情况下，需求价格弹性不同所带来的需求量变化的差异，a 图表示缺乏弹性的情形，价格的降低带来的需求增加较少，b 图是富有弹性的情形，价格的降低带来的需求增加较多。能源的需求价格弹性较大时甚至有可能带来极端的回弹效应，即逆反效应。不过很多的经验研究结果表明能源的需求价格弹性大多是缺乏弹性的情形。

2. 能源需求的饱和程度。

能源服务存在边际收益递减，所以需求在达到一定程度后会饱和。如果需求是饱和的，价格的变化所引起的消费者需求的变化就很微弱。例如，如果消费者由于油价过高而被抑制了驾车的需求，那么当能耗改进后，消费者

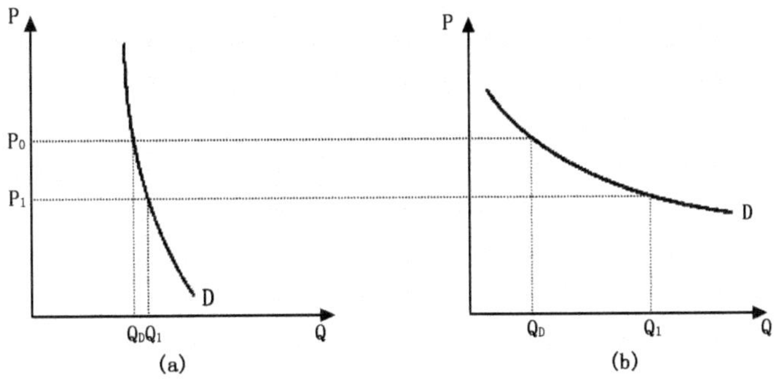

图 2　需求价格弹性不同所带来的需求的变动

的驾车里程就会增加。反过来，如果其驾车的需求已经基本被满足或接近饱和，在价格变化时其驾车需求增加就不会太多，这时回弹效应就不是什么问题。因此能源需求在多大程度上被能源的高价格或有限性所束缚，对回弹效应的大小有着直接的影响。从现有的经验研究结果来看，直接回弹效应的研究多集中在交通、家庭采暖和制冷等领域，大多数是以美国、OECD 国家或日本这样的发达国家为研究对象，估计结果在 30% 上下，对于发展中国家如印度，这一数字则要更高，原因是这些国家还有相当一部分的需求未被满足。

因此，直接回弹效应一方面取决于能源的需求价格弹性，另一方面和需求满足程度相关。但总体来讲，直接回弹效应不会太大，或者不会带来逆反效应。

（二）间接回弹效应的影响因素探析

间接回弹效应的大小取决于两个方面，一是能源消费在生产者或消费者总支出中所占比重，二是在生产中，能源与其他要素之间的替代弹性。

图 3 中的左图是从消费者角度分析回弹效应。消费者可以购买两种产品：能源服务产品 X 和另一种产品 Y。能源效率的改进产生了两种效应，其中替代效应是消费者用更便宜的 X 产品来替代其他产品 Y，这是直接的回弹效应。收入效应是效率提高，消费者实际收入增加，从而可以消费更多的产品（X 和 Y），这是间接的回弹效应。提高能源效率，可以提高实际收入，从而可以购买更多的其他产品和服务。消费者间接回弹效应的大小取决于其总收入或总支出中用于能源消费的比例，这一比例越高，因购买更高效的能源服务所带来的实际收入增加的越

多，间接回弹效应就越大。一般认为能源消费在消费者总支出中所占的比重很小，因此能源服务价格下降带来的实际收入的提高并不高，所以间接回弹效应可能并不显著。

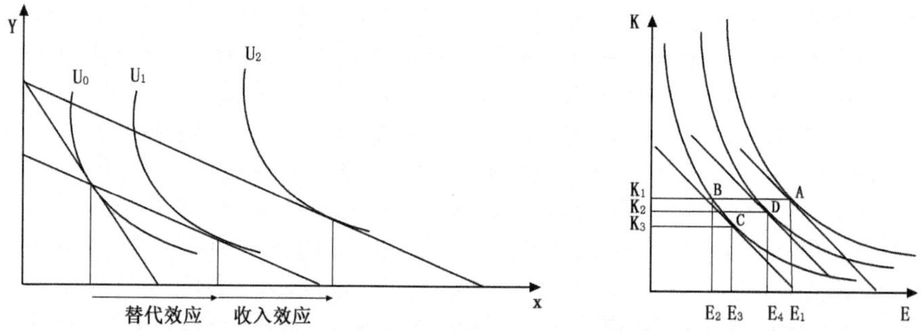

图 3　消费者角度和生产者角度回弹效应分析

图 3 中的右图是从生产者角度分析回弹效应。生产者生产某种商品，需要两种投入：能源 E 和资本 K。当能源效率改进后，生产者将会增加能源的投入来替代其他投入，直到所有要素的边际产出相等为止。替代弹性决定了其他要素在多大程度上被能源所替代，因此也是决定回弹效应大小的重要因素。值得注意的是，生产中一种要素是否能容易地被另一种要素所替代，也是决定回弹效应大小的重要因素。总体上能源经济学家认为由于能源在生产者和消费者的预算中所占的比重都比较小，间接回弹效应比较小。

上述的理论分析并没有被间接回弹效应的经验研究结果所支撑，经验研究大多表明间接回弹效应在 30% 上下，甚至是发达国家也是如此。甚至还有少数的研究，如 Herendeen 等（1981），Kok 等（2006）指出家庭的间接能源消费超过了直接能源消费，直接能源消费有趋于饱和的趋势，而间接能源消费随着收入的增加在增加，表明间接能源消费可能会变得越来越重要。

（三）宏观回弹效应的影响因素探析

宏观回弹效应的大小取决于微观层面效率改进带来的全要素生产率的提高程度和对经济增长的促进程度。Khazzoom 和 Brookes 在 20 世纪 80 年代发表论文，提出如果没有实施能源效率政策，能源消费不会达到这么高的水平，由此带来了宏观回弹效应的热烈争论。Khazzoom 的研究以微观回弹效应为基础，

Brookes 则是从宏观视角进行研究，他指出能源效率的改进将会带来能源对劳动和资本的替代以及全要素生产率的提高，生产率的提高将促进经济增长和产出增加，并最终带来宏观回弹效应——能源消费的增加。Saunders（1992）在他们二人的研究基础上提出假定“在微观层面提高能源效率将带来宏观系统能源消费的增加”，并且将其命名为 KB 假定。他将这一假定引入新古典增长模型，并且运用 CD 生产函数进行实证分析，结果表明能源效率的提高将会带来能源消费的增加。

宏观回弹效应可以看做是由于能源效率提高带来产出增加，从而带来能源消费的增加。事实上，由于任一生产要素效率的改进都能够提高产出，因此不管是由于能源，还是劳动、资本等要素效率的提高所带来的全要素生产率的提高，都将会部分抵消或全部抵消能源效率改善所带来的效果，使能源消费增加。因此微观层面效率的改进在宏观层面上将带来能源消费的增加。

Saunders 和 Brookes 的工作受到了 Grubb 和 Howarth 的批评，Howarth（1997）指出能源效率的改进不会带来能源消费的增加，除非：①能源消费在能源服务中起主导作用；②能源服务支出在整个经济活动中占比较大。关于宏观回弹效应大致上分为两派，一派认为宏观回弹和逆反效应是非常现实的问题，而另一派则持相反观点。前者的代表人物有 Schurr、Brookes 和 Saunders，反对派的代表人物主要是 Grubb 和 Schipper。支持回弹效应比较大甚至是逆反效应者认为能源，尤其是高质量能源（譬如电力）是经济增长的主要驱动力，由此带来了能源消费量的增加。但这种因果关系的观点并不为反对派所接受。宏观回弹效应的经验研究没有一致性的结论，范围从 15% 到逆反效应。

三、我国能耗、碳排放现状和回弹效应的经验研究结果

（一）我国能耗现状

我国对能源的需求非常庞大。图 4 反映了近年来我国的能源消耗总量，可以看出绝对数量一直是在增加，仅仅增速有所放缓。根据 2013 年《BP 世界能源统计年鉴》，在世界一次能源消费量中，我国消费掉大约 21.9%；在世界煤炭消费

总量中，我国占比 50.2%；世界水电消费总量中，我国大约占比 23.4%；在世界石油消费总量中，我国占比 11.4%；在世界天然气消费总量中，我国占比 4.3%。2012 年我国一次能源消费总量增加 7.4%，煤炭消费总量增加 6.1%，石油消费量增加 5%，天然气消费量增加 9.9%。

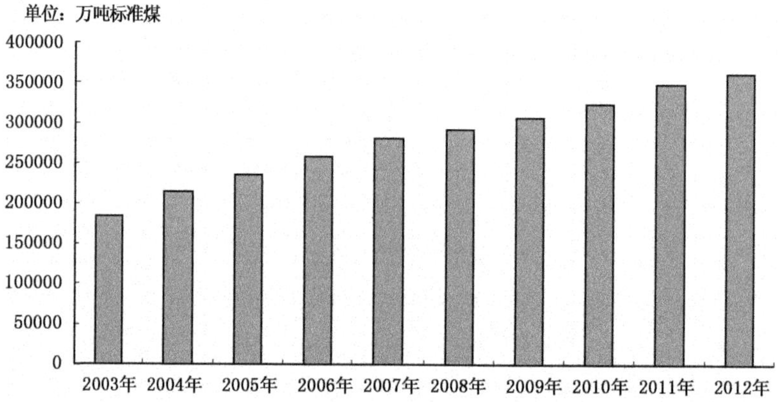

图 4　2003—2012 年能源消耗总量

资料来源：中国统计年鉴 2013。

与庞大的能源消费总量相对比的是，能源效率一直不高，能耗强度偏大。表 1 是中国和美国日本三个国家 GDP 能耗强度的比较，从表中可以看出，同样创造 1 美元的 GDP，中国的能耗强度大约是美国的 3.5 倍，是日本的 5.5—5.7 倍。由此可以看出，我国能源现状亟需改变。

表 1　　中美日三国 1 美元 GDP 能耗强度比较①　　单位：Btu

	2007 年	2008 年	2009 年	2010 年	2011 年
美国	7670.216	7542.567	7411.809	7505.247	7328.992
中国	27326.2	26684.54	27144.29	26273.92	26130.82
日本	4849.188	4660.358	4702.314	4751.798	4561.152

注：1. Btu 是一个传统英制的能量或热量单位，约等于 1055 焦耳。

2. 按 2005 年不变价格计算，以市场汇率折算，数据来源于美国能源信息署 EIA 网站。

① 数据来源于 EIA 网站，数据仅更新到 2011 年。本文中其他来自 EIA 网站的数据也仅仅更新到 2011 年，不再一一说明。

国家“十二五”规划纲要明确提出：“坚持把建设资源节约型、环境友好型社会作为加快转变经济发展方式的重要着力点。深入贯彻节约资源和保护环境基本国策，节约能源，降低温室气体排放强度，发展循环经济，推广低碳技术，积极应对全球气候变化，促进经济社会发展与人口资源环境相协调，走可持续发展之路。“十一五”规划提出 2010 年相比 2005 年单位 GDP 能源消耗下降 20%，实际完成 19.06%。“十二五”规划中再次制定了节能减排的量化指标，即 2015 年相比 2010 年单位 GDP 能耗下降 16%，在整个“十二五”期间实现节约能源 6.7 亿吨标准煤。从表 2 和表 3 中美日三国碳排放总量和碳强度的比较来看，我国的碳排放总量大约是日本的 5—7 倍，在 2007 年和美国的碳排放总量大致相当，但随着美国碳排放总量的下降和我国碳排放总量的增加，2011 年我国的碳排放总量是其 1.6 倍。从碳强度来看，我国与发达国家相比，更是有相当长的路要走。

表 2　　中美日三国碳排放总量比较　　单位：百万吨

	2007 年	2008 年	2009 年	2010 年	2011 年
美国	6026.284	5844.582	5435.279	5636.739	5490.631
中国	6326.365	6684.651	7573.380	7997.044	8715.307
日本	1254.440	1216.252	1104.914	1179.799	1180.615

注：按 2005 年不变价格，以市场汇率折算，数据来源于美国能源信息署 EIA 网站。

表 3　　中美日三国碳强度比较　　单位：吨/千元 GDP

	2007 年	2008 年	2009 年	2010 年	2011 年
美国	0.45632	0.44405	0.42603	0.43150	0.41286
中国	2.17806	2.09988	2.17836	2.08278	2.07753
日本	0.26391	0.25891	0.25106	0.25749	0.25819

注：数据来源于美国能源信息署 EIA 网站。

（二）我国能源回弹效应的经验研究结果

通过前面的分析，回弹效应的大小因部门而异，因收入而异，发展中国家回弹效应的研究相对较少，但总体的观点是发展中国家的回弹效应要更高一些。我国能源回弹效应的研究目前还不是很多，通过对中国期刊网（CNKI）回弹效应作为关键词的检索，研究能源回弹效应的文章 36 篇，其中 4 篇是综述类的文章，

2 篇是理论研究，其他均是实证研究。这些研究结果的基本结论是回弹效应在我国是显著存在的，但是对于回弹效应的大小结果不一。周勇和林源源（2007）以我国宏观经济能源消费数据为样本，估算回弹效应在 30%—80% 波动。刘源远和刘凤朝（2008）基于新古典生产函数的面板数据计量模型发现，全国总体平均回弹效应为 53%，西部地区的能源回弹效应最大，东部最小。国涓等（2010）在超越对数成本函数的基础上引入能源要素份额进行替代弹性分析，测算得到中国工业部门能源回弹效应为 39%。但是在部分行业的研究中，如钢铁行业、电解铝行业，16 个省份的城镇交通运输业，在部分省份或区域的研究中，如北京市（宋旭光，2011）、湖北省（陈燕，2011），东中西部地区（冯烽和叶阿忠，2012）部分年份中存在不同程度的逆反效应。

四、能源回弹效应的政策启示

减少能源消费，减少温室气体排放，使得人们对于能源效率寄予厚望。但是当考虑了回弹效应之后，能源效率政策可能未必如预期的那么有效。但是关于是否应该放弃技术进步这一效率提高的源泉，不存在争论。因为这不仅关系到能源消费，同时事关温室气体减排。根据本文的讨论，回弹效应可能只是在一定程度上减弱了效率提高带来的能源消费减少量，在部分能源密集型行业中可能存在着逆反效应。因此能源效率仍然是重要的政策工具。因此研究能源回弹效应，对我们有如下的政策启示：

（一）需要将回弹效应考虑进来，重新量化评估能源效率政策的作用效果，在新的能源效率政策制定的过程中，更需要将回弹效应考虑进来

能源效率政策通常被认为是减少能源消费和温室气体排放的有效工具。但是通过本文的分析，回弹效应将会使能源效率政策的有效性打上一定的折扣。在没有进行深入细致的研究的基础上，如果认为回弹效应很小，不需要考虑，是错误的。在一些情况下，如某项技术显著的改进了能源密集型产业的生产率，经济层面的回弹效应有可能比较大，从长期来看会带来能源消费的增加。在另一些情况下，如消费者电子产品能源效率的改进，回弹效应可能不会太大。但不管在任何情形下，回弹效应都不太可能是零。即使考虑到回弹效应，很多提高能源效率的

技术都需要很高的投入，且这种高投入可能需要持续较长的时间。提高能源效率将会促进经济增长和收入水平的增加，但是在降低能源消费和碳排放问题上，能源效率政策的效果如何，需要将回弹效应考虑进来，建立合适的量化分析模型，重新的评估。

对于政策制定者来讲，要认识到能源效率政策可能未必如预期的那么有效果，在政策制定时，将回弹效应考虑进来，将会对政策的制定有一定的帮助。英国政府在评价房屋设计时采用的高效节能模式时，政策制定者考虑了由于成本节约而调高室内温度的直接回弹效应。美国环境保护局在评价燃料经济标准（2009）的监管影响时，对行驶里程设定了10%的回弹效应。其他国家的政策制定者在制定能源政策时，很少将回弹效应考虑进来。现在越来越多的国家都将能源效率政策视为重要的能源政策，在政策制定时将回弹效应考虑进来，将会变得越来越重要。

（二）综合运用多种政策手段，减弱回弹效应的作用效果

首先需要肯定能源技术进步的作用。尽管理论上表明能源效率政策并不完全奏效，但大多数的经验研究显示能源效率政策是值得的，因为能源回弹效应一般都小于100%，甚至在某些情况下是不显著的。因此节能减排工作仍然需要能源技术进步政策，推动能源效率提高的技术进步政策需要加强。但是更有效的技术往往需要较高成本和较大的投入，较低的能源价格又会使企业缺乏提高能源效率的动力。政府应致力于既促进能源技术进步，同时又不会挤出私人努力，并尽可能把积极的溢出效应最大化。因此在基础研究、合作研究和技术溢出等领域政府需要加强扶持。

其次是能源价格领域的改革。由于回弹效应的出现始于能源服务的终端消费者对价格的敏感性，因此提高能源价格就可以减弱回弹效应。能源的生产和消费经常会伴随着各种外部性问题，这些外部性问题并没有反映在其价格中，最为明显的如污染和化石燃料带来的排放问题。如果能源价格把这些外部性问题内部化，一方面会使企业对提高能源效率投资具有更大的动力，另一方面就会使回弹效应弱化。如果所有的外部性都能够纳入到能源价格中来，那么回弹效应就转换为另一个角度——增加了能源消费，改善了社会福利。

再次是通过碳税或环境税等绿色税收政策手段和碳排放交易方案的配合，保

持能源服务成本的相对稳定，从而达到减少能源消费和碳减排的目标。碳税或环境税等绿色税收政策的生态效应比较明显，一方面通过提高能源价格，刺激节能减排和提高能源效率来达到直接降低能源消费和碳减排的目的，另一方面可以通过绿色税收收入的再分配，再投资于低碳技术，达到间接节约能源和减排的效果。要逐步的探索并逐步实施适合我国节能减排工作要求的全国性的碳排放交易方案，配合绿色税收政策，促进节能减排工作目标的实现。

第四，倡导消费者认知与行为的改变。市场力量和人的无限消费欲望将会用新的技术把越来越多的资源投入越来越多的服务和产品中，所以要倡导绿色的消费观念，改变消费者的认知和消费行为。对能源消费的能源标签和标准，要倡导绝对消耗而不是相对消耗的概念，通过这些，引领消费行为的改变。

主要参考文献：

[1] Brookes, L. (2004). Energy Efficiency Fallacies – A Postscript. *Energy Policy*, 32 (8), 945 – 47.

[2] Brookes, L. (2000). Energy Efficiency Fallacies Revisited. *Energy Policy*, 28 (5 – 6), 355 – 366.

[3] Brookes, L. (1990). The Greenhouse Effect: The Fallacies in the Energy Efficiency Solution. *Energy Policy*, 18 (2), 199 – 201.

[4] Brooks, L. (2000). Energy Efficiency Fallacies Revisited. *Energy Policy*, 28 (5 – 6), 355 – 366.

[5] Howarth, R. (1997). Energy Efficiency and Economic Growth. *Contemporary Economic Policy*, 15 (4), 1 – 9.

[6] Saunders, H. (1992). The Khazzoom – Brookes postulate and neoclassical growth. *The Energy Journal*, 13 (4), 131 – 148.

[7] Schipper, L. G. (2000). On the rebound? Feedback between energy intensities and energy uses in IEA countries. *Energy Policy*, 28 (5 – 6), 367 – 388.

[8] Schipper, L. (2000). On the Rebound: the interaction of energy efficiency, energy use and economic activity. An introduction. (Editorial). *Energy Policy*, 351 – 353.

[9] Su. Qing. (2012). A quantile regression analysis of the rebound effect: Evidence from the 2009 National Household Transportation Survey in the United States. Energy Policy, 45, 368 –

377.

［10］陈凯、史红亮、闫波：《技术进步对能源消费回弹效应的影响——基于中国钢铁行业实证研究》，载于《工业技术经济》2011 年第 4 期。

［11］陈燕：《能源回弹效应的实证分析：以湖北省数据为例》，载于《经济问题》2011 年第 2 期。

［12］冯烽、叶阿忠：《技术溢出视角下技术进步对能源消费的回弹效应研究——基于空间面板数据模型》，载于《财经研究》2012 年第 9 期。

［13］国涓、凌煜、郭崇慧：《中国工业部门能源消费反弹效应的估算——基于技术进步视角的实证研究》，载于《资源科学》2010 年第 10 期。

［14］刘源远、刘凤朝：《基于技术进步的中国能源消费反弹效应》，载于《资源科学》2008 年第 9 期。

［15］宋旭光、席玮：《基于全要素生产率的资源回弹效应研究》，载于《财经问题研究》2011 年第 10 期。

［16］肖序、万红艳：《技术进步对中国电解铝能源消费回弹效应的影响——基于二级镶嵌式 CES 函数的实证研究》，载于《中国人口．资源与环境》2012 年第 10 期。

［17］周勇、林源源：《技术进步对能源消费回报效应的估算》，载于《经济学家》2007 年第 2 期。

我国结构性减税中营改增试点效果分析及下一步改革设想

课 题 组

一、结构性减税与营改增改革

（一）我国现阶段实行结构性减税的必要性

结构性减税是指为了达到特定目标而针对特定纳税人削减税负水平，以使税负结构更加合理的减税政策。结构性减税既区别于全面的、一刀切方式的减税，又不同于以往的有增有减、保持税负总水平不变的税负结构性调整，更强调有选择的减税，是为了达到特定目标而针对特定行业、企业和地区的减税。结构性减税具有连续性、差异性、选择性等特点。这样既可以避免一次性大规模减税超出财政的承受能力，同时又给予滴灌式的税收支持，促进相关产业、企业转型升级，加快发展。结构性减税与结构性增税是相对应的，尽管都会导致税负结构的变化，但前者是在减税过程中实现的，其隐含的逻辑是法定税负总水平降低，但不是平均削减税负。这样既能达到短期内刺激经济、扩大内需的目的，又有助于优化经济结构，增强经济可持续发展能力。

"结构性减税"一词是在2008年中央经济工作会议上被首次提出的。这与我国结构性矛盾不断累积、日益突出是相联系的。如何优化产业结构、企业结构、城乡结构和区域经济结构以及需求结构，是加快转变经济发展方式，实现科学发展的基本内容。调结构，不能搞一刀切，而且主要应通过市场的力量。结构性减税作为促进结构调整的一个重要手段，与结构调整的要求匹配，有选择性地给力，体现政府意向，却又避免了行政干预妨碍市场发挥作用的弊端。2008年国际金融危机对我国的冲击，更暴露出我国结构性问题的严重性。当时启用积极财政政策，一方面大规模扩大公共投资，防止经济出现悬崖式滑落，另一方面，明确提出实施结构性减税，促进经济结构调整和优化。实际上，自2004年以来，我国一直在进行结构性减税，如全面取消农业税，减轻农民税费负担；增值税转型改革从东北地区试点，到逐步扩大以至全国推开，减轻资本密集型、技术密集型企业税负；统一内外资所得税，降低并平衡税负，促进公平竞争；多次提高个人所得税费用扣除标准和停征储蓄存款利息所得税，给中低收入人群减负；将原油、天然气资源税由从量计征改为从价计征，体现资源成本，提高资源利用效率；如此等等。从效果看，这些政策都起到了扩大内需、优化经济结构的作用。在当前经济面临巨大下行压力的情况下，实施结构性减税，对提振市场信心，加快结构调整，稳定经济增长发挥着不可替代的作用。

（二）我国结构性减税的主要途径选择

《中华人民共和国国民经济和社会发展第十二个五年规划纲要》从总体上对我国的税收法制、税制体系、税制结构、税种改革、地方税体系建设等做了明确的规划。但需要注意的是，这些税收方面的规划是基于我国整体情况和实际要求。在加快转变经济发展方式、扩大内需的大背景下，继续实施结构性减税政策成为扩大内需的重要着力点。《纲要》中所提出的“公平税收负担，扩大增值税征收范围，相应调减营业税等税收，合理调整消费税征收范围、税率结构和征税环节，完善个人所得税征管机制，继续推进费改税，全面推进资源税和耕地占用税改革。研究推进房地产税改革”等方面的改革将是未来我国税制改革的主要方向。具体而言，包括以下方面：

第一，增值税改革。增值税是我国第一大税种，影响面大，应以营改增改革为契机，加快完善增值税的步伐，以促进服务业发展，调整产业结构为目标，增值税的税率调整应考虑就低不就高的原则，制造业的增值税税率也向服务业看齐，逐步下调增值税税率。

第二，个人所得税改革。在我国现有税种中，与老百姓生活息息相关的个人所得税最为引人关注。2011年个人所得税实现收入6054.09亿元，同比增长25.2%，占税收总收入的比重为6.7%，高于2010年的6.6%。这其中财产转让、股权转让所得增加所带来的个税增长起了主要作用。2011 年 9 月 1 日开始实施修订的新个人所得税税法，中低收入者税负减轻，其中 6000 万人暂时退出纳税人范围，而高收入者税负适当提高，尤其是加强了对财产性收入的监管力度，使得当年的个税仍有相当快的增速。表面来看，个人所得税减税似乎没有起到效果，实质上仍在一定程度上遏制了收入差距扩大。但如何增强个人所得税在遏制收入差距扩大，促进社会平等方面的功能作用，仍须要进一步探索。

第三，企业所得税改革。2011 企业所得税实现收入 16760. 35 亿元，同比增长 30. 5%，比上年增速加快 19. 2 个百分点，占税收总收入的比重为 18. 7%。我国目前企业的税负不均衡，尤其是中小微企业，中小微型企业作为国民经济的重要组成部分，在创新、创业和就业方面具有大企业不可替代的特殊作用，抓“大”促“小”，使中小微型企业更有活力，也是税收政策导向的一个重要方面。与此同时，对大型垄断性企业则可考虑增税。

第四，财产税改革。为了保障对财产课税的财政功能、调节功能，必须建立起一套少税种、多环节、宽税基、整体配合、功能协调、税制简明的财产课税体系。在这个体系内，既包含对财产转让的课税，更包含对财产持有的课税。在财产转让环节，如果是有偿转让，可按一般商品交易课征流转税，有所得还应课征所得税；如果是遗赠，应课征遗赠税。在财产保有环节课征不动产税和车船税。为了降低以房产为主的财产交易成本，使多数人买得起房产，鼓励闲置财产的流通，抑制囤积居奇，促进社会财富的有效利用，在减少财产转让环节的税收的同时，适当加重财产保有环节的税收。合理的财产税体系有助于社会财富的合理使用和消费。

第五，环境税改革。在我国现行税费体制中，既无独立的环境税，也无专门针对能源消耗和环境保护的能源税，资源税的作用已经严重退化，对环境资源保护并无实质性影响。我国开征环境税应先易后难，分步推进。先进行微调，特别是调整增值税、消费税、所得税、关税、资源税的有关政策规定。推行费改税，将原先具有收费功能的收费改为环境税或能源税，如将排放污水收费改征污染税等。在费改税之后，随着经济社会发展条件渐渐成熟，应开征独立的环境税，如产品污染税、垃圾税、噪音税、碳税、二氧化硫税和能源税等，环境税制由此得以建立。这对提高消费质量，改善消费安全具有不可替代的作用。

（三）营改增对实现结构性减税的重要作用及减税规模预测

我国现行流转税体系中，增值税与营业税是两大主要税种。增值税的征税范围覆盖了除建筑业之外的第二产业，营业税涵盖了第三产业中大部分行业。两税并行，不仅破坏了增值税的抵扣链条，影响了增值税中性作用的发挥，更造成了对企业的重复征税，增加了企业的税收负担。

为更好地发挥增值税的中性优势，消除两税并行模式下对增值税链条的破坏，避免对企业的重复征税，降低企业尤其是服务业税负，实施结构性减税，营业税改征增值税是必然选择。改革完善了增值税抵扣链条，基本消除了重复征税因素，对现行征收增值税的行业而言，由于向新增行业纳税人购买应税服务的进项税额可以得到抵扣，税负将普遍下降。对改革的行业来说，在合理的税制设计下，也可以实现其总体税负不增加或略有下降。据国家税务总局统计，截至2013 年 6 月底，全国试点企业达到 134 万户，总体减税规模达到 500 亿元以上。

从 2013 年 8 月 1 日起，我国已在其余 22 个省（自治区、直辖市）全面推行试点行业营改增试点，新增试点纳税人 74 万户。据测算，2013 年，全部试点地区企业将减轻税收负担约 1200 亿元。未来营业税改征增值税还将进一步推广到全部服务业，再加上把不动产纳入抵扣范围，预计减税规模将达到 9000 亿元左右。

二、营改增试点改革进展及效果分析

（一）目前营改增试点改革的主要进展

自上海市 2012 年 1 月 1 日率先拉开了营改增的序幕以来，我国现阶段的营改增试点改革大体上已经历了三个阶段。

1. 第一阶段：上海市的试点改革。

由于上海服务业的典型性与先进性、财政承受能力较强等原因，2011 年 10 月 26 日，国务院常务会议决定从 2012 年 1 月 1 日起，先在上海市交通运输业和部分现代服务业开展深化增值税制度改革（营改增）试点，逐步将目前征收营业税的行业改为征收增值税。2011 年 11 月 17 日，财政部、国家税务总局正式发布了《营业税改征增值税试点方案》（财税［2011］110号）和《关于在上海市开展交通运输业和部分现代服务业营业税改征增值税试点的通知》（财税［2011］111号），明确了营改增的总体方案和上海市试点改革的具体内容。此次试点改革的行业主要包括交通运输业和部分现代服务业（即“1+6”行业），其中：交通运输业包括陆路、水路、航空和管道等四大类运输服务，部分现代服务业的六个行业，包括研发和技术服务、信息技术服务、文化创意服务、物流辅助服务、有形动产租赁服务、鉴证咨询服务。

2. 第二阶段：8省市的扩大试点范围。

在上海市进行营改增后，由于试点改革的进展顺利，效果好于预期，且上海市率先改革所形成的“政策洼地”对周边省份形成了一定的影响。2012年7月25日，国务院常务会议决定扩大营业税改征增值税试点的范围，并制定了试点扩大的时间表，即：自2012年8月1日起至该年年底，营改增试点范围由上海市分批扩大至北京市、天津市、江苏省、安徽省、浙江省（含宁波市）、福建省（含厦门市）、湖北省、广东省（含深圳市）等八个省、直辖市和三个计划单列市。根据《关于在北京等8省市开展交通运输业和部分现代服务业营业税改征增值税试点的通知》（财税［2012］71号）规定，北京市应于2012年9月1日，江苏省、安徽省于10月1日，福建省、广东省于11月1日，天津市、浙江省、湖北省于12月1日分别完成新旧税制转换。

3. 第三阶段：试点行业的全国范围实施。

由于营改增试点改革一年来的情况良好，效果明显，已经具备在全国范围内推广的条件。2013年4月10日，国务院常务会议决定扩大地区试点，自2013年8月1日起，试点行业的营改增在全国范围内推开，并适当扩大部分现代服务业范围。根据《关于在全国开展交通运输业和部分现代服务业营业税改征增值税试点税收政策的通知》（财税［2013］37号）规定，行业试点范围在原有“1+6”的试点行业基础上，在现代服务业中又进一步增加了广播影视服务（广播影视作品的制作、播映、发行等）。同时，对全国范围内实施营改增的相关规定进行了统一和完善。

总体看，与其他税制改革相比，此次营改增试点范围扩大的速度较快。按照国务院力争“十二五”期间全面完成营改增改革的计划，在下一阶段的改革中，将会在全国范围对全部营业税行业推行营改增。

（二）已试点地区营改增的总体效果

从试点地区一年多的运行情况可以判断，营改增改革总体上达到了预期目标和要求，取得了明显的成效。

1. 统一货物劳务税制度，推动财税体制改革。

（1）打通增值税抵扣链条，形成跨区域、跨行业抵扣链条。营改增的“1 + 6”行业主要属于生产性服务业，处于整个产业链的中游位置。营改增后，试点行业与其上下游行业间的抵扣链条已经打通，避免了抵扣链条的断裂，也无需采用人为规定交通运输业抵扣率的不规范做法。同时，也促进了跨区域、跨行业抵扣链条的形成，强化了区域内外、上下游企业之间的联系。以安徽省为例，试点以来江苏、上海、浙江三省市合计接受安徽营改增专用发票 3.3 万份、税额 2.7 亿元，占到安徽开具给外省总份数的 50% 以上，进一步密切了安徽与长三角地区的经济联系。

（2）试点行业基本消除了重复征税。服务业的营业税存在着对营业额全额征税的重复征税问题（只有部分服务业实行了差额征税制度），营改增后，适用税率、计税方式、计税依据等全部按照增值税制度执行，抵扣机制作用日益显现。已实行营业税差额征税的服务业也能够通过全额抵扣，实现更为彻底的避免重复征税。同时，制造业的抵扣链条打通，也意味着能够消除因抵扣不足而产生的部分重复征税。截至 2013 年 1 月，试点地区共有 102.8 万户试点纳税人由缴纳营业税改为缴纳增值税。其中，一般纳税人 21.6 万户、占 21%；小规模纳税人 81.2 万户、占 79%。2012 年已开出新的增值税专用发票 3119.5 万张、税额 720.7 亿元。

（3）推动税制改革。营改增将使整个税制更加适应发展的要求。一是进一步简化了税制，我国税种将会由 18 个减为 17 个，增值税将覆盖所有的行业和企业。二是进一步强化了税制中性。扩大增值税的范围会扩大了税制中性的领域，增强了整个税制的中性化，减少了对市场造成的扭曲。三是有利于税收征管。营改增后，增值税与营业税并存导致的征管复杂性程度必然会降低，同时增值税的内在抵扣链条也更加完整，可在一定程度上强化征管，减少增值税的漏洞。

（4）带动财税体制改革。营改增是拉开我国财税改革序幕的抓手，随着改革的深入推进，其将直接触及中央和地方的利益格局，对于推动健全中央和地方相匹配的财政体制，以及促进其他财税制度方面的改革和完善具有重要的意义。

2. 减轻企业税负，体现结构性减税要求。

（1）切实减轻了企业税负。一是试点服务企业税负总体下降。试点的小规模纳税人适用3%的征收率，相对于原有最低3%的营业税税率，再加上增值税价外税的规定，税负下降幅度平均达40%，中小企业普遍减负；试点一般纳税人的税负根据所适用的增值税税率、企业的成本结构、固定资产更新情况、取得增值税进项税发票的情况而有所不同。据统计，试点地区95%左右的企业实现减税或税负不变。同时，各地也对少数税负增加的企业予以财政补贴，企业实际税负并没有增加。以上海为例，2012年全年交通运输业一般纳税人增税面逐月下降，并于7月份实现了全行业减税；出口服务企业由于适用出口零税率进行退税，其税负下降。如上海市截止到2012年10月底，受理零税率应税服务免抵退税申报50户，退税额2.25亿元；受理出口免税企业453户，估算减免税额约为5.4亿元。二是原一般纳税人（主要为工业企业）税负下降。原增值税一般纳税人购进试点服务的抵扣增加，可获得较以前相比更多的进项税抵扣，税负下降。据统计，2012年原增值税一般纳税人购进试点服务减税237.2亿元。

此外，据财政部初步统计，营改增试点至2013年2月份，全国共实现减税550亿元人民币以上。同时，测算显示，2013年8月1日起行业试点扩至全国，预计全年减收规模为1200多亿元。未来全部推开营改增后，再加上把不动产纳入抵扣范围，预计可减税约9000亿元。

（2）促进社会专业化分工协作，推动企业转型升级。一是促进服务企业专业化分工。服务企业内部的专业化分工可以更加细化，可以将更多的业务实行外包。生产性服务业务外包将进一步优化企业组织架构，使企业从“橄榄型”转变为“哑铃型”，专注于提高主业核心竞争力。二是促进工业企业实行主辅分离和转型升级。为更好地适应税制变化，企业在经营模式、市场营销和生产组织方式等方面做出适应性转变，如交通运输车辆挂靠经营、制造业中的研发与运输服务等，寻求通过专业化协作完成。如上海市发布了《关于试行鼓励制造业分离生产性服务业若干财政扶持政策的通知》（沪财税［2011］46号），鼓励生产性服务业从制造业剥离。三是促进了企业管理升级。很多企业主动从产业链构建、财务管理、合同管理、供应商选择等方面，完善了企业治理机制，内部管理水平明显提高。

3. 推动行业发展，促进经济发展方式的转变。

（1）有利于服务业发展，促进产业结构调整。一是服务业尤其是现代服务业得以更好的发展。由于服务业的重复征税得以解决，且总体上税收负担下降，增强了服务业的竞争能力，形成了良好的产业导向，可吸引社会资本向现代服务业集聚。这对于推动服务业发展起到了良好的作用。主要表现为服务业企业户数增加较快，以湖北省为例，试点一个月全省新增试点纳税人3952户，增加最多的是文化创意服务业，占新增户数的29.8%。且服务业经济总量快速增长。2012年上海市国内生产总值增长7.5%，其中二产增长3.1%，三产增长了10.6%，高出全市国内生产总值增速3.1个百分点；三产增加值占全市GDP首次突破60%，拉动经济增长6.2个百分点。二是推动了服务贸易出口，提升国际竞争力。营改增将促进国际国内两个市场对接。随着国际运输和研发设计被纳入出口零税率范围，实现了与国际通行税制的接轨，使国内服务业企业与国外企业处于更加平等的竞争地位，有效地提高了服务出口企业的国际竞争力，增强了企业参与全球资源配置的能力。各地试点改革对服务贸易出口的促进作用已经得以逐步体现，如在全球经济低迷的情况下，上海市2012年全年新认定跨国公司地区总部50多家，投资性公司25家，研发中心17家，实际利用外资逆势上扬，增长20.5%。

（2）促进二三产业发展和融合。一是促进上游企业发展。从上游企业看，试点改革企业为了增加增值税进项税抵扣，将会倾向于更新设备和增加固定资产的购置，会一定程度上促进上游制造业、修理修配业的发展；同时，试点改革企业也会倾向于进行服务业外包，向其他试点企业购买应税服务，也会促进上游服务业的发展。二是促进下游企业发展。从下游企业看，其可以对服务业开出的增值税发票进行抵扣，这在一定程度上也消除了重复征税问题和减轻其税收负担，可增强企业的竞争力。同时，营改增在推动工业企业实行主辅分离的同时，也可能推动了工业（制造业）企业由原来单纯的加工制造向产业链前端的研发设计和后端的售后服务延伸，有利于实现全产业链。三是促进上下游企业创新和融合发展。对于上下游企业，营业税改征增值税后，企业在进行技术研发时所采购的材料、设备、不动产、无形资产所含的增值税进项税额都可以抵扣，可加速资产折旧，从而促进了试点企业的设备更新改造，减低研发成本和鼓励科技创新，增强企业自主创新和科技研发的能力。上述几方面的积极影响，将有利于促进制造业与服务业的融合发展。

4. 促进经济增长，实现经济社会健康协调发展。

（1）实施结构性减税，促进经济增长。营改增是我国现阶段结构性减税的重要内容，减税对于促进企业发展、带动经济发展的作用显著。上海市公布的数据显示，根据对部分现代服务业领域的近 2000 户试点企业抽样调查，调查对象 2012 年的设备采购金额同比增长 136%，在市场销售增速回落的情况下，试点企业的营业收入和利润同比分别增长 19.8% 和 19.3%。

（2）推动就业增长，稳定物价。营改增试点改革在减轻企业税负和促进服务业发展的同时，也相应会有助于推动就业增长和稳定物价。国内外的实践证明，中小企业是解决就业问题的最好载体和主力军，要想真正解决就业问题，就必须大力发展中小企业。而营改增在总体上减轻了企业税负，尤其是对于小微企业，税负减轻的程度达到 40%。从企业角度来说，税负成本的降低会有利于扩大就业和创业空间，进而直接带动就业。因此，实施服务业的营改增不仅有利于扩大就业，也有利于稳定就业和提升就业质量。2012 年上海市试点企业的就业人员数量同比增长 3.04%，高于服务业平均水平 1.1 个百分点。

（三）营改增的企业税负变化与结构性减税问题

营改增在取得明显成效的同时，也带来了企业税负等方面的一定压力，有待在深化改革后逐步解决和消化。根据试点地区的统计，有 5% 左右的企业税负在营改增后有所增加，主要是交通运输业一般纳税人和少数其他行业中的部分企业。

1. 部分企业税负增加的原因及远期效果分析。

营改增过程中部分企业税负的增加主要是由于相关影响因素在短期内和长期内的不同效应所造成的，企业税负的变化实际上涉及到一个短期利益和长期利益的调整问题。

（1）企业的可抵扣进项税范围偏窄。由于尚未在全国范围和所有服务业推开营改增，在部分行业试点改革的自身局限性下，企业的可抵扣进项税范围还较窄，导致进项税抵扣不足（同时结合不同企业的成本构成和固定资产更新情况）。例如，占交通运输业成本主要构成的过路过桥费，目前尚不能取得增值税发票进行抵扣。应该说，随着改革的深化，营改增在全国范围和全部行业的实施，这些由于试点改革自身局限性所导致的问题会得到解决。

（2）行业上下游利益关系有待调整。在原有的营业税制度下，服务业产业链中的上下游形成相对稳定的利益分配关系。营改增后，由于价格与税收之间的联系，必然会导致上下游企业之间原有利益格局的打破，会形成新的利益分配格局，上游因为税制调整而增加的负担，会有条件地向下游进行转嫁，从而在中长期中形成新的分配结构。因此，企业同样有一个短期和长期利益之间的平衡，只不过需要一定时间转化。

2. 对营改增的企业税负和结构性减税的正确认识。

此次营改增试点的原则之一是改革试点行业总体税负不增加或略有下降，同时改革实践也证明，营改增在总体上会产生减税的效果。但是，税制改革判断的标准并不是减税，而是公平和效率。根据前面营改增的效果分析可知，营业税改征增值税的基本目的是完善流转税制度，构建全面征收的增值税制度，消除重复征税，实现行业间的税负公平，促进服务业发展、产业融合和经济结构调整，并最终有利于经济的健康协调发展。因此，认识营改增不能只关注是否减税。

而具体到具体的服务行业和企业看，由于增值税的税率档次也不可能设置过多，以保持各个服务业原有的营业税负担水平不变，且每个企业在资本有机构成、成本结构和增值率上都存在着差别，改革的实际运行结果会导致部分企业可能会在一段时期内出现税负增加的情况。但这种税负增加的情况并不是长期的，随着改革的深入和经历一定时期的行业上下游利益关系的调整，会使行业和企业的税负水平趋向于公平。同时，试点地区也采取了对税负增加企业给予财政扶持资金的过渡性政策措施。因此，不能以部分企业在短期内的税负增加，来否定营改增的整体改革成效，进而掩盖营改增对经济社会发展的重大意义。

从营改增的未来改革方向看，现行营改增过程中的增值税税率档次由两档调整为四档，也只是一种过渡性安排，未来将有必要适时简并税率档次。同时，营业税改征增值税，服务业企业将会由于重复征税的消除、产业分工的细化、二三产业的融合、出口退税等方面获取更多的收益，更有利于服务业的发展。因此，企业也需要正确认识自身税负的变化问题。

三、进一步深化营改增改革的建议

从总体上看，营改增全过程大体可分为部分行业地区试点、部分行业全国试点和全行业全国推行等三个阶段。下一步改革将以分行业全国推行为主，为此，需要抓好交通运输业、邮电通信业、建筑业、金融服务业以及公共服务部门等重点与难点行业的改革设计，确保营改增顺利推进。

（一）我国营改增的整体改革方案及时间安排

按照统筹设计、分步实施的原则，营改增的推进大体可分为三个阶段：

第一阶段：在部分行业部分地区进行试点。

这一阶段的任务是选取部分行业在部分地区试点，以此发现制度设计上可能存在的问题，为后续全面的改革积累经验。2012 年 1 月 1 日，上海率先开展营改增试点工作，拉开了营改增的序幕。此次试点行业包括交通运输业和部分现代服务业，其中：交通运输业包括陆路、水路、航空和管道等四大类运输服务，部分现代服务业的六个行业，包括研发和技术服务、信息技术服务、文化创意服务、物流辅助服务、有形动产租赁服务、鉴证咨询服务。2012 年 9 月至 12 月，营改增地区试点扩大至北京、天津、江苏、浙江、安徽、福建、湖北、广东和宁波、厦门、深圳等八个省、直辖市和三个计划单列市。与上海试点相比，扩大试点地区的政策大同小异，总体上与上海模式保持一致，只是在一些政策方面做了调整与完善。

第二阶段：选择部分行业在全国范围内进行试点。

这一阶段的任务是将部分行业的营改增在全国推开，以此分析、总结整个行业在全国实行营改增之后的效果与问题，为在全国范围内各行业实施营改增奠定基础。2013 年 4 月 10 日，国务院常务会议决定扩大地区试点，自 2013 年 8 月 1 日起，将交通运输业和部分现代服务业营改增试点在全国范围内推开，适当扩大部分现代服务业范围，将广播影视作品的制作、播映、发行等纳入试点。这标志着营改增进入了一个新的阶段。

第三阶段：在全国范围内实现营改增。

这一阶段的任务是在全国范围内各行业实现营改增，使营业税完全退出历史舞台。这一阶段，同样需要采取分步推进的方式，按行业逐渐推行，准备好一个行业就推进一个行业，直至各行业全部完成营改增。

（二）营改增下一步改革思路和时间安排

按照改革的总体规划，营改增试点已经完成了第一阶段，并明确了第二阶段的改革内容，即从2013年8月1日起将交通运输业和部分现代服务务业营改增试点在全国范围内推开，因此，下一步改革的基本思路应是：在分析、总结交通运输业和部分现代服务务业全国推进经验和问题的基础上，制定各行业营改增推进方案，做好相关政策设计，分行业在全国逐步推行营改增。

在改革的时间安排上，如果将营改增时间安排在“十二五”期间完成，依据下一步的改革思路，建议营改增大体分三个时间段安排：2013年，按照中央的部署，在交通运输业（铁路运输业除外）、部分现代服务务业实行营改增；2014年，可选择在交通运输业中的铁路运输业、建筑业、邮电通信业实行营改增；2015年，将剩余的其他部门实行营改增。见表1。

表1　营改增分行业推进时间表

时间	改革行业
2013年	交通运输业（铁路运输除外）、部分现代服务务业
2014年	铁路运输、建筑业、邮电通信业
2015年	其他行业

（三）营改增下一步改革的重点、难点及政策建议

分行业在全国实行营改增，关键是要抓好重点和难点行业的改革。其中：重点行业包括已经有试点基础的交通运输业和部分现代服务务业，以及电信业和建筑业；难点行业则包括金融服务业、不动产交易和公共服务。

1. 电信业。

电信业以信息产品为对象，其纵向技术关联程度强于其他网络型产业。总体看来，电信业包括基础电信业务和增值电信业务。前者是指提供公共网络基础设

施、公共数据传送和基本话音通信服务的业务，后者则是指利用公共网络基础设施提供附加的电信与信息服务业务，它主要面向社会提供信息服务。随着电信业外延的不断扩大以及技术进步的推进，产业分工细化和产业融合趋势明显，增值服务特征明显。由于电信业已经成长为带动国民经济发展的基础性、先导性、战略性产业，电信业实行营改增，对于促进本产业以及相关产业发展、实现产业结构升级具有重要意义。

电信业实行营改增面临着一些困难与挑战。例如，在电信产业链上主体日益增多、利润分配日益复杂、市场竞争日趋激烈的情况下，服务内容创新和营销模式创新给电信业增值税税制设计带来了挑战，尤其是对于既包含服务内容又包含货物的营销模式，如何做好业务划分和增值额的确定，并以此设计合理的增值税制度是一个难题；如何做好新老税制衔接以及税负平衡问题，防止对电信业形成较大冲击；受生产和消费时空分离等影响，对于以信息技术手段为支撑的电信业务，其增值税纳税地点确定则较为复杂和困难。

为应对这些困难与挑战，电信业实行营改增首先要清晰界定电信业务的具体内容，可将电信基础业务设计单独的增值税制度，而在此基础上衍生的增值服务相应归至相关行业，适用相关行业的增值税制度。其次，为保证国内电信运营商之间以及国内与国际电信运营商之间的公平竞争，对于国内业务，应按照生产地原则征税，即电信服务提供商和用户均在境内，则在服务提供地纳税，而对于跨境业务，应实施消费地原则，即在用户所在地纳税。此外，应按照“税负持平或略有下降”的原则，设计好电信业增值税税率。

2. 建筑业。

建筑业是我国国民经济的先导性、基础性产业，社会关联度高，就业吸纳能力强，在国民经济中具有十分重要的作用和地位。由于建筑业本身业务的复杂性以及改革涉及的因素较多，建筑业实行营改增面临着更加复杂的环境，存在着更为突出的问题与挑战。具体而言：一是总分机构问题。建筑行业普遍存在着总分机构的问题，许多建筑施工项目都是以分公司或项目名义与供货方或租赁方签订合同，由分公司或项目部自行采购工程物资和小型设备以及租赁施工机械等，增加了增值税征收与管理的难度。二是纳税地点问题。建筑业流动性比较大，跨地区经营的现象非常普遍，纳税地点的确定，将对地区间税收利益分配产生重大影响。三是进项抵扣及税负变化问题。建筑施工项目一般具有施工工期长、流动性大、施工地域广、材料品种多等特点，面临的市场环境、社会环境复杂而不规范，其进项抵扣及税负变化等问题较为突出。

为解决这些问题，鉴于建筑业营业税造成的增值税链条断裂及重复征税问题，未来应将建筑业全部改为征收增值税。在我国境内提供建筑业劳务的单位和个人，应按照其提供建筑劳务收取的全部价款和价外费用缴纳增值税，并有权抵扣建筑劳务过程中发生的进项税额。在纳税地点上，建议将其确定为机构所在地。但是考虑到建筑业异地施工行为的普遍性，为了保证地区间财政收入分配的平衡以及便利税源管理，建议对异地建筑工程按其结算工程款以一定的征收率在建筑劳务发生地预征增值税，到竣工或者年度结算时，向机构所在地税务机关进行汇算清缴。

3. 金融业。

从金融服务的业务范围来看，金融服务主要由金融中介服务、直接收费的金融服务和间接收费的金融服务等三种组成。由于金融服务的特殊性，在理论上对金融服务按标准税率全面征收增值税显得比较困难。从增值税的征收原理和征收实践来看，直接收费的金融服务的增值税很容易核算，销项税额和进项税额也很容易确定，因此可以很容易地纳入通行的发票抵扣法增值税征管机制，而不会增加纳税人的遵从成本和税务机关的征收成本。而对于金融中介服务和间接收费的金融服务，实行营改增则面临两个难点：一是难以确定增值额。从理论上区分金融服务收入的性质，以及在实际操作中准确计算出增值额困难较大。二是难以在不同服务接受方中分解增值额。在一笔完整的业务中银行往往对应着两个服务接受方，增值额如何在两个服务接受方之间进行分割很难合理确定。

对金融保险业整体实行免税，放弃这部分税收收入，显然超出了财政的承受能力。而如果对金融服务采取变通征税的办法，则会带来一定的征管困难，对我国现阶段的征管能力是一大挑战。有鉴于此，我们认为，未来的金融服务增值税可采用如下的处理方法：

（1）对核心金融业务和间接收费的金融服务，如银行贷款业务、投资收入、担保收入、证券管理收入及投资收入、证券承销业务收入等，适用3%征收率的简易征税办法。同时，允许金融机构选择成为一般纳税人，使用正常的征管方式。与现行营业税制相比，这一做法既有利于减轻金融服务的税负，减少重复征税的程度，又有利于保持灵活性，降低征管成本和遵从成本，而且对财政收入的冲击也相对较小。

（2）对直接收费的金融服务，如安全保管、投资咨询等业务，应作为增值税的应税收入，纳入正常的增值税征收机制中。出口的金融服务则适用零税率。

（3）采用上述做法后，金融机构提供金融服务将同时面临正常征税、简易征税和出口退税三种不同的增值税处理方法，因此其发生的进项税额需要在不同的项目中进行分摊。为了降低征管成本和遵从成本，建议对金融机构因出口业务发生的进项税额进行单独核算，允许直接抵扣或退还，对国内业务发生的进项税额，则不再在应税业务和实行简易征税的业务之间进行分摊，而是按照一个统一的比例进行抵扣。

（4）在保险业的增值税处理上，可借鉴国际通行做法，对人寿保险以免税为主，这也延续了我国现行的营业税免税的做法。对财产保险，则比照银行业的做法，

4. 不动产交易服务业。

由于不动产具有长期资产的特殊性，该资产涉及当前消费以及未来的持续消费，这种特性使得如何对不动产征收增值税成了一个国际性的难题。不动产交易服务业实行营改增，面临着一些困难与挑战。例如，对于业主自住的房产，虽然在理论上可以按估算租金价值征收增值税，但在实践中计算估算租金价值非常困难，相应地增值税征收也无法实现，但如果对自住的估算租金免税，却依然对市场出租行为征收增值税，则会造成对不动产租赁行为的歧视；一个合意的消费型增值税应该做到只对房地产的消费价值征税，而将其投资价值排除在税基之外，但在实践中无法明确区分开一个房地产价值中的消费性利益和投资性利益；如何辨别不动产的真正用途，确保纳税主体能够得到抵扣，并只对消费性服务课税，在实践中有较大的难度。

对不动产交易的增值税处理非常复杂，营改增改革需要综合考虑对房地产市场发展、民众生活、财政收入以及税务机关征管成本和纳税人遵从成本的影响，选择适当的时机推进。具体建议：

（1）对新建不动产，按照标准税率征收增值税。由于销售新建不动产的卖方一般是房地产开发商，对其征收增值税在制度上和征管上不存在困难。

（2）对不动产的租赁和再次销售，区分商业用不动产和居住用不动产适用不同的增值税处理办法。

对商业用不动产的租赁和再次销售，建议按正常制度征收增值税，同时纳税人有权抵扣购进不动产时支付的进项税额和翻新、维修等活动发生的相应进项税额。

对居住用不动产的租赁和再次销售，考虑到交易双方一般都是个人，将其纳入增值税征收范围，将会导致巨大的征管成本和遵从成本，以我国目前的征管条件很难实现，因此建议免征增值税。

（3）将营业税改征增值税后，适当考虑合并土地增值税、契税等税种，进一步消除重复征税，降低房地产流转环节的税负。对房地产的静态保有与增值，则通过开征房产税和加强所得税征管的做法加以调节。

从改革的时机选择来看，不动产的上游行业是建筑业，在建筑业没有实行营改增的情况下，对不动产交易适用增值税并不能取得应有成效。因此，不动产交易营改增的时间应该放在建筑业营改增之后，或者同时进行。

5. 特殊部门。

由于政府部门、非盈利组织以及慈善机构（Public body，Non-profit organization and Charity organization，简称 PNC 部门），在增值税处理往往比较复杂，也比较特殊，因此，本研究报告将这些部门通称为特殊部门。这些部门大都属于提供（准）公共商品和服务的部门，因而在增值税处理上较为特殊。从国际上来看，PNC 部门的增值税处理方法大体分为完整纳税、零税率和免税三种。基于政府部门和社会组织的特殊性，这些部门的增值税需要区别对待和设计。

依据我国实际情况，PNC 部门实行营改增，从短期来看，采取免税政策较为适宜。由于营改增在设计时，通常保留原有税收优惠政策，为保证改革的稳步推进，应对政府部门和社会组织等 PNC 部门适用增值税免税政策，这也符合我国目前的征管制度和征管能力要求。如果对政府部门和社会组织适用完整纳税机制，则意味着政府部门的票据均需要纳入增值税专用发票系统，这无疑会大大增加征管的复杂程度和难度，也对政府部门的资金核算提出更高、更新的要求，这势必会增加改革难度。但是，对政府部门和社会组织实施免税为权宜之计。从长远来看，应逐步向零税率或完整纳税方向迈进，这也既可以保证增值税抵扣链条完整性，又可以促进公共产品和服务的市场购买，提高其供给质量。

《我国结构性减税中营改增试点效果分析及下一步改革设想》课题组

课 题 指 导：刘尚希

课题主持人：张学诞

课 题 成 员：孙 钢 张学诞 邢 丽 梁 季 胥 玲
许 文 施文泼 李 铭 陈 龙

执 笔 人：张学诞 许 文 施文泼 陈 龙

拉美与东亚国家（地区）中等收入阶段的税负、税制结构比较与启示

王朝才　戚　悦

按照世界银行的统计，2012 年中国的人均国民总收入为 6101.98 美元，这标志着中国国民人均收入由“下中等收入”跨入为“上中等收入”①，中国经济社会将进入一个新的发展阶段。但从国际经验看，从中等收入迈向高收入时，存在陷入“中等收入陷阱”的可能性，中国在人均国民收入高速增长的过程中也许会遇到“中等收入陷阱”问题，政治、经济、文化、社会发展不同步的案例时有发生，社会大众抱怨贫富悬殊，很难分享到发展成果等等。因此，中国政府应当及时调整发展战略，协调各方利益关系，顺利通过“阵痛期”，实现经济社会向高收入阶段跨越。

一、“中等收入陷阱”的内涵特征与国家税收：文献回顾

“中等收入陷阱”的内涵与外延日益完善和丰富。世界银行《东亚经济发展报告（2006）》提出了“中等收入陷阱”的概念，基本涵义是指：很少有中等收入的经济体成功地跻身高收入国家，这些国家往往陷入了经济增长的停滞期，既无法在工资方面与低收入国家竞争，又无法在尖端技术研制方面与富裕国家竞争（田春生，2013）。I. Gill 和 H. Kharas（2007）在《东亚复兴：增长的思路》中

① 世界银行根据人均国民总收入水平做出的收入组分类——低收入：1035 美元或更低；下中等收入：1036 美元至 4085 美元；上中等收入：4086 美元至 12615 美元；高收入：12616 美元或更高。

提出的中等收入陷阱（Middle - Income Trap）是在特定发展阶段进行的概括与解读：一个国家（地区）达到中等收入水平后，很难实现向高收入的跨越，经济和社会发展陷入徘徊停滞的状态。从二战后至今，世界上将近200个国家和地区实际上陷入了低收入陷阱或者中等收入陷阱，真正打破这个陷阱的国家和地区是非常少的（林毅夫，2012）。

"中等收入陷阱"的数量刻画是：一旦国经济跨越人均GDP 1000美元的"贫困门槛"后，经济增长在较短时间内很快实现翻番。但进入人均GDP 3000—5000美元的中等收入阶段后，受到发展模式、经济社会体制等因素的制约，经济增长开始迟缓甚至长期停滞，社会分化趋势加快，社会风险随之积聚，社会运动频发，经济发展受到严重制约，难以进入人均10000美元的高等收入阶段，整个国家跌落至经济停滞、社会失衡的陷阱①。与之伴随的具体特征：首先，经济快速增长和社会裂痕扩大相伴。发展目标重点在经济增长，忽视社会进步，容易产生两极分化。其次，区域的不平衡发展，城市化与边缘化并行。地区之间、城乡之间的差距随着经济的发展不是缩小，而是拉大。第三，经济的快速增长和能源消耗高、生态环境恶化并行。经济增长主要依靠劳动力密集型和资源消耗型产业，经济发展技术含量低，出现经济发展不可持续的特征。第四，发展手段失衡，资源出口强劲与内部消费疲软并行。经济增长会过度依赖进出口和投资，占社会主体的中等收入阶层消费未能成为经济发展的"引擎"（王友明，2012）。

关于中国"中等收入陷阱"的争论。有的学者认为中国不会落入"中等收入陷阱"（厉以宁，2013；卫兴华，2012等等），这部分学者认为"中等收入陷阱"的提法是有借鉴意义的，需要科学对待，但"中等收入陷阱"不是规律，从经济学的角度来分析，任何收入阶段都会有陷阱，会存在"低收入陷阱"和"高收入陷阱"。然而，另一些学者认为中国已经在"陷阱"之中，并为此他们提出了很多解决路径：马岩（2009）指出，中国要跨越"中等收入陷阱"其中一个路径选择是缩小收入分配差距，其构成中等收入国家经济可持续增长的稳定器。另一个路径为发挥政府积极有效和及时的资源配置功能。李楠（2010）认为，中国规避"中等收入陷阱"的其中一个路径为采取切实措施扭转收入差距扩大的趋势及加强技术创新。乔榛（2010）认为，中国跨越中等收入陷阱要以

① http：//baike. baidu. com/view/892575. htm#2，百科名片，中等收入陷阱。

推动公平分配为切入点。刘方棫（2010）认为，中国要跨过中等收入陷阱，要提高自主创新能力及促进公平发展。

综上可知，“中等收入陷阱”的内涵与特征日益明朗，但是中国的“中等收入陷阱”问题实际上是丰富了传统概念。至少从公认的“中等收入陷阱”具体特征来看，中国的“中等收入陷阱”问题可以归纳为若干标签：经济社会发展唯GDP、发展过程中不计成本和资源约束、破坏市场竞争、收入差距扩大、分配不公平等等。这些不仅仅是经济发展问题，而是外溢性极强的社会综合问题，对于牵一发而动全身的问题解决，政府的顶层设计改革引导和外部环境的驱动力量是不容忽视的。不仅如此，从财税理论角度，税收是政府发挥资源配置功能的重要手段，在缩小收入分配差距，促进市场公平方面应当具有重要作用：税收的合理调节，能够促进企业加强技术创新、引导资源有效配置，驱动经济可持续增长，实现税收的内在稳定器作用。由此可见，税赋水平、税制结构的合理性，影响着跨越“中等收入陷阱”的时间长短和效果好坏。因此，本文选取成功跨越“中等收入陷阱”的国家样本，研究这些国家人均国民生产总值3000—10000美元时，税赋水平、税制结构的变化情况，这将为中国在快速通过“中等收入阶段”方面的税制改革提供有利的经验借鉴。

二、拉美与东亚国家（地区）跨越中等收入阶段的情况

拉美各国已成为研究“中等收入陷阱”的典型案例，而晚于拉美先后步入中等收入阶段的日本、韩国、中国台湾与中国香港凭借持续的经济增速在短期内实现了举世瞩目的“穿越”。

拉美国家人均国民生产总值（GNI）达到1000美元后，急于实现经济腾飞式发展，奉行“重增长、轻分配”的新自由主义模式，虽然很快进入人均国民生产总值3000美元的中等收入阶段，但收入分配制度和社会保障制度滞后（王友明，2012），社会阶层分化加速，对抗加剧，社会持续动荡，殃及经济发展，导致拉美各国自20世纪中期深陷中等收入泥潭，国民经济增长呈现出波动中缓慢爬升的趋势（见图1），人均国民生产总值长期徘徊在人均国民生产总值4000—6000美元阶段，难以向前迈出更大步伐，直到2004年，阿根廷、巴西、智利、乌拉圭四国平均历时26.2年的时间，在2009年前后实现了向高收入阶段

的快速推进。

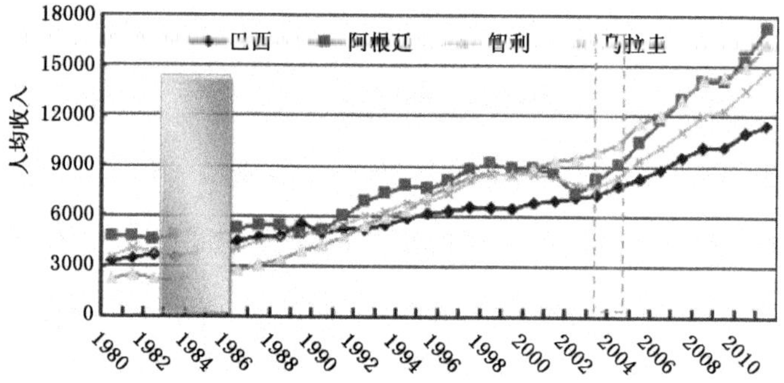

图 1 跳出中等收入陷阱的拉美主要国家

数据来源：世界银行数据库。

相比而言，亚洲国家和地区虽然步入中等收入阶段普遍晚于拉美，但日本、韩国、中国香港和中国台湾这四个经济体人均国内生产总值增长呈现出稳定快速上升的态势。20 世纪 70 年代，日本最先进入中等收入阶段，经过十年快速增长，实现了人均 GDP10000 美元的跨越，随后是中国香港、中国台湾和韩国，分别从 80 年代后期或 90 年代初期进入高收入水平（如图 2 所示）。这些国家和地区用了不到 10 年的功夫就成功穿越了中等收入阶段。

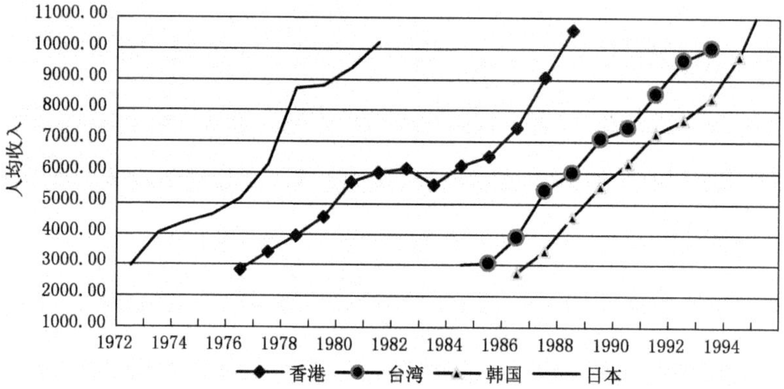

图 2 跳出“中等收入陷阱”的东亚主要国家与地区

资料来源：日本统计局、《亚洲发展中国家和地区经济和社会统计资料汇编》、OECD Stat Extracts。

三、拉美与东亚国家（地区）中等收入阶段的税负规模

（一）宏观税负水平的纵向比较

拉美各国自进入中等收入水平后，大多数国家增加了税负。从税收总量占国内生产总值的比值来看，在中等收入初期，乌拉圭的宏观税负一直徘徊在16%，巴西稍低一点，保持在11%左右；而这些国家在摆脱“中等收入陷阱”的过程中，政府宏观税负快速攀升。如图3所示，2003—2004年以后，拉美各国都提高了宏观税负水平，保持在15%到20%之间，其中最低是阿根廷（15%左右，2004），最高是智利（20%，2007）。拉美国家的高税负政策是由于实施福利赶超策略，反映出一方面国家对市场经济运行的强烈干预，造成了经济扭曲，并且随着干预程度深化，扭曲日益增强；另一方面高税负仍是以支定收的无奈之举，因为税收收入是政府支出资金的主要来源，拉美国家的高税负能够为中等收入时期不断扩大的政府支出规模筹集资金。

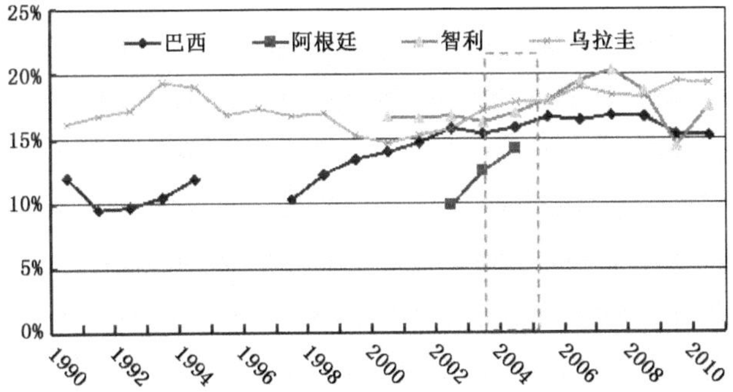

图3　拉美国家税收收入占GDP的比重

数据来源：世界银行数据库。

日本和中国香港20世纪70年代进入中等收入阶段，在其过渡时期内，税收收入占GDP的比重分别保持在8.6%和8.2%左右，在人均收入突破6000美元后，其宏观税负（税收收入占GDP的比重）分别增加到10.4%和10.6%左右（如图4所示）。

中国台湾和韩国20世纪80年代进入中等收入阶段，这两个国家和地区的宏

观税负都比较高，1982 年台湾的宏观税负为 14.8%，韩国的宏观税负为 17.4%。在他们向中高收入阶段过渡的过程中（1981—1987 年），宏观税负出现了先减轻后加重的情况，中国台湾和韩国在此阶段的最低税负分别达到 10.7%（1985 年）；15.6%（1986 年），1988 年以后这两个国家（地区）的宏观税负呈现出大幅度提升（平均保持在 18% 的水平），并且这一轮税负提高的幅度远远高于之前的减税，在这之后两个国家（地区）的人均收入超过 6000 美元门槛。

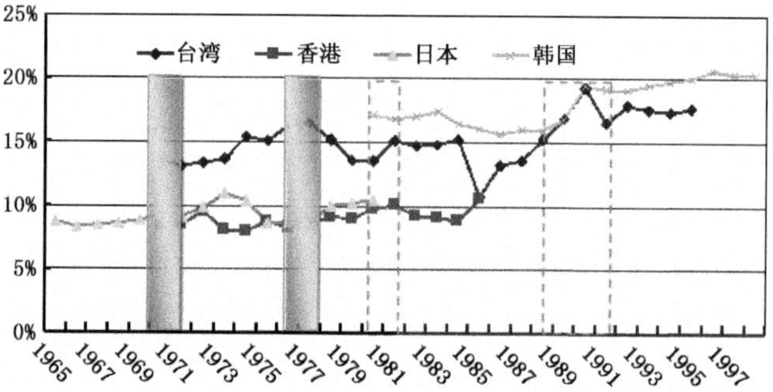

图 4　亚洲国家和地区税收收入占 GDP 的比重

数据来源：世界银行数据库。

（二）宏观税负的国家（地区）间横向比较

从横向上对比拉美国家与东亚国家（地区）的宏观税负：在中等收入阶段，拉美国家的宏观税负水平一直高于亚洲国家（地区）。拉美各国都的宏观税负水平平均保持在 15% 到 20% 之间，而东亚国家（地区）的宏观税负水平平均保持在 10% 到 15% 之间。尽管这些国家（地区）的宏观税负有显著差异，但从中等收入阶段向高收入阶段跨越时却呈现共同点：在进入中等收入后，政府在保持宏观税负总体稳定的基础上，降低社会的税收负担，为社会发展集聚能量；而在跨越期，宏观税负都有所提高，即使日本、香港的宏观税负此前一直保持在较低水平，在向高收入阶段跨越过程中，宏观税负也走出了 U 型轨迹，在跨越期他们都大幅提高了宏观税负水平。宏观税负的提高，为政府提高了充足的财力，有能力推动经济快速增长，实现人均收入水平的快速提高，从而进入中高收入阶段。

（三）宏观税负比较的结论

对比两类摆脱中等收入困扰的宏观税收模式，我们发现，一是在进入中等收入阶段初期，税负水平会有所降低，伴随人均收入增长，宏观税负呈现波动走势；二是在跳出“中等收入陷阱”期间，宏观税负水平都有所提高，政府采取加税政策调节国家经济运行，以较高的财政收入保障国家快速摆脱“中等收入陷阱”的支出需求，实现向高收入水平的跨越；三是政府在实施高赋税政策时，呈现出亚洲国家（地区）的宏观税负水平比拉美国家普遍偏低，这一点与各国（地区）的税制结构差异有关。

四、拉美与东亚国家（地区）中等收入阶段的税制结构

国际通用的税制结构分类是直接税与间接税。这种分类方法是以税收负担能否转嫁为标准的。直接税以归属于私人（为私人占有或所有）的所得和财产为课税对象，世界各国税法理论中，多以各种所得税、房产税、遗产税、社会保险税等税种为直接税。间接税，是指纳税义务人不是税收的实际负担人，纳税义务人能够用提高价格或提高收费标准等方法把税收负担转嫁给别人的税种，世界各国多以关税、消费税、销售税、货物税、营业税、增值税等税种为间接税（刘佐，2010）。按照此税制结构划分方法，各国和地区税制结构如下：

（一）税制结构的纵向比较

在中、高收入阶段，各国的直接税占比都呈现出逐步增加的趋势。从表 1 可见，对比税制结构发现，东亚国家（地区）的直接税占税收收入比重逐渐增加，到 1990 年前后，这些国家（地区）跳出中等收入陷阱前夕，各国直接税比重基本都占税收收入的一半以上，这是显著高于拉美国家的。也正是如此，亚洲国家普遍高于 50% 的直接税比率，促成了这些国家和地区快速经过中等收入阶段，向更高阶段挺进。无独有偶，拉美国家在摆脱中等收入陷阱过程中，也都大幅提升了直接税的比重，乌拉圭从 9.2% （2003）迅速提升到 29% （2008），增长了近乎 3 倍；智利也是从 29.8% （2003）迅速提升到 51.2% （2007），增长了近 1 倍。这种规律与直接税的特点有关，直接税的纳税人就是负税人，税收负担、税

收归宿明确，尤其是所得税、房产税、遗产税、社会保险税等税种能够有效调节收入分配差距①，能够有效调节宏观经济走势。因此，从拉美和东亚国家（地区）摆脱“中等收入陷阱”的税制结构调整情况来看，当一国国民收入从中等收入水平增长到高收入水平过程中，中央政府必须要做的就是提高国家直接税的比重，扩大征税范围，强化直接税的收入调节功能。

表1　　拉美与东亚国家（地区）直接税占税收的比重

年份	台湾	香港	日本	韩国	年份	巴西	阿根廷	智利	乌拉圭
1970	28.2%	43.0%	70.6%		1990	38.8%			9.9%
1971	30.1%	43.5%	71.6%		1991	37.4%			8.9%
1972	30.7%	37.6%	72.3%		1992	39.9%			10.7%
1973	30.0%	53.3%	76.4%		1993	37.1%			11.2%
1974	29.2%	60.4%	77.7%		1994	30.7%			10.8%
1975	32.6%	55.2%	73.4%		1997	35.4%			18.8%
1976	33.7%	55.3%	72.8%		1998	41.7%			19.7%
1977	35.2%	57.0%	72.7%		1999	37.8%			23.9%
1978	34.7%	55.5%	74.1%		2000	35.7%		28.2%	25.1%
1979	35.6%	59.6%	72.6%		2001	35.6%		27.2%	12.5%
1980	35.9%	59.6%	76.1%	35.1%	2002	38.8%	18.7%	28.4%	11.4%
1981	39.5%	63.7%		36.1%	2003	37.5%	22.0%	29.8%	9.2%
1982	42.7%	69.1%		37.4%	2004	35.9%	24.2%	34.6%	13.8%
1983	42.7%	60.3%		35.6%	2005	38.5%		41.7%	15.7%
1984	41.1%	61.9%		35.7%	2006	39.7%		51.2%	16.1%
1985	59.1%	60.0%		37.6%	2007	40.7%		51.2%	18.5%
1986	43.8%			37.3%	2008	44.1%		38.1%	29.0%
1987	46.6%			40.5%	2009	44.7%		36.8%	27.9%
1988	51.8%			45.1%	2010	42.0%		33.6%	28.6%
1989	55.7%			50.3%					
1990	60.6%			55.0%					

数据来源：世界银行数据库。

① http：//wenku.baidu.com/view/925c6581e53a580216fcfe47.html。

在中、高收入阶段，拉美与东亚国家（地区）的间接税占比都呈现出逐步降低，即使部分国家（地区）的主要间接税比重有增加情况，但从涨幅看，间接税增长没有直接税增长迅猛。如表2所示，在刚进入中等收入阶段，拉美与东亚国家（地区）间接税比重都比较高，但伴随着收入水平的提高绝大部分国家（地区）呈现出逐步下降的趋势，尤其是东亚国家（地区）下降幅度比较明显，而拉美国家表现出波浪式的调整，即使个别拉美国家有增加情况，但涨幅依然没有直接税快。

表2　　拉美与东亚国家（地区）间接税占税收收入比重

年份	台湾	香港	日本	韩国	年份	巴西	阿根廷	智利	乌拉圭
1970	71.8%	57.0%	29.4%		1990	24.2%			35.9%
1971	69.9%	56.5%	28.4%		1991	21.2%			35.2%
1972	69.3%	62.4%	27.7%		1992	18.0%			35.8%
1973	70.0%	46.7%	23.6%		1993	19.1%			29.5%
1974	70.8%	39.6%	22.3%		1994	24.4%			29.1%
1975	67.4%	44.8%	26.6%		1997	22.9%			40.3%
1976	66.3%	44.7%	27.2%		1998	28.2%			39.5%
1977	64.8%	43.1%	27.3%		1999	33.4%			42.5%
1978	65.3%	44.5%	25.9%		2000	33.6%		47.1%	34.0%
1979	64.4%	40.4%	27.4%		2001	34.1%		46.9%	43.3%
1980	64.1%	40.4%	23.9%	62.7%	2002	34.3%	27.7%	49.2%	42.9%
1981	60.5%	36.3%		61.5%	2003	35.4%	26.6%	49.0%	46.0%
1982	57.3%	30.9%		60.5%	2004	36.8%	29.2%	45.3%	48.7%
1983	57.3%	39.6%		61.9%	2005	35.5%		41.3%	49.1%
1984	58.9%	38.1%		61.5%	2006	30.7%		34.4%	49.4%
1985	40.9%	40.0%		59.5%	2007	29.9%		34.3%	50.2%
1986	56.2%			59.9%	2008	31.2%		39.1%	47.5%
1987	53.4%			57.5%	2009	31.5%		45.8%	40.5%
1988	48.2%			52.2%	2010	29.8%		45.1%	39.9%
1989	44.3%			47.5%					
1990	46.0%			44.3%					

数据来源：世界银行数据库。

注：表中拉美国家的间接税主要包括增值税、关税和消费税。

（二）税制结构的国家（地区）间横向比较

从横向上对比拉美国家与东亚国家（地区）的税制结构：在中等收入阶段，拉美国家的间接税所占比重显著高于东亚国家（地区）。这主要是因为，直接税与间接税税制结构的形成，取决于一定经济发展阶段内的人均收入水平：一方面亚洲各国在快速跨越“中等收入陷阱”时段，人均收入迅速增长，形成宽广的直接税税基，才会在税制结构上形成以直接税高于50%的税制结构特点，高占比的直接税不仅为其财政扩张提供了主要资金来源，也为东亚国家（地区）跨越中等收入阶段提供了财力保障；而另一方面，拉美国家长期处于“中等收入陷阱”之中，人均收入水平增长缓慢，直接税有效税基狭窄，即使是有所得税这样的直接税税种，其调节收入的功能也相对弱小，而面对财政赤字，拉美国家更多依靠间接税来筹集财政资金。一般情况下间接税不利于改善收入分配，这主要受间接税特点影响，间接税的课税对象更为广泛、稳基宽、税源稳定、税收收入可随生产、经济的发展而增加，负担人的负税感不强，征收时阻力较小，征收成本较低。因此，尽管高比例的间接税能够给政府“应急”的财政收入，但是由于间接税具有累退性的特点，一旦提高税率就容易使价格上涨，导致实际税收减少，更严重的是高税率流转税会抑制社会需求，降低人均收入增速，这又导致政府税收收入情况恶化，收入水平与税制结构的如此恶性循环，使得拉美国家长期深陷中等收入“陷阱”，而不能快速脱离困境。

（三）税制结构比较的结论

通过对亚洲国家和地区与拉美国家中等收入阶段税收情况的对比分析，我们发现，各国家（地区）从中等收入迈向高收入水平时，除了宏观税负水平有所增长之外，税制结构变化也呈现出富有规律性的调整：拉美各国与东亚国家（地区）的政府都在积极提高直接税占税收收入的比重，同时适度降低间接税比重，以此平衡税收的调节作用和融资功能。

五、中国在中等收入阶段的税制状况

中国在2002年跨越人均GDP1000美元的“贫困门槛”后，经济增速在一段时期内一直保持两位数增长（如图5所示）。直到2006年，人均GDP进入3000—4000美元区间时，国民经济一方面受到外部经济冲击的影响，另一方面受到发展模式、经济社会体制等因素的制约，导致经济增速开始放缓，出现了中等收入阶段的种种问题：社会两极分化严重，中国居民收入基尼系数达到2008年的0.491，创历史新高；社会风险随之积聚，社会群体性事件频发；生态与人居环境日益恶化，城市饮用水、空气污染严重，中国主要城市PM2.5指数更是几度逼近“爆表”；资源消耗过快，经济发展质量遭受严重质疑。因此，国际组织认为，例如IMF，预计中国在诸多问题面前，经济增长将放缓，人均GDP在2018年前难以进入人均10000美元的高等收入阶段（如图5所示）。

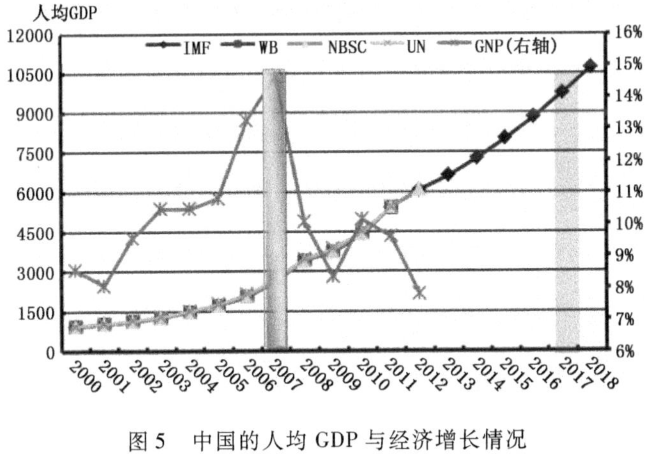

图5　中国的人均GDP与经济增长情况

数据来源：国际货币基金组织（IMF）、世界银行（WB）、中国统计年局（NBSC）、联合国数据库（UN data）、中宏数据库。单位：美元、%。

注：2012—2018年中国的人均GDP数据是IMF估计值。

伴随着中国人均GDP增速放缓，中国的税制结构也发生了较大变化（如图6所示）：

首先，中国的宏观税负水平持续增长，但宏观税率并不算高。2012年中国小口径宏观税赋为19.4%，而工业化国家的平均宏观税赋水平超过39%，像北欧等国家更是达到50%以上，由此可见中国的小口径宏观税负并不高。

其次，在间接税为主导的中国税制中，间接税占比重持续下降、直接税占比快速拉升，但间接税仍居主导地位。1994 年确立的我国现行税制结构，是以流转课税为主体的，占税收比重 60%—70% 的间接税，容易导致增值税、营业税向需求弹性较小的一方转嫁，而且税负具有累退性特点，影响了投资者的积极性；而占比 20% 左右的直接税，使财政调节个人收入、财产分配的功能受到很大的限制（刘佐，2010），但随着人均 GDP 的增长，间接税、直接税占比格局有所改善，削弱了间接税主体地位，直接税比重逐步提升，尤其 2006 年以来，中国进入中等收入阶段后，间接税在税收收入的份额迅速下降，降至 2012 年的 56.5%，但间接税仍居主导地位。

最后，从税制与税负的动态关联看，分税制改革后，直接税份额拉升迅猛，成为拉动宏观税负上涨的主要动力。这也证明了 2006—2012 年这 7 年间，中国人均 GDP 的高速增长（年平均增长率为 19.8%），直接引发了直接税的快速增长，一方面直接税的增长为膨胀的财政支出提供了充足的资金保障，另一方面为今后中国税制结构改革提供了调整空间。

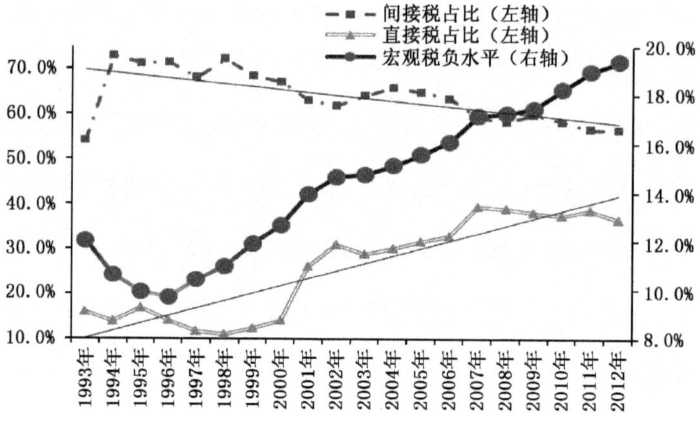

图 6　中国的税制结构状况

数据来源：中宏数据库、2012 年全国财政决算，整理所得。

注：间接税包括：增值税；消费税；营业税；关税；资源税；城市维护建设税。直接税包括：企业所得税；个人所得税；土地增值税；房产税；城市房地产税；城镇土地使用税；耕地占用税；契税；车船税；船舶吨税；印花税；车辆购置税；烟叶税。

六、中国跨越“中等收入”阶段的税制改革建议

（一）拉美与东亚国家（地区）对比分析的结论

第一，适度的税收规模是跨越中等收入阶段的保障。宏观税负水平合理与否，对保证政府履行其职能所需的财力，发挥税收的经济调节作用具有重要意义。在中等收入阶段，拉美与东亚国家（地区）政府税负水平和税制结构的变化趋势完全不同。

第二，在进入中等收入阶段初期，税负水平会有所降低，伴随人均收入增长，宏观税负呈现波动调整；在跳出“中等收入陷阱”期间，宏观税负水平都有所提高，政府通过税收政策对国家经济的调节机制，以较高的财政收入来保障国家快速摆脱“中等收入陷阱”，跨入高收入水平；政府在实施高赋税政策时，呈现出亚洲国家（地区）的宏观税负水平比拉美国家普遍偏低，这一点与各国（地区）的税制结构差异有关。

第三，各国从中等收入迈向高收入水平时，尽管亚洲国家（地区）以直接税为主，拉美国家以间接税为主，但其税制结构调整却呈现出一致的变化规律：拉美各国与东亚国家（地区）的政府都积极提高了直接税占税收收入的比重，并且适度降低了间接税比重，以此强化税收的调节作用和融资效应。

（二）中国向更高收入阶段跨越的税制改革建议

1. 加强财政纪律，稳中提高宏观税负水平。

税负高低是个相对概念，要和政府提供的公共服务相结合。一方面是绝对税收的提高，培养稳定持续的新税源，保证政府享有稳定的法定税收，为公共物品供给、满足社会公共需求融资；更重要的是另一方面，要通过实行全口径预算管理改革，规范税收收入的财政纪律。以社保费为例，作为独立的政府收支预算，社保费包括养老保险、医疗保险等，这些虽不是法定意义上的税收，但具有强制性，在中国45%的平均税楔[①]中，社保费等内容就占了20%还多。而且在中国

① 税楔是企业劳动力成本和员工实际工资的差额，税楔 =（总劳动成本 - 净工资收入）/总劳动成本，这个差额既涉及税收，也涉及社保费等内容。

社保费征收主要由税务机关负责，采用扣代缴方式，形成了未计入税收收入的准税收收入[①]。除了这种不规范的税收制度，再加上税收跑冒滴漏的现象，在无形中拉低了中国最小口径的宏观税负水平，人为地造成了中国宏观税负数据与国际标准不可比的问题，因此，加紧制度优化，加强财政纪律是中国向更高收入阶段跨越的关键一步。

2. 循序渐进改进税制结构，为提高直接税占比提供政策空间。

按照 IMF 人均 GDP 的预测，如果中国的能在 2018 年进入高等收入阶段，直接税比重至少在 2018 年前后提高到 50% 以上（如图 6 所示），才能保证政府拥有充足财力攻坚克难，顺利跨入中高等收入阶段。

一要利用当前财税改革契机，积极提高直接税比重。按照 IMF 保守预测，中国未来五年的人均 GDP 年增长速度至少达到 10%（由图 5 计算得到），人均收入水平的快速增长将为直接税增长提供扎实税基，中国应一方面通过构建地方税体系，捋顺中央与地方财政关系，完善直接税税种，提高直接税比重；另一方面通过“营改增”等结构性减税改革降低间接税比重，减少的间接税降位为直接税扩增留下政策空间。与间接税相比，直接税使国民比任何时候都更清楚自己实际交纳了多少税，政府在征税和安排公共支出时就会比较顾忌纳税人的反映，而且只有提高直接税比重才能调节居民收入分配差距。

二要明确直接税税收归宿，严格禁止直接税变相转嫁行为，科学调控间接税在合理区间内转嫁。这意味着要明确个人和家庭的税收责任，减少企业或第三方中介代缴税收的行为，增加个人和家庭的直接税缴纳比重，使实际纳税人与纳税义务人相一致。因为中国直接税的特点是“由企业缴纳，走价格通道”，中国 90% 以上的税收都是由企业缴纳的，并由企业通过价格通道转嫁到消费者身上（高培勇，2011[②]）。中国未来税制改革应严格禁止直接税的变相转嫁行为，同时以市场机制调控间接税合理转嫁，明确税收责任主体与最终归宿，切实提高直接税比重。

3. 以财产税改革为抓手，强化税收对收入水平的调节作用。

完善房地产税，开征遗产税和赠与税，建设“富人多纳税”的税收体系。

---

① 《中国税负远超欧美发达国家?》，《深圳商报》2012 年 4 月 18 日。

② http：//economy. caixin. com/2011 - 07 - 02/100275246. html。

在构建地方税体系中，从全局和长远考虑，房产税将是不可或缺的地方税体系支柱之一。当前房产税试点推广已箭在弦上，房产税的开征可以逐步减少日常消费品中所含的税，从总体上减少中低收入者的“税收痛苦”，调节税制结构，而且如果在房产保有与交易环节征收房产税（即存量和增量共同征收），将对房地产供需双方形成税负约束，弥补当前从不动产投资牟取暴利的制度漏洞，以此达到减少、房屋的空置率、活跃租房市场、提高不动产资源配置效率（贾康，2012、2013）的调控目标。同时开征遗产税与赠与税，完善彰显公平正义的税制，强化税收对存量收入差距的调节作用。因此，以新财产税为核心的直接税扩围将有助于推进财产的公开、产权清晰、约束行贿受贿等腐败行为，进一步促进人均国民收入均衡持续增长。

最后，值得警醒的是税制改革必须与一个国家经济发展水平相适应，宏观税负不能超越社会经济发展现实，欲速则不达。同时，提高直接税比重只是税制改革的一个方向，应以人均收入水平的提高为先决条件。

参考文献：

[1] 孔泾源．“中等收入陷阱”的国际背景、成因举证与中国对策［J］．改革，2011，10：5－13。

[2] 王友明．拉美陷入“中等收入陷阱”的教训、经验及启示［J］．当代世界，2012，07：57－59。

[3] 厉以宁：中国不会落入“中等收入陷阱”［J］．求是，2013，02：62。

[4] 田春生．“中等收入陷阱”有关研究的梳理［J］．人民论坛，2013，08：6－7＋256。

[5] 林毅夫．遵循比较优势发展战略，进行结构持续升级，避免中等收入陷阱［A］．中国经济观察（总第31期），2012：5。

[6] 乔棒．中等收入陷阱的中国式规避［N］．光明日报，2010－04－14。

[7] 马岩．我国面对中等收入陷阱的挑战及对策［J］．经济学动态，2009，07：42－46。

[8] 刘金科，王朝才．拉美与东亚部分国家（地区）中等收入阶段公共支出的比较与启示［J］．财政研究，2013，08。

[9] 王朝才，韩玲慧，李忠辉．韩国经济发展中的财政货币政策及对外经济政策协调［J］．经济研究参考，2012，37：44－71。

[10] 李楠，孙成．中国规避“中等收入陷阱”的对策探析 [J]．学习月刊，2010，13：8 -9。

[11] 刘佐．中国直接税与间接税比重变化趋势研究 [J]．财贸经济，2010，07：40 -43 +137。

[12] 刘方棫，李振明．中国可以跨过“中等收入陷阱” [N]．人民日报，2010 -09 -06007。

[13] 李丽辉．房产税不会增加中低收入者负担 [N]．人民日报，2013 -02 -22010。

中外消费税比较研究

——起源、发展与现状

课　题　组

一、国外消费税的基本情况介绍

（一）国外消费税的起源与发展

1. 起源。

消费税①是世界上最古老的课税形式之一。自人类历史开篇以来，对特殊商品征税的历史要早于对普通商品的征税。早在古埃及时期就已对食用油征收特殊商品税。古罗马时期随着农业、手工业的发展，城市的兴起和繁荣，相继开征了盐税、酒税、买卖奴隶税，这些税种成为早期消费税的雏形。中世纪时期，消费税成为欧洲君主解决财政危机的良方，并逐渐成为西方各国财政收入的主要来源。工业革命后，市场经济的确立，国家财政需要的日益扩大，特别是战争对军费需求激增，各主要资本主义国家相继确立了流转税和消费税相结合或商品销售税与消费税相结合的商品税制模式（冯曦明，2007）。自 17 世纪以来，“消费税（英文为 excise tax）”被用来表示对特定商品的征税，一般指对进口以及国内生产的特殊商品的征税。随着商品货币经济的发展，消费税的课征范围不断扩大，

① 本研究所指的消费税包括对烟草、酒、赌博、污染、驾驶以及其他特定货物、劳务和活动的全部选择性征税和相关收费。

课征数额日益增加，消费税在各发达国家的税制结构和税收收入中占有越来越重要的地位。在19世纪到20世纪初期，由于民主政治的发展，量能课税学说的兴起，以及以所得税为代表的直接税制体系的发展，大多数国家废除了对财政收入贡献较少的“小型”消费税，只保留对烟草、酒和一些矿物油产品这些“大型”消费税。一些国家将“小型”消费税纳入到对商品和劳务的一般课税体系当中，这种对商品和劳务的一般课税体系在20世纪前25年被大范围引进，并在20世纪70到80年代转型为一般消费税或增值税。在两次世界大战期间，由于各国战后财政困难以及其他税源匮乏，各国又纷纷扩大了消费税的征税范围。直至目前，消费税仍以其对经济的独特调节作用，受到各国的普遍重视。当今世界上许多国家除了开征烟税、酒税和能源产品税外，还对其他一些“奢侈品”开征消费税，对一些奢侈品征收高额消费税可以实现消费税的收入再分配作用。随着各国对环境问题和营养健康的重视，对烟草、酒、能源产品和污染的课税成为关注的重点，对这些产品开征消费税除了能限制其消费，减少其带来的外部损失，还能产生一定的社会经济效益。从税收大环境来看，如果从资本所得税税基入手来提高税收收入，难处在于资本巨大的流动性，如果对劳动力征收高税，则会对劳动力供需产生严重的扭曲效应，这些问题促使多国政府越来越重视消费税的财政收入替代潜能。

2. 发展。

近二十多年当中，发达国家消费税改革的重点是引入综合的绿色税收体系，以体现限制能源消费、保护环境、降低污染的社会经济目标。新增加的对能源与污染的消费税则通过减少对雇主与雇员征收的社会保障税（或费）来补偿，以保持纳税人的总体税负不增加。

（1）在能源税收方面。

美国汽油从1990年的14.1美分一加仑上升到2011年的18.4美分；柴油从1990年的20.1美分上升到2011年的24.4美分。

英国在1993年到1999年期间，每年增长5%—6%的燃料税，并且设计公路燃油税，并于2001年4月开始对企业和公共部门使用能源征收气候变化税，又对提高能源效率和开发可再生能源给予免税，已经加入到协议中（以减少排放为目标的协议）的行业可以以此削减80%的税率。

瑞典于1991年进行了一次较大的税收改革，改革体现了税收收入中性的特点，所得税明显减少，通过增加增值税和一系列新的环境税特别是对碳和硫征税来弥补财政收入。现在，制造部门已经按照二氧化碳税一般税率的50%来支付税款，并且根据硫和苯含量来区别不同类型的柴油税和汽油税，同时也对电力和国内航空交通征收消费者和生产者税。

丹麦于1992年开始对燃料征收二氧化碳税，截止到2002年，一直不断加大与环境有关的税收。税收改革的目标是：在各个所得税级次内减少边际税率，清除税收法律的一系列漏洞，并逐渐把税收负担从所得和劳动方面转移到污染和稀缺的环境资源中去。1996年“能源一揽子计划”的引进就是一个里程碑，主要包含二氧化碳税的增长（对工业使用的税率降低）和对二氧化硫的排放征收新的税。这些税收所带来的收入增长，通过减少雇员社会保险缴款的方式返还给工业，同时也是作为节省能源的投资援助。

（2）在污染税收方面。

芬兰是首先于1990年引入碳税的国家，之后便形成一个渐进的绿色税收体系。虽然碳税起初在1990年相对平均的税收水平是每吨碳为4.1欧元，但是税率水平稳步增长，截止到1998年已经达到每吨碳62.9欧元。芬兰在1996年实施垃圾掩埋税。此外，在芬兰还对饮料罐征税。

丹麦1996年开展的“能源一揽子计划”中，还对废弃物垃圾、污水、水净化和杀虫剂征税。

荷兰从1992年到2000年，一系列绿色税收得以实施，如对废弃物垃圾、地下水和航空噪声征税。

法国于1999年进行环境税费的调整。并于2000年1月，将空气污染、家庭垃圾、专门的工业垃圾、润滑油和噪声所征的费用合并成为单一的污染行为税。与此同时，还对杀虫剂、粉尘颗粒和洗涤剂征税。

除了以上列举的国家，欧洲其他许多国家也纷纷推出了绿色消费税改革，如挪威、德国、意大利等。

（二）国外消费税主要税种情况介绍

虽然 OECD① 成员国推行了很多绿色消费税改革，并且增加了很多新的能源和污染税种，但 OECD 成员国消费税的征税范围仍然是以传统的能源税、烟税和酒税为主体，除此之外污染税和赌博税也成为其消费税的重要组成部分。能源税的税基最宽，税目最细，大多数国家能源税的子税目都在 20 个以上，芬兰最多，达 65 个（参见表 1）。

1. 酒税。

OECD 国家酒精饮料可以分为啤酒（beer）、葡萄酒（wine）和烈性酒（spirits）。在这三个大的分类下还有很多更细的子门类。OECD 国家中对酒精饮料征收消费税的依据是产品的酒精含量（根据每百升纯酒精的税率），酒类消费税倾向于对价格低廉的初级酒类产品从高征税（这些产品常常是对身体非常有害的）。在北欧成员国、爱尔兰和英国，酒精饮料尤其被课以重税，酒税是其财政收入的重要来源之一，从每个人身上获得的税收收入超过 100 欧元。欧盟其他国家的酒税比较低，在大部分地中海国家，酒税对经济和财政收入的贡献很小。在 OECD 国家中 2012 年每百升烈酒的消费税从冰岛的 7766 美元到美国的 974 美元。OECD 国家中 2012 年对每百升啤酒的税收从以色列的 59 美元到卢森堡的 2 美元。

在欧盟成员国中，多数国家，标准啤酒税与酒精含量成正比。在一些成员国中对标准啤酒划分等级征税，对“高酒精”啤酒使用高税率。一些成员国对“低酒精”啤酒和独立的小型酿造厂的产品使用较低税率。有部分欧盟成员国对无泡葡萄酒不征收任何税。2012 年每百升无泡葡萄酒征税最高为挪威的 546 美元，另外还有 6 个成员国也对其征收重税。多数成员国对香槟酒征收高税，尽管

① OECD（organization for economic cooperation and development）即世界经济合作与发展组织。经合组织帮助各国政府通过经济增长、金融稳固、贸易与投资、技术、创新、创业精神、以及发展合作等方式促进繁荣，缓解贫困。它也正致力于帮助各国政府确保经济和社会的发展不以环境的急剧退化为代价。经合组织的其他目标包括创造人均就业机会、社会平等、以及洁净高效的治理。经合组织秘书处设在巴黎，其三十四个成员国为澳大利亚、奥地利、比利时、加拿大、捷克、丹麦、芬兰、法国、德国、希腊、匈牙利、冰岛、爱尔兰、意大利、日本、韩国、卢森堡、墨西哥、荷兰、新西兰、挪威、波兰、葡萄牙、斯洛伐克、智利、斯洛文尼亚、爱沙尼亚、以色列、西班牙、瑞典、瑞士、土耳其、英国和美国。这些国家是世界上主要发达国家。

表 1 **24 个 OECD 成员国的消费税目标①**

	烟税	酒税	能源 税	污染处理税	重型车辆税	机动车吨位税	道路使用税	赌博税	制造商税	木料税	汽车税	许可证税	天然砂砾税	通讯和航运税	船舶乘客税	糖果、冰淇淋、软饮料和咖啡税
美国	(√, 4)	(√, 8)	(√, 13)	(√, 4)	(√, 0)		(√, 0)	√	(√, 7)					(√, 2)	(√, 0)	
英国	(√, 4)	(√, 16)	(√, 15)					√						(√, 4)		
日本	(√, 4)	(√, 17)	(√, 9)			(√, 33)	(√, 0)	√		(√, 0)	(√, 0)					
比利时	(√, 4)	(√, 15)	(√, 25)					√								(√, 6)
加拿大	(√,NA))	(√, 3)	(√, 6)					√			(√, 4)					
瑞典	(√, 5)	(√, 8)	(√, 23)	(√, 47)				√					(√, 0)			
德国	(√, 4)	(√, 5)	(√, 29)					√								
芬兰	(√, 4)	(√, 8)	(√, 65)					√								(√, 3)
荷兰	(√, 4)	(√, 11)	(√, 31)					√								
澳大利亚	(√, 2)	(√, 16)	(√, 45)					√								
斯洛伐克	(√, 4)	(√, 5)	(√, 24)													
爱尔兰	(√, 4)	(√, 11)	(√, 27)					√				(√, 19)				
奥地利	(√, 4)	(√, 4)	(√, 28)					√								
匈牙利	(√, 4)	(√, 7)	(√, 25)					√								
波兰	(√, 4)	(√, 8)	(√, 21)					√			(√, 2)					

① 傅文博和宋亚明同学协助制作了表 1、表 3 和表 6，作者对他们的辛勤工作与付出表示衷心的感谢！

续表

	烟税	酒税	能源税	污染处理税	重型车辆税	机动车吨位税	道路使用税	赌博税	制造商税	木料税	汽车税	许可证税	天然砂砾税	通讯和航运税	船舶乘客税	糖果、冰淇淋、软饮料和咖啡税
斯洛文尼亚	(√，4)	(√，4)	(√，26)	(√，0)												
意大利	(√，4)	(√，4)	(√，34)					√								
捷克	(√，5)	(√，6)	(√，24)					√								
法国	(√，4)	(√，13)	(√，20)					√			(√，8)					
卢森堡	(√，4)	(√，7)	(√，23)					√								
葡萄牙	(√，6)	(√，11)	(√，24)					√								
西班牙	(√，6)	(√，7)	(√，24)					√								
希腊	(√，4)	(√，6)	(√，34)													
爱沙尼亚	(√，4)	(√，8)	(√，24)													

说明：1. 上表所列（ ）中“√”代表样本国开征的税目，（ ）中数字代表该税目下包含多少个子目。以中国为例：酒（√，6）表示中国在酒这一税目下设有包括白酒、黄酒、甲类啤酒、乙类啤酒、其他酒、酒精6个子税目。2. 表中空白部分、以及没有数字标识的部分表示不开征或信息不详。3. 与“能源”相关的税基主要包括对油、液化石油气、天然气、电力等征收的税费，请参见表3。与“污染税”相关的税基主要包括废水废气排放、导致臭氧减少的物质、非点源水污染、垃圾处理、噪声等等。除本表中列出的美国、瑞典、斯洛文尼亚以外，很多国家将污染类税费列在非消费税项下，请参见表6。与“赌博税”相关的税基主要是彩票和赌场，有的国家也对赌场的收益征税。此外，除美国、英国、日本以外，其他 OECD 国家习惯上不将销售彩票和经营赌场所获得的收入定义为税收，但其来源无论是形式还是实际运行，都与税收类似，参见 Cnossen（2005）。

资料来源：1. 经济合作与发展组织数据库 http：//stats. oecd. org/Index. aspx；2. 欧盟数据库 http：//ec. europa. eu/taxation_ customs/tedb/taxSearch. html；3. 各国政府网站。4. Cnossen（2005）。

如此，仍有一些成员国没有对其收税。虽然这些国家对酒类产品的课税与酒精的浓度有一定关系，但是酒类产品的消费税没有系统地与酒精含量相关联，而且内含的酒税在不同种类饮料中存在较大差异。大体上，对每单位烈酒的课税要比葡萄酒和啤酒重。

在欧盟国家中，由于各国对酒精饮料课税方式的差异导致了跨境购物、邻国之间跨境“走私”行为猖獗、各种形式的非法避税等问题（比如，英国和法国之间、丹麦和德国之间）。欧盟采取减少成员国之间酒税差异的税收改革将有助于减轻这些问题的严重性。受市场作用的影响税率趋同性将促使高税负成员国减税，这就造成了整个欧盟平均酒税税率比较低，但是不同国家在设定税率时，出于其他政策的考虑也有可能采取高税率，比如有的成员国更强调国民健康而对酒精饮料收重税。

2. 烟草产品。

烟草产品，主要包括香烟（cigarettes）、雪茄烟（cigars）、纸烟（cigarette rolling tobacco）和卷烟丝（pipe tobacco）。多数国家香烟和其他烟制品的消费税存在很大差异，这使得香烟相对来说更贵。由于雪茄和其他烟制品很难作为香烟的替代产品，这导致香烟的价格弹性非常低。

美国各州和地方政府对香烟实行从量消费税，但各地区的税率差异很大。2012 年的税率表显示（表 2），最低的路易斯安娜州为每包 36 美分，最高的纽约为每包 435 美分，各州平均数为 125 美分。1998 年《烟草总协议》（MTSA）规定：从 1990 年开始至 2015 年止，烟草生产厂商要支付给各州政府 2060 亿美元，如果按照每年消费卷烟 286 亿包估算，相当于对每包卷烟平均征收 0.31 美元的额外消费税，这在很大程度上增加了烟草的税负。此外，其他一些因素也使卷烟的价格有所上涨。据估计，从 1998 年开始，以每 4 年为一个阶段，平均来说每包卷烟一个阶段价格就会上涨 1.25 美元。

表 2　　2012 年 1 月美国各州香烟消费税税率

州名	消费税率（¢每包）	排序	州名	消费税率（¢每包）	排序
阿拉巴马州	42.5	47	内布拉斯加州	64	38
阿拉斯加州	200	11	内华达州	80	35
亚利桑那州	200	11	新汉普郡州	168	18

续表

州 名	消费税率（¢每包）	排序	州 名	消费税率（¢每包）	排 序
阿肯色州	115	29	新泽西州	270	6
加利福尼亚州	87	33	新墨西哥州	166	19
科罗拉多州	84	34	纽约州	435	1
康涅狄格州	340	3	北卡罗来纳州	45	45
特拉华州	160	20	北达科他州	44	46
佛罗里达州	133.9	25	俄亥俄州	125	26
佐治亚州	37	48	俄克拉荷马州	103	30
夏威夷州	320	4	俄勒冈州	118	28
爱达荷州	57	42	宾夕法利亚州	160	20
伊利诺伊州	98	32	罗得岛州	346	2
印第安纳州	99.5	31	南卡罗来纳州	57	42
爱荷华州	136	24	南达科他州	153	22
堪萨斯州	79	36	田纳西州	62	39
肯塔基州	60	40	德克萨斯州	141	23
路易斯安娜州	36	49	犹他州	170	16
缅因州	200	11	佛蒙特州	262	7
马里兰州	200	11	弗吉尼亚州	30	50
马萨诸塞州	251	9	华盛顿州	302.5	5
密歇根州	200	11	西弗吉尼亚州	55	44
明尼苏达州	123	27	威斯康辛州	252	8
密西西比州	68	37	怀俄明州	60	40
密苏里州	17	51	哥伦比亚特区	250	10
蒙大拿州	170	16	各州平均数	125	

资料来源：www.tobaccofreekids.org/research/factsheets/pdf/0097.pdf。

在欧盟所有成员国中，卷烟总的税收负担大约是零售价格的76%，或者是不含税零售价格的317%。卷烟是所有产品中税负最高的。欧盟委员会于1991年6月的财长会议上就下面几个方面对烟草产品达成了共识：总税收中从量消费税的份额，仍然保持在早期所达成的一致比率5%—55%的范围内；总的消费税负担，从量和从价消费税至少为零售价格的57%，同时规定最终的数额不得少于每1000支卷烟60欧元。

3. 环境税收。

（1）能源。能源是OECD国家消费税的主要税种之一，特别是近几十年内由于环境问题的恶化更是受到各国的高度重视。表3是部分OECD国家对能源产品征收的主要税种。

表3　　部分OECD成员国关于能源类消费税的分类

	油税费（oil duty）①	液化石油气、天然气税费（liquid petroleum gas、natural gas duty）	其他能源税费（other energy duty）②	电力税费（electricity duty）
美国	（√，6）	（√，1）	（√，6）	NA
英国	（√，9）	（√，2）	（√，4）	NA
日本	（√，3）	（√，2）	（√，3）	（√，1）
比利时	（√，12）	（√，5）	（√，6）	（√，2）
瑞典	（√，11）	（√，6）	（√，4）	（√，2）
德国	（√，12）	（√，9）	（√，6）	（√，2）
芬兰	（√，44）	（√，7）	（√，9）	（√，5）
荷兰	（√，12）	（√，8）	（√，6）	（√，5）
澳大利亚	（√，22）	（√，7）	（√，16）	NA
斯洛伐克	（√，12）	（√，8）	（√，3）	（√，1）
爱尔兰	（√，12）	（√，8）	（√，5）	（√，2）
奥地利	（√，12）	（√，8）	（√，6）	（√，2）
匈牙利	（√，12）	（√，5）	（√，6）	（√，2）

① 油税费的税基包括汽油（petrol）、柴油（gas oil）、煤油（kerosene）等。
② “其他能源税费”的税基包括煤（coal）、焦炭（coke）、褐煤（lignite）、生物燃料（biofuels）等。

续表

	油税费 (oil duty)	液化石油气、天然气税费 (liquid petroleum gas、natural gas duty)	其他能源税费 (other energy duty)	电力税费 (electricity duty)
波兰	(√, 11)	(√, 2)	(√, 6)	(√, 2)
斯洛文尼亚	(√, 12)	(√, 8)	(√, 4)	(√, 2)
意大利	(√, 14)	(√, 11)	(√, 7)	(√, 2)
捷克	(√, 11)	(√, 5)	(√, 6)	(√, 2)
法国	(√, 9)	(√, 4)	(√, 5)	(√, 2)
卢森堡	(√, 14)	(√, 7)	NA	(√, 3)
葡萄牙	(√, 12)	(√, 4)	(√, 6)	(√, 2)
西班牙	(√, 13)	(√, 3)	(√, 6)	(√, 2)
希腊	(√, 17)	(√, 7)	(√, 6)	(√, 4)
爱沙尼亚	(√, 12)	(√, 4)	(√, 6)	(√, 2)

说明：1. 上表所列（）中"√"代表开征的税目，（）中数字代表该税目下包含多少个子目。2. "NA"表示信息不详或不开征。

资料来源：1. 经济合作与发展组织数据库 http://stats.oecd.org/Index.aspx；2. 欧盟数据库 http://ec.europa.eu/taxation_ customs/tedb/taxSearch.html；3. 各国政府网站。

表 4　　OECD 国家 2012 年矿物油燃料税率统计　　单位：美元

	无铅汽油	非商业用途的汽车柴油（每公升）	液态石油气（LPG）（每公升）	工业使用的轻燃料油（每 1000 公升）	家庭使用的轻燃料油（每 1000 公升）
澳大利亚	0.244	0.244	0.160		
奥地利	0.618	0.514	0.154	128.50	128.50
比利时	0.709	0.497	0.000	21.35	21.35
加拿大	0.275	0.201		30.23	47.18
智利	0.583	0.142			-60.30
捷克	0.922	0.787	0.155	47.41	47.41
丹麦	0.544	0.373	0.243	54.90	322.74
爱沙尼亚	0.795	0.739	0.132	208.55	208.55

续表

	无铅汽油	非商业用途的汽车柴油（每公升）	液态石油气（LPG）（每公升）	工业使用的轻燃料油（每1000公升）	家庭使用的轻燃料油（每1000公升）
芬兰	0.664	0.386	0.000	169.64	169.64
法国	0.707	0.506	0.069	65.28	65.28
德国	0.821	0.589	0.115	76.87	76.87
希腊	0.947	0.582	0.143	582.29	84.80
匈牙利	0.949	0.874	0.186	2.97	2.97
冰岛	0.453	0.399			
爱尔兰	0.653	0.542	0.106	56.57	105.89
以色列	0.758	0.752			753.52
意大利	0.803	0.636	0.164	505.02	505.02
日本	0.522	0.319	0.092	19.09	19.09
韩国	0.907	0.630	0.269	125.79	125.79
卢森堡	0.495	0.343	0.058	22.51	10.72
墨西哥	0.000	0.000	0.000	0.00	0.000
荷兰	0.870	0.517	0.105	311.09	311.09
新西兰	0.388	0.003		0.00	
挪威	0.572	0.438		163.47	163.47
波兰	0.885	0.687	0.245	123.75	123.75
葡萄牙	0.923	0.576	0.085	462.85	462.85
斯洛伐克	0.991	0.708	0.177	0.00	743.72
斯洛文尼亚	0.770	0.678	0.198	338.91	187.16
西班牙	0.628	0.493	0.045	121.56	121.56
瑞典	0.586	0.484	0.129	128.34	427.87
瑞士	0.491	0.517	0.144	66.56	66.56
土耳其	1.433	0.898	0.539	730.27	730.27
英国	0.880	0.880	0.024	169.00	169.00
美国	0.106	0.125		0.00	0.00

资料来源：International Energy Agency, Energy Prices and Taxes 2nd quarter 2012 and European Commission Doc Ref 1035 Excise。

在 OECD 国家中对矿物油和液化石油气征收消费税也具有广泛的差异。比如，在美国 1 公升高级无铅汽油征收的消费税为 0.105 美元，而在土耳其为 1.602 美元。燃油税所使用的税率在不同国家以及不同燃料之间差别很大。起初，征收机动车燃油税主要是为了增加财政收入，但是在一些国家，更强调通过使用这些税收来限制交通运输行为——由此达到限制温室气体排放的目的。燃油税的高低有一些普遍的规律，北美的燃油税最低，其次是亚洲和太平洋地区，而欧洲国家最高。

在大多数 OECD 国家中，柴油的消费税要明显低于汽油，只有瑞士和美国两个国家汽油的消费税高于柴油，而澳大利亚和英国两者的税率是相同的。

2012 年 1 月美国联邦政府设定的汽油（gasoline）消费税率为 18.3%，柴油（diesel fuel）的消费税率为 24.3%，乙醇汽油（gasohol）的消费税率为 13%。在美国各州中，汽油消费税率最高为加利福尼亚的 41.2%，最低为阿拉斯加州的 8%；柴油的消费税率最高为康涅狄格州的 46.2%，最低为阿拉斯加州的 8%（参见表 5）。

在能源领域，矿物燃料用于发电引起了许多外部性，比如煤的使用产生的硫和微粒的排放。在欧盟成员国中，电力的消费税率在不同国家之间差异较大，采用的税率最高是荷兰，其次是丹麦。欧盟成员国中部分国家电力消费税率从 2000 年 1 月到 2002 年 1 月有很大增长，具体情况如下：奥地利非生产性用电，增长了 100%；丹麦住宅供暖增长 18%；挪威非生产性用电，增长了 20%；瑞典非生产性用电，增长了 22%（Crossen，2005）。

表 5　　2012 年 1 月美国各州燃料消费税税率　　单位：%

	汽 油	柴 油	乙醇汽油
阿拉巴马州	18.0	19.0	18.0
阿拉斯加州	8.0	8.0	8.0
亚利桑那州	19.0	27.0	19.0
阿肯色州	21.8	22.8	21.8
加利福尼亚	41.2	38.0	41.2
科罗拉多州	22.0	20.5	22.0
康涅狄格州	25.0	46.2	25.0

续表

	汽 油	柴 油	乙醇汽油
特拉华州	23.0	22.0	23.0
佛罗里达州	16.6	30.5	16.6
佐治亚州	20.4	21.8	20.4
夏威夷州	17.0	17.0	17.0
爱达荷州	26.0	26.0	26.0
伊利诺伊州	20.1	22.6	20.1
印第安纳州	18.0	16.0	18.0
爱荷华州	22.0	23.5	20.0
堪萨斯州	24.0	26.0	24.0
肯塔基州	27.8	24.8	27.8
路易斯安娜州	20.125	20.125	20.125
缅因州	30.0	31.2	30.0
马里兰州	23.5	24.25	23.5
马萨诸塞州	21.0	21.0	21.0
密歇根州	19.0	15.0	19.0
明尼苏达州	28.1	28.1	28.1
密西西比州	18.4	18.4	18.4
密苏里州	17.3	17.3	17.3
蒙大拿州	27.0	27.75	27.0
内布拉斯加州	27.6	27.0	27.6
内华达州	23.805	27.75	23.805
新汉普郡州	19.625	19.625	19.625
新泽西州	14.50	17.50	14.50
新墨西哥州	18.875	22.875	18.875
纽约州	25.8	24.05	25.8
北卡罗来纳州	39.15	39.15	39.15
北达科他州	23.0	23.0	23.0
俄亥俄州	28.0	28.0	28.0

续表

	汽 油	柴 油	乙醇汽油
俄克拉荷马州	17.0	14.0	17.0
俄勒冈州	30.0	30.0	30.0
宾夕法利亚州	31.2	38.1	31.2
罗得岛州	33.0	33.0	33.0
南卡罗来纳州	16.75	16.75	16.75
南达科他州	24.0	24.0	22.0
田纳西州	21.4	18.4	21.4
德克萨斯州	20.0	20.0	20.0
犹他州	24.5	24.5	24.5
佛蒙特州	26.13	29.0	26.13
弗吉尼亚州	17.5	17.5	17.5
华盛顿州	37.5	37.5	37.5
西弗吉尼亚州	33.4	33.4	33.4
威斯康辛州	32.9	32.9	32.9
怀俄明州	14.0	14.0	14.0
哥伦比亚特区	23.5	23.5	23.5
联邦政府	18.3	24.3	13.1

资料来源：www. taxadmin. org/fta/rate/mf. pdf。

（2）污染。许多国家对废弃物的处理、城市垃圾的填埋等征收消费税，对包装物和能够产生废物相关的具体产品也征税（参见表6）。例如，欧洲一些国家对欧盟所制定的包装物及垃圾处理征税的目标做出了一定的回应。在英国，对废弃物和城市垃圾产生的外部性，是早期对废弃物填埋地征税的原因。然而，最近几年，税率的增长已经超出了所估计的破坏水平，这主要是为了达到欧盟废弃物循环使用的目的（OECD，2004）。在OECD国家中不同国家和不同废弃物类型之间的税率水平存在巨大差异，其中最高税率水平是荷兰的城市普通废弃物。在奥地利、丹麦、挪威和瑞典，城市普通废弃物所使用的税率水平基本上是一样的。对于普通的工业废弃物（正常情况下会引起少量甲烷的排放）所使用的税率常常比城市或家庭废弃物的税率要低一些。在一些情况下，为了燃烧而运送的废弃物所使用的税率比较低，因为它有助于能源再生，但也能引起其他的环境问题。在丹麦对利用废弃物燃烧而取得的供热所采用的税率仅为每焦耳 1.7 欧元，这已低于煤所使用的税率，使用这样的税率，主要是出于促进废弃物循环利用和废弃物最小化的目的。

表 6　部分 OECD 及欧盟成员国在消费税和非消费税项下对污染征收的税费

国家	消费税	非消费税
丹麦	二氧化碳税 CO2 duty（15）；含硫税 Sulfur duty（14）；氟化物税 CFC，HFC，PFC andSF6（38）；镍镉电池税 Sealed NiCad-batteries duty（2）；废水税 Wastewater duty（3）；农药税 Pesticides（3）；聚氯乙烯税 PVC and phthalates tax（19）；氮税 Nitrogen	—
斯洛文尼亚	二氧化碳 CO2 duty	废物污染税 Tax on waste pollution（5）
瑞典	二氧化碳 CO2 duty（45）；含硫税 Sulfur duty（2）	废物污染税 Tax on waste pollution；核电站热效应税 Tax on thermal effect of nuclear power station；化肥农药税 Tax on fertilizers and pesticides（3）
美国	环境税：原油泄漏税 Oil Spill Liability Tax；原油使用税 Crude oil；损耗臭氧化工产品使用税 Ozone-depleting chemicals（NA）；损耗臭氧化工产品进口税 Ozone-depleting chemicals	废物处理税 Tax/Fee for Disposal of Waste；水污染税 Tax/Fee for Water Pollution；垃圾填埋税 Landfill levy tax；开采税 Aggregates Levy；废旧轮胎费 Waste tyre fee；社区排水系统税 Public community water system tax
爱沙尼亚	—	废物处理税 Tax/Fee for Disposal of Waste（9）；水污染税 Tax/Fee for Water Pollution（8）；大气污染税 Tax/Fee for Air Pollution（7）
法国	—	污染税 Pollution tax（9）
希腊	—	机动车道路污染税 Pollution tax on vehicles（46）
爱尔兰	—	垃圾填埋税 Landfill levy tax

续表

国家	消费税	非消费税
拉脱维亚	—	废物处理税 Tax/Fee for Disposal of Waste（5）；水污染税 Tax/Fee for Water Pollution（6）；有害环境商品税 Tax for Goods Harmful to the Environment（23）；包装物税和一次性餐具税 Tax for the Packaging of Goods and Products and for Disposable Tableware（6）；放射物税 Tax for Radioactive Substances（7）；大气污染税 Tax/Fee for Air Pollution（9）
立陶宛	—	水污染税 Tax/Fee for Water Pollution（11）；有害环境商品税 Tax for Goods Harmful to the Environment（8）；包装物税和一次性餐具税 Tax for the Packaging of Goods and Products and for Disposable Tableware（7）；大气污染税 Tax/Fee for Air Pollution（8）
罗马尼亚	—	废物污染税 Tax on waste pollution（5）
英国	—	环境税：垃圾填埋税 Landfill levy tax（2）；开采税 Aggregates Levy；气候变化税 Climate Change Levy

说明：上表（ ）中数字代表该税目下包含多少个子目。美国消费税中的环境税由联邦政府征收，非消费税种列举的是部分州及地方征收的有关污染类税费。

资料来源：1. 经济合作与发展组织数据库 http：//stats. oecd. org/Index. aspx；2. 欧盟数据库 http：//ec. europa. eu/taxation_ customs/tedb/taxSearch. html；3. 各国政府网站。

4. 赌博。

赌博存在于世界各地，在大多数地方，赌博的某些形式都被合法化。

澳大利亚不仅对不同类型的赌博设计不同类型的税收，而且各州之间的税率和征收形式也存在区别。赌博税以总赌注为税基，随着操作者的变化，税率也存在差异。某些州政府还将一部分税收收入返还给赌博行业。某些州政府也对赌场收入收税，其中有按年或按次收取特许费的情况，也有按总收入中15%的固定税率征收的情况，还有按照累进税率征税的现象。

在英国，最主要的赌博税收入来源是国民彩票，国民彩票机构开始于1994年，主要由私人部门运营，经营者需按照法令将彩票销售收入的30%分派给11个对社会有益的准公共团体。除了彩票余下的赌博税收入，来自于对5种赌博项目所征的税。其中，最重要的是一般赌博税，以总赌注为税基，按6.25%的税率对登记赌博、赛马和跑狗项目征收。老虎机、录像彩票终端机和其他的赌博机，主要根据其奖金发放的规模，实行按年按机器征税的方法，最高等级的机器，每年需缴1815英镑的税（HM Customs and Excise，2002）。另外，录像彩票终端机按总收入对每台机器计税（国际赌博行业，2000，P. 14）。赌场是参照累进税率表，根据总收入征税。宾果是将总赌注减掉某一限额下的一部分奖金返还作为税基，征收10%的税。足球彩票按总赌注（扣除慈善支出后的净值）的17.5%课税。

美国内华达州根据赌场的总收入按等级征税，最高税率达到赌场总收入的6.25%。同时，对每台老虎机每年征税250美元，对赌场娱乐项目按10%的税率征税。印第安纳州的游艇赌场，是在总收入扣除每艘游艇3美元特许税的基础上，以10%的固定税率征税。美国还开征联邦赌博消费税，对于体育项目有关的赌博征收0.25%的税。

（三）国外消费税的功能分析

在大多数OECD国家，消费税的功能主要体现在组织税收收入、调节消费以及补偿外部性造成的社会成本。消费税能够很好的发挥为政府筹集财政资金并能满足一些重要的社会目标，更为突出的表现为通过提高应税消费品的价格可以减少外部性（即强加于他人的成本）。

1. 收入分配功能。

开征消费税的主要目的和最初的原因主要是为了增加财政收入，这是因为消费税相比其他税种来看更容易管理。比如对烟草、酒、汽油和机动车征收的消费税是比较好的政府财源，因为这些产品比较容易鉴别，而且销售额度较高，生产厂商较少，对纳税人比较容易监督和管理。虽然对这些商品征收消费税会提高这些商品的价格，但由于这些商品几乎没有替代产品，所以，其消费的需求是无弹性的。OECD 国家中最重要的消费税，也是最能体现其财政收入职能的是烟草、矿物油和酒精饮料这三种，但是其他消费税，比如赌博税在意大利、芬兰和澳大利亚等国是其政府收入的重要来源，赌博税约达到其税收总收入的 1.5% 。随着近年来对环境问题的关注，与环境污染相关的税收在 OECD 国家财政体系中的地位也越来越重要。

OECD 国家的消费税（consumption Tax）除了增值税（VAT）以外，在一些国家还涵盖对一般性商品和劳务的课税，以及对特殊商品和劳务的课税，前者和增值税被统称为普通消费税或一般销售税，后者称为特殊消费税（excise taxes），包括在进出口环节征收的特殊消费税（见表 7）。

表 7 中数据显示，1965 年到 2010 年之间，普通消费税（含增值税）在全部税收体系中的地位越来越重要，而特殊消费税所占比例在逐渐减少。OECD 总体从 1956 年的 24% 下降到 2010 年的 11% 。从表 8 中的数据可以看出，OECD 成员国中只有爱沙尼亚、以色列、斯洛文尼亚三国的特殊消费税占税收收入的比重呈现上升趋势，其余各国均呈现出下降趋势。2010 年，消费税占税收收入比重在 10% 以下的国家有 18 个，分别是美国、瑞士、瑞典、西班牙、挪威、新西兰、荷兰、卢森堡、日本、意大利、以色列、德国、法国、丹麦、智利、加拿大、比利时、奥地利。在 10%—20% 之间的国家有 13 个，包括英国、斯洛文尼亚、斯洛伐克、葡萄牙、波兰、爱尔兰、冰岛、匈牙利、希腊、芬兰、爱沙尼亚、捷克、澳大利亚。比重在 20% 以上的有 3 个，分别是韩国、土耳其、墨西哥。

表 7　　OECD 国家的税收结构　　单位：%

	1965 年	1975 年	1985 年	1995 年	2005 年	2010 年
个人所得税	26	30	30	26	24	24
企业所得税	9	8	8	8	10	9
社会保险税[2]	18	22	22	25	25	26
雇员	(6)	(7)	(7)	(9)	(9)	(9)
雇主	(10)	(14)	(13)	(14)	(14)	(15)
工薪税	1	1	1	1	1	1
财产税	8	6	5	5	6	5

续表

	1965 年	1975 年	1985 年	1995 年	2005 年	2010 年
普通消费税（含增值税）	12	13	16	19	20	20
特殊消费税	24	18	16	13	11	11
其他税种[3]	2	2	2	3	3	3
总计	100	100	100	100	100	100

注：1. 该图表统计了 OECD 国家在整个税收收入中的每个税种所占的百分比，计算方法为按国别统计的各项税款加总后再按不同税种统计所占的百分比。数据包括了 1965 年的澳大利亚、奥地利、比利时、加拿大、丹麦、芬兰、法国、德国、希腊、冰岛、爱尔兰、意大利、日本、卢森堡、荷兰、新西兰、挪威、葡萄牙、西班牙、瑞典、瑞士、土耳其，英国和美国，1972 年韩国，1980 年墨西哥；1990 年智利；1991 年匈牙利和波兰，1993 年捷克，1995 年爱沙尼亚、以色列、斯洛文尼亚以及斯洛伐克。2. “社会保险税”也称社会保障税（social security tax）或社会保障缴款（social security contribution），主要是指以企业的工资支付额为课征对象，由雇员和雇主分别缴纳，雇主和雇员各负担 50%。3. “其他税种”包括对商品和服务征收的特定税种以及印花税。

表 8　　OECD 国家 1965—2010 年消费税占税收收入的比重　　单位：%

	1965 年	1975 年	1985 年	1990 年	1995 年	2000 年	2007 年	2008 年	2009 年	2010 年
澳大利亚	22.7	19.1	20.7	15.3	14.5	14.1	11.3	12.1	12.2	11.9
奥地利	18.0	14.0	9.9	9.0	8.5	8.1	7.6	7.4	7.5	7.4
比利时	13.0	9.8	8.1	8.4	8.4	7.1	7.1	7.1	7.4	7.6
加拿大	16.8	13.6	13.0	10.3	9.9	8.6	8.5	8.5	8.7	8.7
捷克	..	..	..	..	13.0	11.0	10.2	10.1	10.8	10.7
丹麦	28.9	15.0	13.0	11.0	11.4	11.1	10.3	9.8	9.0	9.3
爱沙尼亚	..	..	..	..	7.9	10.1	12.1	11.0	14.6	13.2
芬兰	23.4	16.0	15.2	12.9	12.1	10.9	9.8	9.7	10.2	10.5
法国	14.3	9.0	8.7	8.7	9.1	8.0	7.1	7.0	7.5	7.5
德国	14.6	10.8	8.7	9.2	9.5	8.8	8.7	8.5	8.6	8.4
希腊	33.8	23.9	20.9	15.6	16.4	10.0	9.5	8.8	10.0	12.0
匈牙利	..	..	..	..	20.9	13.8	10.9	10.8	10.7	12.3

续表

	1965 年	1975 年	1985 年	1990 年	1995 年	2000 年	2007 年	2008 年	2009 年	2010 年
冰岛	45.0	33.6	26.5	16.9	14.0	11.0	10.2	9.1	9.6	10.5
爱尔兰	43.4	29.7	22.0	20.1	17.5	13.9	10.3	10.7	11.0	11.7
以色列	..	..	..	..	4.4	4.3	5.4	6.1	6.6	6.9
意大利	24.1	14.0	9.1	10.6	11.1	9.6	8.5	8.2	8.7	8.5
日本	25.0	15.1	12.1	7.5	8.3	8.0	7.1	6.9	7.3	7.2
韩国	..	47.3	37.4	24.3	20.7	19.7	14.5	14.5	13.7	15.2
卢森堡	11.1	8.4	11.3	10.8	12.6	12.5	11.0	10.8	10.2	9.8
墨西哥	..	..	48.6	34.0	35.8	33.4	31.6	40.3	29.4	31.2
荷兰	14.7	8.1	7.2	7.5	9.0	8.9	8.6	8.7	8.9	8.5
新西兰	18.5	13.8	11.7	9.2	8.6	7.5	5.9	6.1	6.4	6.4
挪威	18.4	16.1	18.2	15.3	15.5	9.6	7.7	7.2	7.8	7.7
波兰	..	..	..	..	17.5	13.5	12.8	13.8	12.6	13.9
葡萄牙	44.0	28.9	29.7	23.8	18.7	13.9	13.7	13.1	13.3	13.2
斯洛伐克	..	..	..	..	12.6	13.7	12.8	10.0	10.5	11.3
斯洛文尼亚	..	..	..	..	8.4	12.1	10.9	11.2	13.2	13.3
西班牙	18.4	8.7	12.8	10.5	10.3	9.6	7.5	7.8	8.3	8.1
瑞典	19.2	10.7	11.6	9.2	8.3	7.0	6.4	6.4	6.8	6.8
瑞士	21.3	11.9	9.5	7.2	7.5	7.3	6.5	7.0	6.9	7.1
土耳其	53.5	40.9	12.4	7.3	6.0	16.4	24.3	23.2	23.6	24.5
英国	25.2	14.8	13.8	12.5	14.5	12.4	9.8	9.8	10.9	10.7
美国	15.1	10.0	8.4	7.0	7.5	6.3	6.1	6.3	7.1	6.9
OECD 总和	24.3	17.7	16.2	13.2	12.6	11.5	10.4	10.5	10.6	10.8

资料来源：OECD 数据库。

图 1 描述了 32 个 OECD 成员国人均 GDP 与消费税占 GDP 比重之间的关系。可以看出，在 1965—2010 年期间，随着人均 GDP 的上升，消费税占 GDP 的比重呈现逐渐下降的趋势。美国是消费税历史比较悠久的国家，图 2 显示，其联邦消费税占财政收入的比重从 1950 年的 19% 逐渐下降到 2010 年的 3.1%，占 GDP 的比重从 1950 年的 2.8% 下降到 2010 年的 0.5%。虽然联邦消费税收入总额仍处

于上升趋势，但联邦消费税占美国 GDP 和财政收入的百分比在下降。同时烟草、矿物油和酒精饮料三项税收从 1975 年到 2011 年，呈现出明显的上升趋势。在 2009 财政年度，财政收入中最大的消费税是汽油汽车燃料（251 亿），其次为国内香烟（110 亿）、柴油发动机燃料（85 亿）和国内航空机票税（73 亿）。

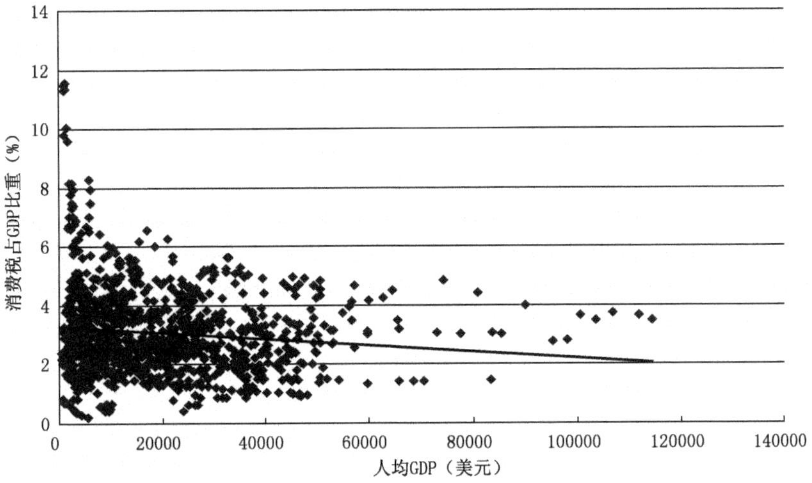

图 1　OECD 国家 1965—2010 年人均 GDP 与消费税占 GDP 比重趋势图

资料来源：消费税占 GDP 比重来源于 OECD 数据库，人均 GDP 来源于世界银行 WDI 数据库。

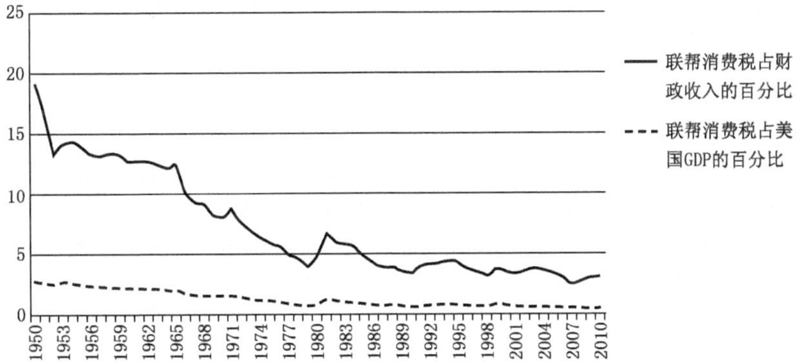

图 2　美国联邦政府消费税占财政收入和 GDP 比重趋势图

注：数据中统计的消费税为美国联邦政府消费税，不包括州和地方消费税。

资料来源：Office of Management and Budget，Historial Tables，Budget of the U. S. Government，Fiscal Year 2012，Table 2. 1，2. 5，2. 3 and JCT calculations；Economic Report of the President，2011，Table B－78 for fiscal year of GDP figures.

需要说明的是，个别发展中国家消费税占 GDP 和财政收入的份额也有一定程度的降低，比如印度，消费税占 GDP 比重从 1985 年的 4.9% 下降到 2006 年的 3.5%，消费税占财政收入的比例也从 1985 年的 45% 下降到 2006 年的 32.8%。

2. 调节功能。

一般而言，消费税的调节功能主要是通过以下四个方面发挥作用，一是调节（确切地说是限制）某些产品的过度消费，如烟税、酒税和赌博税；二是调节能源产品并节约不可再生资源的使用，如对油、液化石油气、天然气、电力等能源产品征收的税费；三是调节与污染有关的生产和消费，如对废水废气排放、导致臭氧减少的物质、非点源水污染①、垃圾处理、噪声等等征收的消费税或费；四是调节奢侈品的消费（或者说是引导理性消费），如高档奢侈品税。其中，前三项调节是为了补偿外部性所带来的社会经济成本，而这也是 OECD 国家消费税最重要的调节目标；第四项调节则是为了缩小收入差距，体现收入分配的公平目标。

首先，限制某些产品的过度消费。在最近几年，许多发达国家通过消费税来引导消费者的行为。例如，对酒精和烟草征收消费税的主要目的在于饮酒和抽烟对人体健康有害，对其征收消费税有利于减少其消费。还有如公路使用的消费税费，以减少道路损害、拥挤、噪声、交通事故等。例如，英国开征较高的汽油税除了增加财政收入外，目的还包括减少交通拥堵所带来的成本、减少车祸以及减少空气污染。除了汽油税等汽车燃料方面的税收，在购买汽车时缴纳的货物税与汽车所有权和使用权有关的税收也在道路使用税的范围之内。

其次，调节与资源和环境有关的生产和消费。矿物燃料燃烧使得全球变暖这一现象表明，典型外部成本内在化的做法是设计合理的消费税，对气体排放或能源征税。有害气体的排放和矿物燃料的燃烧对气候变化的影响是灾难性的。二氧化碳和其他一些温室气体的排放量又直接与不同矿物燃料的使用量相关。一些国家开始重新设计与环境目标相一致的能源消费税，并且在重新设计的消费税中对

---

① 水环境污染问题通常可分为点源污染和非点源污染，点源污染主要包括工业废水和城市生活污水污染，通常有固定的排污口集中排放，非点源污染正是相对点源污染而言，是指溶解的和固体的污染物从非特定的地点，在降水（或融雪）冲刷作用下，通过径流过程而汇入受纳水体（包括河流、湖泊、水库和海湾等）并引起水体的富营养化或其他形式的污染（Novotny & Olem，1993）。美国清洁水法修正案（1997）对非点源污染的定义为：污染物以广域的、分散的、微量的形式进入地表及地下水体。这里的微量是指污染物浓度通常较点源污染低，但 NPS 污染的总负荷却是非常巨大。

不同类型的矿物燃料的消费量要采取不同设计。对矿物油征税是为了对能源进行保护并解决环境问题。在最近二十年，特别是在交通燃油领域，环境问题导致加大对该领域消费税的征收。对机动车和燃油征税，包括了汽油和柴油，政府从这些环境相关的税收领域获得了大量的税收收入。对能源征税具有三个方面的正外部性，即在增加财政收入的同时，不仅减少污染排放，还节约了不可再生资源的使用。

再次，调节与污染有关的生产和消费。根据欧盟委员会、国际能源机构和OECD的定义，与环境相关的税基主要包括能源、机动车、道路与交通服务和污染等等。污染主要包括废水废气排放、导致臭氧减少的物质、非点源水污染、垃圾处理、噪声等等。在OECD国家，一些造成严重环境污染的产品和生产活动已经通过采取使用污染和危害较轻的产品的做法来替代，比如，使用无铅汽油来代替含铅汽油。此外，还通过引进新的税种来提高污染产品或污染行为的价格，例如，美国、丹麦、瑞典、斯洛文尼亚对污染征收的消费税包括二氧化碳税、含硫税、环境税等等。

最后，调节收入分配或促进社会公平。例如，土耳其1972年引入了对一些奢侈品课征税率为5%—35%的零售环节消费税。玻利维亚1985年的税制改革中增加了对珠宝、香水、化妆品等奢侈品的消费税。印度在改革之前消费税的征税范围比较广泛，施行差别税率，其中也包括对一些奢侈品的征收，2000—2001年的税制改革中将包括奢侈品在内的一些消费税纳入到增值税（VAT）体系，按统一的税率征收。改革后只对烟草、油产品等为数不多的商品课征消费税。美国历史上也有过对高档消费品的税收，根据1991年颁布的一个税收法案，在1991年1月1日—1999年12月31日的九年内，联邦税务局对包括家用飞机、游艇、高级轿车、珠宝和皮草等五种商品征收消费税，其中，飞机的起征点为250000美元，游艇30000美元，高级轿车300000美元，珠宝和皮草10000美元。此项法案的目标任务不是调节收入分配，而是增加税收收入。由于延期纳税等原因，此项法案于2002年12月31日终止（税法中规定的终止日期是1999年12月31日）。

二、我国消费税基本情况介绍

（一）我国消费税的起源和发展

我国也远在周代就开征了“山泽之赋”，春秋战国时就有渔税、齿角税等，以后又征盐税、茶税、矿产品税、皮毛税、竹税、生漆税、糖税、烟税等单项消费税性质的产品税。另外，早在春秋战国时期，齐国首相管仲提出了“官山海”的主张，首创盐铁专卖。此后，针对盐、铁、酒、茶征收的税成为最主要的四大税种，在不同时期，这四大产品或实行专卖或征税。但无论是实行专卖还是征税，这些单项消费税性质的产品税在我国封建时期历朝历代的政府收入来源中都占有举足轻重的地位。清代末期，清政府改各种单项产品税为厘金，后经国民政府改征为特种消费税、统税、货物税，并一直延续下来成为今天我国大陆的消费税和台湾地区的货物税（冯曦明，2007）。

新中国成立后，消费税制经历了一个漫长的发展过程，并主要出现过四种形式的消费税：特种消费行为税、筵席税、特别消费税和消费税。新中国成立时，消费税主要是指货物税，1950 年 1 月政务院公布实施《全国税收实施要则》开征了特种消费行为税，是针对电影戏剧及娱乐、舞厅、筵席、冷食、旅馆等消费行为征税，实现从价计征，消费者负担税收，营业者为代征义务人。1953 年税制修正时将这一税种取消，将电影、戏剧等娱乐项目改征文化娱乐税，筵席、冷食、宾馆等并入营业税。1988 年为了限制高消费行为我国又开征了筵席税，筵席税也应该属于消费税范畴。筵席税是对在我国境内的饭店、酒楼、宾馆、招待所及其他饮食营业场所举办筵席的单位和个人征收的，目的在于引导消费、抑制过度消费。此外，1982 年征收的烧油特别税也应具有消费税性质。为了整治彩电、小汽车市场的混乱，缓解市场的供求矛盾，1989 年 2 月 1 日起开始对彩电和小轿车征收特别消费税，征收方式采取定额征收，价外负担的办法，后来由于彩电供求市场的改善，1992 年 4 月 24 日取消了对彩电征收的特别消费税。

消费税成为独立的税种是以 1993 年 12 月 13 日国务院颁布的《中华人民共和国消费税暂行条例》为标志。《条例》规定选择特定消费品征收消费税，它与增值税、营业税等相配合成为我国目前货劳税的主体税种。随着社会经济的发展，我国消费税税制存在的问题日益突出，在2006年3月21日，财政部、国家税务总局联合下发通知，自2006年4月1日起，对消费税的税目、税率及相关政策进行调整，新增了高尔夫球及球具、高档手表、游艇、木制一次性筷子、实木地板等税目，取消了护肤护发品税目，并对部分税目税率进行了调整，涉及税率调整的有：白酒、小汽车、摩托车、汽车轮胎几个税目，以期达到节能减排、保护环境的目的。此项新政引起各方广泛关注，但是由于种种原因，两年前的调整政策并未带来预期中的效果。财政部、国家税务总局于2008年8月13日再次发出通知，决定从2008年9月1日起再次调整汽车消费税，其中包括提高大排量乘用车消费税税率，降低小排量乘用车消费税税率。最终调整后的消费税税目和税率如表9所示。

表9　我国消费税税种和税率一览表

税　目	税　率
一、烟	
1. 卷烟	
（1）甲类卷烟	56%加0.003元/支（生产环节）
（2）乙类卷烟	36%加0.003元/支（生产环节）
（3）批发环节	5%
2. 雪茄烟	36%
3. 烟丝	30%
二、酒及酒精	
1. 白酒	20%加0.5元/500克（或者500毫升）
2. 黄酒	240元/吨
3. 啤酒	
（1）甲类啤酒	250元/吨
（2）乙类啤酒	220元/吨
4. 其他酒	10%
5. 酒精	5%
三、化妆品	30%
四、贵重首饰及珠宝玉石	
1. 金银首饰、铂金首饰和钻石及钻石饰品	5%
2. 其他贵重首饰和珠宝玉石	10%

续表

税目	税率
五、鞭炮、焰火	15%
六、成品油	
1. 汽油	
（1）含铅汽油	1.40 元/升
（2）无铅汽油	1.00 元/升
2. 柴油	0.80 元/升
3. 航空煤油	0.80 元/升
4. 石脑油	1.00 元/升
5. 溶剂油	1.00 元/升
6. 润滑油	1.00 元/升
7. 燃料油	0.80 元/升
七、汽车轮胎	3%
八、摩托车	
1. 气缸容量（排气量，下同）在 250 毫升（含 250 毫升）以下的	3%
2. 气缸容量在 250 毫升以上的	10%
九、小汽车	
1. 乘用车	
（1）气缸容量（排气量，下同）在 1.0 升（含 1.0 升）以下的	1%
（2）气缸容量在 1.0 升以上至 1.5 升（含 1.5 升）的	3%
（3）气缸容量在 1.5 升以上至 2.0 升（含 2.0 升）的	5%
（4）气缸容量在 2.0 升以上至 2.5 升（含 2.5 升）的	9%
（5）气缸容量在 2.5 升以上至 3.0 升（含 3.0 升）的	12%
（6）气缸容量在 3.0 升以上至 4.0 升（含 4.0 升）的	25%
（7）气缸容量在 4.0 升以上的	40%
2. 中轻型商用客车	5%
十、高尔夫球及球具	10%
十一、高档手表	20%
十二、游艇	10%
十三、木制一次性筷子	5%
十四、实木地板	5%

资料来源：刘佐著．中国税制概览［M］，经济科学出版社，2012 年。

（二）消费税的主要功能分析

1. 收入分配功能。

从总量来看 1994 年至 2010 年，消费税收入增长了近 5 倍，平均每年有超过 10% 的增长率。但从消费税收入在全部税收收入以及 GDP 的比重来看，总体上是下降的。表 10 显示，首先，消费税占总税收收入的比重在 1994—2010 年间出现了几次波动，从 1994 年的 9.5% 下降到 2003 年的 5.9%，2004 年有所上升之后又再度下降到 2008 年的 4.7%，调整了税目和税率后 2009 年又上升到 8.3%。其次，消费税占 GDP 的比重在 1994—2008 年间基本稳定在 1% 左右，调整了税目和税率之后才提高到 2009 年的 1.53% 和 2010 年的 1.7%。

表 10　　我国消费税收入占全部税收和 GDP 的比重　　单位：%

年份	消费税占 GDP 的比重	消费税占全部税收的比重
1994	1.09	9.506757
1995	0.95	8.967811
1996	0.90	8.976066
1997	0.91	8.242612
1998	0.99	8.797880
1999	0.95	7.682227
2000	0.88	6.821836
2001	0.86	6.077818
2002	0.89	5.932713
2003	0.90	5.906188
2004	0.97	6.215012
2005	0.91	5.677182
2006	0.92	5.417972
2007	0.89	4.837209
2008	0.91	4.736427
2009	1.53	7.999148
2010	1.70	8.293245

资料来源：财政统计年鉴 2011，中国统计年鉴 2011 整理所得。

2. 调节功能。

根据2006年颁发的《财政部、国家税务总局关于调整和完善消费税政策的通知》(财税［2006］33号)，消费税进行了重大调整，如表9显示目前我国消费税共有14个品目，包括烟、酒及酒精、化妆品、贵重首饰及珠宝玉石、鞭炮和焰火、成品油、汽车轮胎、摩托车、小汽车、高尔夫球及球具、高档手表、游艇、木制一次性筷子、实木地板。从这14个品目中可以看出，我国现行消费税除了具有为国家组织财政收入的功能，也具有对社会经济的调节功能，目的在于，一是体现国家对自然资源与环境保护的政策，二是体现收入分配的政策。

三、中外消费税面临的共同难题

(一) 消费税具有累退性，不符合公平原则

消费税具有累退性，不符合公平原则，即收入水平越低，消费者负担的消费税占其总收入的比重越高。根据欧盟委员会对英国的研究发现，碳税对收入分配产生了一定的影响，尤其是严重伤害了最贫困的家庭。例如，每桶征收10美元(即每吨碳征收88美元)，这就使得家庭总的能源消费降低6.5个百分点，并且会使最贫穷的20%家庭降低10个百分点(Pearson & Smith, 1991)。柏奇等人(Bach et al, 2002)所进行的一项研究中估计了德国绿色税收改革对收入分配的影响。结论是，这项改革导致了大多数家庭税收负担的加重，相反企业总体上是从中受益的。在对烟草、酒、赌博等其他消费税的研究中，也发现了不同程度的累退性问题。

(二) 外部性补偿与经济发展之间的矛盾

对环境污染方面的征税还面临一些非常明显的争议问题，比如有的国家担心由于征税会对某些特定产业部门在国际产业竞争中产生损失，这成为推行环境污染税的主要政治障碍，从而使环境方面的税收难以广泛运用。除了出于保护本国产业的目的，增加特定产品消费税还容易导致效率损失，干预市场资源的自动配置，这也是很多国家政府在消费税政策调整中比较谨慎的原因。

（三）效率目标与收入目标之间的矛盾

各国征收消费税的重要目的除了取得高收入，还为了调整消费结构。但是在实际运用中很多消费税改革和政策的实施并没有预期的好。比如，许多政府开征赌博税目的在于限制奢侈浪费，其原因往往是由于赌博被看作是一种不道德的行为。但已有研究发现，随着赌博税的开征，在一些国家和地区有赌博参与比例提高的现象（Clotfelter，1990）。一些国家曾经开征高额赌博税，驱使参与者进入非法赌博领域，在这个过程中损失了赌博税的税收收入。

（四）调节目标与征管能力之间的矛盾

对于酒精饮料、原油、烟草由于各国消费税的巨大差异，普遍存在着损害国家收入或健康目标的非法制造、偷运、走私等活动，在欧洲已经达到了非常惊人的比例。各国之间烟草税的巨大差异自然而然就为偷运①和走私②提供了很大空间。近年来自由贸易扩大化和烟草税的增加已经使偷运和走私成为棘手的问题。非法交易和制造卷烟的报酬经常与合法和非法销售卷烟的差价、被查处的概率以及处罚程度相联系考虑。2001 年，欧盟委员会得出结论：东欧国家和欧盟之间的非法贸易已经达到警戒比例并且进一步扰乱国内市场的次序。瑟斯比（Thursby，2000）发现，在大多数年份里美国烟草消费量的 3%—5% 来自于偷运和走私，这相当于 250 万—450 万吸烟者的消费量。大量数据表明走私和偷运在数量上和规模上呈现增加趋势，这些都与目前税收征管体制的不健全有关。同样的问题在酒精饮料消费税的征管中也同样存在，在英国和其他高税负欧盟成员国，合法的跨境购物和各种形式的非法避税和走私使这些国家面临大量税收损失。

除了烟酒领域，对机动车燃油、电力、包装物、垃圾填埋等产品和行为征收的绿色税收以及环境税收仍然存在许多不足，表现为：税率较低、税基免除项目较多（如煤）、税收与规章条例重叠、国际协调困难等，其中垃圾填埋税收还极容易导致非法倾倒问题。

---

① 在一个国家合法或非法（取决于购买的数量）购买卷烟消费或到别国销售。

② 在卷烟消费国或其他国家非法购买无税卷烟。

四、关于我国消费税改革的政策建议

（一）增加消费税占 GDP 的比重

虽然从总量来看，1994 年至 2010 年，消费税收入增长了近 5 倍，平均每年有超过 10% 的增长率。但从其占 GDP 的比重来看，1994 年以来，我国这一比重基本稳定在 1% 左右，调整了税目和税率之后，虽然近两年该比重有所上升，但仍然低于发达国家（参见表 11）。例如，2009 年和 2010 年，我国消费税占 GDP 比重分别为 1.53% 和 1.7%，与最高的国家（爱沙尼亚和斯洛文尼亚）相比，分别低 3.51 和 2.67 个百分点，与 OECD 成员国的平均水平相比，仍然低 1.26 和 1.11 个百分点。鉴于我国目前组织财政收入还需要依赖间接税，调节收入分配还不能倚重直接税，补偿外部性以保护资源和环境还远远不够的情况下，应当考虑进一步提高消费税在 GDP 中的比重。

表 11　　我国消费税收入占 GDP 比重与 OECD 国家比较　　%

年份	中国	OECD 平均值	最高	最低
2004	0.97	3.00	4.96（丹麦）	1.05（美国）
2005	0.91	2.97	4.92（丹麦）	1.05（美国）
2006	0.92	2.85	4.83（丹麦）	0.99（新西兰）
2007	0.89	2.80	4.65（丹麦）	0.88（新西兰）
2008	0.91	2.67	4.45（波兰）	0.89（新西兰）
2009	1.53	2.79	5.04（爱沙尼亚）	0.90（新西兰）
2010	1.70	2.81	4.37（斯洛文尼亚）	0.90（新西兰）

注：OECD 国家一共包括了 34 个市场经济国家，本表只包括了澳大利亚、奥地利、比利时、加拿大、捷克、丹麦、爱沙尼亚、芬兰、法国、德国、希腊、匈牙利、冰岛、以色列、意大利、日本、卢森堡、荷兰、新西兰、挪威、波兰、葡萄牙、斯洛伐克、斯洛文尼亚、西班牙、瑞典、瑞士、英国、美国等 29 个国家。日本数据只涵盖了 2008—2010 年。

资料来源：OECD iLibarary 数据库。

（二）发挥消费税对资源和环境保护的作用

欧盟委员会、国际能源机构和 OECD 已经将以下内容作为环境税收的最相关税基：能源产品、机动车和交通服务、可度量或者是可估计的空气和碳的排放、导致臭氧减少的物质、一些水污染、垃圾处理、噪声以及对水、大地、土壤、森林、生物多样性、野生动物和鱼类相关的管理。表 1、表 3、表 6 中的信息显示，很多发达国家已经建立了与环境和污染相关的绿色税收体系，而我国在这一领域的建设则相对滞后。

因此我国应当加快研究，考虑将一些不利于节约资源和环境保护的资源性、污染性产品逐步纳入征税范围。我国目前对能源产品征收消费税主要限于成品油，而国外许多国家都对煤炭、天然气和电力征税。一些不可再生能源，比如煤炭，既是我国的主要能源，也是大气的主要污染源之一，有必要考虑将其纳入消费税征收范围，以提高煤的使用效率，减少环境污染。还应重点对国家已经明确不鼓励生产和使用，有的甚至将在一定年限后禁止生产和销售的资源性、污染性产品，如白炽灯、含磷洗衣粉等，征收消费税，以配合国家的产业调整，鼓励相应的节能、环保产品的推广生产和使用。考虑将电池、电子产品、一次性包装物、包括塑料袋在内的塑料制品等污染性工业产品有选择性地纳入消费税征收范围，并对低污染的相关产品（如充电电池、节能型电子产品、可降解或可回收利用的包装物和塑料制品等）予以免税或减税。随着农村税费改革的深入和农村经济的发展，可逐步考虑将某些高公害化学农药、化学肥料等纳入消费税征收范围，而对生物农药、生物肥料实施税收优惠鼓励。同时需要注意的是，对资源性和污染性产品征收消费税，要考虑征管上的可操作性和社会经济的承受能力，而这需要进行具体的调查研究，成熟一个，调整一个。

（三）运用消费税达到调节收入分配的目的

虽然我国现行的消费税体系中已经涵盖了一些高档奢侈品，但在引导理性消费和调节收入分配的效果上并不显著。

第一，对于高档手表、高尔夫球及球具、游艇、高档护肤品等涉税商品，消费税具体怎样征收、“高档”商品如何界定等政策细则，大多数消费者并不十分明确。同时，这些高档消费品的价格上扬后传递给消费者，消费者也并非认为是税收调整的结果，其主要原因，一是我国消费税是价内税，这样消费者看到的是商品价格变化，不是税收的变化；二是我国消费税基本上是在产制环节课征，即对生产者课征，不是在零售环节直接对消费者课征。因此，现行的奢侈品消费税对引导理性消费的政策目标不敏感。

第二，由于应税奢侈品的界定有较强的时效性，随着经济的发展、人们生活水平的提高，有些应税奢侈品如今已变成了普通消费品乃至生活必需品，有的属于生产资料，对这些消费品征收消费税，不仅使人们对必需品的消费受到限制，还会使生产发展受到影响，起到的是一种逆向调节作用。比如，轮胎也是消费税的征税对象，但轮胎也分为小汽车、摩托车所用轮胎以及其他客、货车、工程车所用轮胎等，对后几种车用轮胎征收消费税显然不利于工业经济的发展。

第三，消费税对收入分配的调节作用还与消费税征管能力、特别是进口商品消费税的征管密切相关。近些年中，我国消费税的实践已经表明，如果消费税征管能力薄弱、特别是进口商品的消费税征管不严，收入分配的功能便会弱化，奢侈品高税率不一定能起到真正抑制人们对奢侈品的需求，不仅会引起消费向海外市场的转移，而且还会抑制海外游客在我国境内的消费，造成收入的大量流失。若简单地通过价格来将奢侈消费品与普通消费品进行区分，并以此作为征收消费税的依据，在实际操作中很容易产生征管漏洞。这或许也是国际上只有少数国家对奢侈品征收消费税的原因之一。

我们认为，在直接税体系尚未建立健全，还不能完全承担调节收入分配、缩小贫富差距作用的条件下，消费税可以在一定程度上发挥劫富济贫、抽肥补瘦的功能，增进收入分配的结果公平。当前，决策部门应当重点研究以下四个问题，一是合理调整消费税的税基和税率，将那些与我国现阶段社会经济发展水平相适应的“合适”的“高档奢侈品和服务”纳入消费税的征收范围。二是考虑将价内税改为价外税并在零售环节征收，由于消费者在购买商品时了解所含的税金，这样，不仅能有助于发挥消费税引导理性消费的作用，而且有助于激励政府逐步改进自身治理能力，不断完善财政的问责机制，提高公共服务的质量和水平。三是加强消费税，特别是进口商品消费税的征收管理水平，减少税款流失。四是将消费税、资源税以及新开征的环境税结合改革，对三个税种中涉及的外部性问题，通盘考虑，合理协调征收补偿。

参考文献：

中文图书期刊

［1］楼继伟. 中国政府间财政关系再思考［M］，中国财政经济出版社，2013年。

［2］朱为群. 消费税的经济分析［M］，上海财经大学出版社，2001年。

［3］刘军，郭庆旺. 世界性税制改革理论与实践研究［M］，中国人民大学出版社，2001年。

［4］刘溶沧，赵志耘. 税制改革的国际比较研究［M］，中国财政经济出版社，2002年。

［5］冯曦明. 当代中国税制改革理论与实践［M］，兰州大学出版社，2007年。

［6］孙刚. 试析税收对我国收入分配的调节［J］，税务研究，2011年第3期。

［7］李林木. 借鉴国际经验完善我国消费税政策［J］，涉外税务，2010年第19期。

［8］李林木. 发达国家税制结构的变迁轨迹与未来走向［J］，涉外税务，2009年第9期。

［9］曾贤刚. 从OECD国家经验看我国环境税的建立和完善［J］，经济理论与经济管理，2008年第5期。

［10］刘馨颖. 烟酒消费税研究，中国税收研究报告［M］，中国财政经济出版社，2009年。

［11］刘馨颖. 日本汽车税制研究，中国税收研究报告［M］，中国财政经济出版社，2006年。

英文图书期刊

［1］Bach，S.，Kohlhaas，M.，Meyer，B.，Praetorius，B.，and Welsch，H. The Effects of Environmental Fiscal Reform inGermany：a Simulation Study，Energy Policy，2000.

［2］Cnossen，S.，Excise Systems：A Global Study of the Selective Taxation of Goods and Services，Baltimore，MD：Johns Hopkins University Press，1977.

［3］Cnossen，S.，Harmonisation of Indirect Taxes in the EEC，British Tax Review，1983，6，4.

［4］Cnossen，S.，Theory and Practice of Excise Taxation：Smoking，Drinking，Gambling，Polluting and Driving，New York：Oxford University Press. 2005.

［5］Clotfelter，C. T.，and Cook，P. J. Refefining ‘success’ in the state lottery business，Journal of Policy Analysis and Management，1999，9（winter）：99－104.

［6］HM Customs and Excise（UK），www. hmce. gov. uk/business/othertaxes/ betting. htm， visited on 21 January 2002.

[7] International Gaming and Wagering Business, European Casino Report 2000, 19 February Supolement: 1 – 22.

[8] Melbourne InstituteAustralia' s Future Tax and Transfer Policy Conference. Melbourne Institute of Applied Economic and Social Research. 2010. www. melbourneinstitute. com.

[9] OECD Consumption Tax Trends 2010 VAT/GST and Excise Rates, Trends and Administration Issues. OECD Publishing. 2010.

[10] OECD Addressing the Economics of Waste, Paris: Organization for Economic Cooperation and Development. 2004.

[11] Pearson and Smith, S. The European Carbon Tax: An Assessment of the European Commission Proposal, London: Institute for Fiscal Studies. 1991.

[12] Thursby, J. G., and Thursby, M. C. Interstate cigarette bootlegging: extent, revenue losses and effects of federal intervention, National Tax Journal, 2000, March, 59 – 71.

主要数据来源:

[1] 经济合作与发展组织数据库

[2] 欧盟税收数据库

[3] 世界银行数据库

[4] 美国联邦税务局官方网站

[5] 英国税务海关总署官方网站

[6] 其他 OECD 国家官方网站

[7]《中国统计年鉴》相关年份

[8]《中国税务年鉴》相关年份

[9]《中国财政年鉴》相关年份

《中外消费税比较研究》课题组

课 题 指 导: 罗文光

课题负责人: 张晓云

本报告执笔人: 张晓云　张　绘　许安拓　陈穗红

政府支持民营经济发展：找准定位，对症下药

傅志华　韩凤芹　申学锋

党的十八届三中全会首次将非公有制经济放到同公有制经济同等重要的位置，明确提出必须毫不动摇地鼓励、支持、引导非公有制经济发展。民营经济是非公有制经济的重要组成部分，是国民经济中最具生机和活力的成分。近年来，民营经济得到了长足发展，已成为支撑和推动经济社会发展的重要力量。但是，随着社会主义市场经济的发展和国际国内形势的变化，民营经济也面临许多新的困难和问题，剖析问题的成因，与政府的干预行为有关，更根本的原因在于政府的职能定位不清晰。本文基于在沿海发达地区部分城市的实地调研，对相关问题提出了思考和政策建议。

一、准确把握民营经济发展面临的突出问题

谈到民营经济面临的困难，学界众说纷纭，各有所见，而“融资难”则是一个共识。但是，在调研中，我们发现，很多共性的问题也不断有新的演绎，如融资难与过度融资并存，再比如，企业的负担不仅是税，直接或间接的收费负担也不断增加。归纳起来说，有利于民营经济发展的宏观环境还没有形成。

（一）较普遍的融资难与某些局部的过度融资并存

多年以来，我们通常强调的是民营经济融资难问题。所谓融资难，主要表现在两个方面：一是融资成本较高。特别是我国全面放开金融机构贷款利率管制

后，在资金供求关系日益紧张的情势下，国有企业具有明显的议价优势，而对于几乎没有议价资格的民营企业来说，放开利率管制实际上意味着融资成本更高。据全国工商联2012年在对温州民营企业融资成本的调研，当地小型民企贷款平均利率是20%，大型民企融资成本在10%以上，而国企的融资成本只有5.3%。二是贷款门槛偏高。为控制不断上升的信贷风险，“抽贷”、“压贷”、“惜贷”等流动性紧缩行为成为银行的普遍选择，大量民营企业被挡在门槛以外。银行对民营企业的资金投放一般采取“还旧贷新”的方式，有的企业为了偿还银行贷款，不得不通过民间短期借贷实现“过桥”周转，一旦银行贷款没有及时到位，民间高利贷无法还上，资金链就会断裂，由此引发企业倒闭、员工欠薪等一系列负面事件。民营企业之所以融资难，症结在于其与国有企业相比，具有完全不同的融资特征。民营企业数量众多，地域分散，规模相对较小，融资需求总量庞大，但资金需求分散、周期短、随机性大，金融机构对民营企业提供贷款需花费更多的精力。此外，民营企业的信誉、财务、业务状况等信息离散度高、透明度低、缺乏规范，金融机构惯用的通过企业财务报表、银行资金账户、国家信贷政策的信息搜集方式对此难以适应，由此影响了对民营企业贷款的积极性。还有一点，抵押和担保是弥补民营企业信息和信誉不足、降低银行贷款风险的重要手段，但民营企业由于资金较少、知名度低，难以找到合适担保，抵押品的价值也极为有限，因此在资金市场中缺乏竞争力，不易获得银行贷款。

一般来说，融资难普遍存在于规模偏小的民营企业，但同时近年来，在外部宏观环境的影响下，融资过度的问题也较为普遍地存在于规模偏大且实力较强的企业，这些企业要么为扩大再生产，要么为所谓的转型升级，不考虑自身条件，过度融资，以致最终导致一些较为优良的企业破产。如温州的浙江信泰集团，以眼镜产业起家，并且拥有自主品牌“海豚眼镜”，是中国市场上销量最大的太阳镜品牌。而2009年以来，受房地产赚钱效应的影响，该企业进行多元化布局，进入了房地产、光伏产业等，由于对形势判断过度乐观，战线拉得太长，投入过大，使得资金链断裂，最后企业破产，老板“跑路”。近年来资产价格、资源价格快速上涨的外部环境，导致很多企业急功近利于投机，结果陷入困境。这就是我们所说的过度融资问题。这种过度融资主要分布在高利贷、投机房地产和不熟悉的新产业，最终本业没有搞好，还导致了资金链断裂。

（二）直接与间接合计的收费负担高于企业税收负担

从税收负担看，民营企业缴纳的税收种类与其他所有企业一样，应该说，是按国民待遇原则来负担的。但是国企几乎垄断了烟草、石化、石油、电力等上游资源，税负加在产品中由下游民企买单，在占有同样资产情况下，国企税收产出明显不如民企。因此，从投入产出的角度考虑资产收益和资产税负，民企税负明显高于国企。

除了税收负担外，企业还需缴纳数十种“费”。2012 年，某地税分局组织收入 15.71 亿元，同比增长 54.4%，其中规费收入 8.47 亿元，增长 131.4%，税收收入 7.23 亿元，同比增长 11.1%。其规费收入占组织收入的比重达到 54%，规费增速更是超过税收收入 120 个百分点。从调研情况看，初步统计，向民营企业征收行政性收费的部门有 18 个，有明确规章制度的收费项目达 69 个大类。此外，还有少数执法部门和某些协会违规收取“赞助费”、“会员费”、“服务费”，企业年检搭车收费，变相“三乱”问题加重了企业负担。

此外，社保费也加大了民营企业的负担。我国大多数民营企业属于劳动密集型产业范畴，分布在市场竞争较为充分的领域。国家法律明文规定的，用工企业要为劳动者缴纳社会保险费，包括“五险一金”（养老保险、医疗保险、失业保险、工伤保险以及生育保险等五项社会保险和住房公积金）。据统计，社保费缴纳比例约占整个人工成本的 40%，有资料显示，个别县社保费收入已经占到地税组织收入的一半以上，并且大量盈利能力差的企业只有社保费收入没有税收收入等。

（三）利于民营企业发展的宏观环境缺失

通常来说，宏观经济环境的稳定有利于企业对市场的研判，过大的经济波动都不利于企业的市场行为选择。从我国的宏观环境看，受 2008 年以来国际金融危机影响，全球经济增长放缓，我国消费、出口增速回落，温州、东莞等沿海地区的民营经济面临前所未有的恶劣经营环境。国际金融危机爆发后，我国政府积极实施救市计划，垄断着基础设施和公共部门的国有企业获益颇丰，而民营企业则受益甚少。在商业银行的贷款高潮中，信贷大都流向了国有企业，不少民营企业则因资金链断裂而倒闭，社会上出现了“四万亿投资对民营经济有挤出效应”

的质疑。

与此同时，我国的通货膨胀水平也处于较高的位置。表现在国内市场上，即是企业生产成本的迅速提高。原材料涨价、劳动力成本提高、土地价格上涨，中小民营企业生产成本和经营成本急剧上升。调研显示，用工难、用工贵成为近年来沿海民营企业面临的突出问题。民营经济越发达、外来务工人员越多的地方，招工难的情况越突出，员工需求缺口较大。如温州市 2012 年民营企业用工缺口达 30 多万人，烟台、东莞等地也存在类似的现象。

从对外贸易情况看，人民币升值压力对沿海外向型民营企业产生了巨大压力，可以说成为其致命“死穴”。2005 年汇改以来，人民币对美元累计升值约 30%。在国外需求情况并无太多好转的情况下，人民币升值对国内出口贸易尤其是传统出口产品贸易造成极大冲击。对于鞋帽、服装、五金、家具等传统劳动密集型行业来说，汇率达到 6.0，可能就要面临生死存亡的考验了。一份调查报告显示，在珠三角地区 1000 多家中小微外贸企业中，有 20.09% 的企业存在因为汇率波动而推掉订单的现象，2013 年以来，企业平均推掉的订单额达到 57.8 万美元。

利于民营经济发展的环境缺失还体现在，近几年来，以房地产、煤炭等资源为代表的资产价格快速增长，大量的投机投资行为盛行，既对全社会资金产生了巨大的虹吸效应，同时，也扭曲了企业和政府的行为，使实体经济的发展受到重创。如在房地产市场的带动下，土地价格快速上涨，据温州二级交易市场调查，市区工业用地出让价也达到每亩 100 万—200 万元，对于实际需要用地的民营企业来说，这笔费用的压力非常之大。

二、客观分析政府支持民营经济效果欠佳的症结所在

针对民营经济发展问题，从中央到地方，各级政府不能说不重视，2005 年 2 月，国务院发布了《关于鼓励支持和引导个体私营等非公有制经济发展的若干意见》（简称“非公 36 条”），要求放宽非公有制经济市场准入。2010 年 5 月又发布了《关于鼓励和引导民间投资健康发展的若干意见》（新“非公 36 条”）。各部委也为“新 36 条”发布了数十条实施细则。但是，据很多企业主反映，这些文件要么没有切中要害，要么由于没有实施细则，基本上形同虚设。总结其深

层次的原因，还在于政府职能定位不清，认识不清，没有充分发挥市场的决定性作用。具体来说，政府仍在一定程度上存在“缺位”和“越位”的情况，致使民营经济发展受到影响。

（一）政府的在支持民营经济发展中的“缺位”

政府的缺位具体表现在以下几个方面：

1. 制度建设滞后间接损害了民营企业利益。

作为社会主义市场经济的重要组成部分，民营企业的发展自然也离不开政府各项制度和法制的保障。然而，目前的制度建设依然相对滞后，尤其是涉及民企的各项制度和政策，明显不能满足民企发展的需求，结果对其造成了许多不良影响甚至损害。制度建设的滞后首先表现在对民企的税费征收制度上。尽管国家及地方政府三令五申，要坚决杜绝对民企的乱收费、乱摊派现象，但制度缺陷为政府部门寻租留出了空间，执法机构与收费行为之间的利益关联没有切断，使得个别执法机构乱收费等违规行为屡禁不止，民营企业的营业利润大量被剥夺，从而削弱了其再投资的动力和能力。

2. 公共服务体系平台建设的供给不足。

部分产业行业没有公共技术服务平台，一些重点产业集群中没有公共技术服务机构；现有的公共技术服务平台服务面窄，多数是由大企业分离出来的，对民营中小企业服务很少；现有的公共技术服务机构主要集中在质量检测领域，缺少设计、研发、市场开拓等高层次的服务机构；一些商业性较强的中介机构收费高昂，使大多数民营企业难以承受。

3. 民营企业最为缺乏的技术创新服务没有提供。

2012 年以来，部分沿海城市采取了积极措施加大解决民营企业贷款难问题，但效果不太明显，政府出台的财政转贷资金主要用于解决民营企业的财务困难，而对帮助增强其发展内生动力，鼓励其进行技术创新、调整结构方面的财政引导措施还很不够。

（二）政府的在民营经济发展中的“越位”

政府的越位行为则集中表现以下两个方面：

1. 政府引导行政化，过度干预企业的经营活动和发展方向。

在调研中发现，一些地方政府在应对金融危机时以“救世主”角色加大对经济活动的直接介入和对企业经营行为的干预，作为投资主体积极参与投资，包括参股民企开发项目，介入企业的风险管理，在民企组建党工委和纪工委，派驻督察官员。如此直接和深入的干预经济和企业经营，无论对于经济发展还是风险防范，都是不可取的，它很可能破坏当地的管制宽松、创业与准入自由、经营灵活的制度和政策环境。在金融危机面前，政府出手进行干预不是不可以，但是如果这种“拯救”以过于急躁的引导转型方式进行，促使企业放弃传统产业盲目进入新领域、新产业，往往适得其反，害了企业。

2. 政府干预扭曲了市场关系，使民企面对不公正的政策环境。

市场经济的核心原则是让每个市场主体享有平等的竞争权利和环境，鉴于“市场失灵”的存在性，政府宏观调控和干预是必要的。但是，部分地方政府的干预过了头，没有真正让市场发挥配置资源的基础性作用，结果扭曲了市场关系，使民企陷入不平等的弱势地位。如政府在市场准入、税收政策、土地使用政策、进出口政策、对外投资政策等诸多方面都有干预的成分，而且这种干预对民企十分不利，使其处于难以与国企和外企正当竞争的地步。这种干预还影响了民营企业的投资权益。在民企融资方面，主要依靠内部融资，来自政府干预的投资严重不足。此外，由于政府在民企社会信用体系建设上的作为不力，导致其投资使用或经营权的契约不稳定，投资权益保护存在不公平因素，民营经济的生存与发展得不到应有的尊重。

3. 过于强调直接干预，对市场手段运用不够。

当前支持民营企业发展的一些财税政策，过于注重专项补助，影响扶持效果。一次性补助只能解决部分企业的燃眉之急，部分得到支持的企业因受惠数额不大不在乎，大多数得不到补助的企业则认为是不公平，总体看，政府的很多专项支持资金收效甚微。而对较为普遍的民营企业融资难问题，力度不够，手段不多。而如何通过政府投入，带动市场对民营企业提供有效的资金支持，是长远之计。此外，财政资金在解决民营企业融资难时，投向单一，过度集中在少数成长期、成熟期的中型企业，而最需扶持的小微民营企业被拒之门外。

此外，税收手段运用不足，针对性不强，不仅起不到促进民营经济发展的作用，一些具体规定甚至约束了企业的发展壮大。例如民营外贸企业的出口退税政策，规定企业必须先完成出口销售再办理退税，销售收入尚未拿到就要缴纳所得税，企业压力较大，也不符合国际商业惯例。在受惠面上，所得税政策虽然规定了，企业开发新技术、新产品、新工艺所发生的研究开发费用可以在计算应纳税所得额时加计扣除，但从实际执行情况看，中小民营企业很难符合高新技术企业的认定条件，占比很小。而一些有利于民营企业发展的政策，却没有落实。如民营企业的股份制改革是当前其转型升级的重要路径。但是，现行税法明确规定，企业从税后利润中提取的法定公积金、任意公积金和未分配利润转增注册资本，或将资产评估增值部分转增注册资本，对属于个人股东分得并再投入公司（转增注册资本）的部分，按照“利息、股息、红利所得”全额征收20%的个人所得税，这大大增加了个人股东的税收成本。

三、找准政府定位，有效发挥政府应有的作用

找到了问题的症结，政府就可以对症下药，积极作为，采取相应的政策措施，切实支持民营经济健康快速发展。

（一）加快转变职能，角色到位，为民营经济创造良好外部环境

政府应明确角色定位，不缺位，不越位，引导为主，尤其不能误导，少干预企业经营，让市场发挥更多作用。

1. 改革行政审批制度，进一步清理政府的审批事项，降低市场主体准入标准，给民企以公平机会。

要依法规范行政审批行为，学会“放手”，大幅筛选、减少和下放一批投资审批事项，可由企业自主决定、市场自行调节和社会中介组织办理的审批事项一律取消；改进行政审批方式，规范审批程序，完善审批流程，提高审批效率，对确需审批、核准、备案的项目，要简化程序，限时结办。为推动民营经济发展，要按照“宽进严管”的原则，放宽工商登记条件，将不必要的“审批制”改为“登记制”或“备案制”，一般中小民营企业的注册改为工商部门直接核准登记。进一步构建和完善支持民营经济发展的服务体系，通过设立投资服务中心，推进政务公开，实行“承诺制”、“首问责任制”等，提供优质高效的行政服务。坚决制止“三乱”，切实减轻民营企业的负担。财政、物价、监察、审计等有关部

门要规范对民营企业的各种费用的收取办法和标准。凡不符合规定的税费项目和标准，坚决予以取消，对民营企业收取的税费必须亮证凭卡，使民营企业放下包袱、轻装上阵。健全各种中介组织，充分发挥工商联、私营企业协会、行业协会等组织的纽带、桥梁作用，利用这些中介组织协调各种社会矛盾，使其为民营企业在对国家法律的遵循、产品质量的监督、社会交易纠纷的处理、企业管理和技术水平的改进和提高方面起到沟通、协调、自律、自我服务的作用。

2. 政府的理念应切实从管理转变为服务，搭建各种服务平台，建立健全支持民营经济发展的服务体系。

民营企业存在转型艰难、融资困难、税费偏重等问题，政府一方面需要积极扶持，加大资金支持力度，给予平等优惠待遇，更重要的是要转变观念，为民企发展提供各种平台。信息不完整、不对称是业界公认的民营企业融资顽疾，金融机构看待民营企业往往戴着有色眼镜，觉得它不规范，缺乏必要的信息。要解决这一难题，政府首要的任务就是加紧建立健全相关平台体系建设，如民企的信息交流平台、金融担保平台等。应着力于建立民营企业的信用平台，与担保公司等中介机构合作，增加监控信息来源渠道。财政可安排专项资金，通过建立和发布重点民营企业名录，向金融机构提供可信的民企信息，同时又能促进民营企业加强自身的诚信建设，这对其融资会起到很好的推动作用。

（二）立足长远，注重相关制度建设

政府支持民营经济发展，应在财税政策扶持的同时，更加加强长期性的各项制度建设，使之成为支撑民营经济发展的强大后盾。

1. 加快推进民营企业投融资法律法规的建设，用法律来规范社会主义市场经济中不同主体的活动，营造公平合理的法律空间。

完备的法律制度对民营企业的发展是不可缺少的。基于传统体制观念的法律规章制度阻碍了我国多层次、有差别的资本市场的存在，市场经济主体在交易活动中的创新活动受到抑制，国有制偏好使我国的金融业存在严重的行政垄断，且阻碍了民营金融机构的市场准入，这就导致民营企业的融资空间极为狭窄，不得不求助于缺乏规范的民间借贷。因此，要根据民营经济的实践，推动金融法律体系的与时俱进，不断创新金融制度。例如，基于民间借贷行为的盛行催生出大量的贷款人这一经济现象，人民银行推动了《放贷人条例》草案的起草，以国家

立法形式确定了民间借贷的合法性地位，进一步放开贷款市场，使民间借贷走向阳光化。类似健全法律的做法应逐步深入下去。如在市场准入方面，尽管中央和地方政府出台了一些允许和鼓励民营资本投资领域的政策，但这些政策并没有上升到法律层面，民营资本缺少一个比较系统、具有权威性的产业投资政策指南。有关部门应通过颁布《民间资本准入目录》等形式，使民间投资有章可循。此外，应进一步促进《中小企业法》修改工作，加快出台相关的实施细则；制定《担保公司条例》，修改《担保法》，从法律上承认风险投资行为，保护风险资本出资者和风险投资公司的权利，为多种民间资金进入风险投资领域提供法律保障和法律支持。

党的十八届三中全会提出要积极发展混合所有制经济，支持非公有制经济健康发展，而完善产权保护制度和相关法律法规则是一个非常关键的前提，是清除市场壁垒、提高资源配置效率和公平的必要条件。目前，许多政策规定和法律法规尚不完善，公有制企业在融资等领域居于绝对优势，即便是国有资本控股的混合所有制企业，对国有股东的职权也没有一个有效的制约，取而代之的则是国有股东用国有资产的一些政策要求挟制公司。许多国企特别是大型央企掌握着整个产业链的控制权，即使在一些应该市场化的领域，由于其掌握了上游，造成了实质性的产业控制权，民间资本也无法与之抗衡。因此，加快产权保护制度建设，完善相关法律政策，鼓励发展非公有制资本控股的混合所有制经济，对于民营经济的健康发展非常紧迫。

2. 切实推进市场准入政策的公平化、公开化和管理的规范化，制定和完善相关配套措施，切实做到“同等待遇”。

一是要统一准入原则，遵循“非禁即入”原则。凡是国家法律法规没有明令禁止的行业领域，实际上都可以向民营资本敞开大门；凡是允许外资进入的领域；民营资本也应该得到允许和鼓励；凡是对外资采取优惠政策的领域；民间资本也可以享受同样的优惠政策。在确立了这个大原则之后，使公平准入原则有法可依，各项扶持政策得以落实。二是制定统一规范的市场准入标准。政府应制定统一的市场准入标准，使民营经济、国有经济和外资经济进入同一竞争性领域的门槛标准化、统一化。三是抓紧出台与“新 36 条”配套的细则，把停留在政策层面的规章制度逐项贯彻落实到实处，真正启动民间资本，鼓励和引导民营资本进入到法律法规未明确禁止准入的行业和领域。

（三）财税政策应着眼宏观性、规范化，加强长效扶持机制建设

1. 制定出台具有宏观性和长期性的政策措施。

要使支持民营经济发展的政策措施收到实效，必须改变过去的短期性缺陷。要少搞应急式的、临时性的补贴，多做长远的扶持机制建设；少搞对具体领域、具体企业的直接补贴，多支持支撑企业发展的各种平台的建设，如整合资金用于倾斜支持企业研发和创新平台建设；减轻企业负担要更加注意减少各类“费”的负担，除规范的行政事业收费外，尽快取消或规范制度外的收费，减轻企业的办事成本以及与政府的“谈判成本”，促使民营企业轻装上阵。

2. 建立促进民营企业发展的专门基金，逐步形成长效扶持机制。

民营企业在快速发展期，如果产品科技含量高、适销对路、市场前景广阔，为了扩大生产经营急需融资，但又不能通过贷款等途径融资，政府可考虑成立民营企业发展专门基金，以低息贷款方式对民营企业进行融资支持，基金的筹措以政府财政资金、民营企业互助金、信用担保金为主要来源。以专门基金贷款方式融资不失为一种帮助民营企业解决融资难问题的现实路径。

3. 构建民营企业的信用担保机制，使之成为缓解贷款难的突破口。

建立民营企业的信用担保机制，必须以政府的积极介入为前提，以市场的有效运作来推动，形成民营企业多元担保机制。政府要筹资建立政策性信用担保机构，采取有限担保方式运作，同时鼓励民间资本建立商业性和互动性信用担保机构，缓解民营企业特别是民间投资者融资信用问题。应制定担保监督机制和风险预警机制，研究建立知识产权担保融资机制，使民营企业通过知识产权质押获得贷款支持。政府还要建立民营企业风险防范化解机制，以建立现代企业制度为目标，加快民营企业改制步伐，构建科学的法人治理结构，建立信用识别制度，强化整个社会的信用基础，规范民营企业经营行为，降低民营企业融资风险，以便民营企业获得广泛、持续的金融支持。

（四）健全支持民营经济发展的融资机制，满足民营企业日益增长的融资需求，推进政策真正落地

1. 推动国有商业银行加强对民营企业的金融支持。

国有银行可以通过一系列的金融创新、策略转变，为民营企业提供全方位的

金融支持，建立全新的银企关系。加速国有商业银行的金融体制改革，改变其授信的所有制标准，以经济效益为出发点，而不是以企业的所有制形式和规模大小作为发放贷款的主因素，为民营企业提供同国有企业同等的金融服务。同时，在防范风险的前提下，国有商业银行要简化现行的审批程序和繁杂的贷款手续，使运行机制更加便捷高效。此外，国有银行要增强服务意识，建立专门为民营经济服务的职能部门，如中小型企业信贷部，增加金融服务品种，增加对民营企业的贷款份额，微调对民营企业的贷款浮动利率，对民营企业贷款采取“一站式”服务，使民营企业贷款一步到位。

2. 成立服务于中小企业的的金融机构。

政府应尽快允许开办民营股份商业银行，加快培育适合民营企业融资特点的民营金融机构。例如，尽快修订《商业银行法》，放宽准入条件，适当降低注册资金的最低限额。与此同时，可以参照国际惯例，适当放宽在市场准入核准方面的限制，积极组织多元化的金融组织体系。目前可以尝试操作的是组建一批专门扶持民营企业的金融机构，如以城市信用社为基础组建民营商业银行。在一些经济较为发达地区，已经出现了一些较具规模、经营运作良好的城信社，对这些城信社进行改革、重组，按市场原则组建完全由民营企业入股或控股的民营银行，能够较快投入运作，既可扩大民营企业的融资来源，又可为银行体系输入新鲜血液。可先在民营经济发达地区进行试点，并坚持以市场为导向，由城信社及民营企业自发、自主进行，政府只是制定有关法律法规，为民营银行提供市场准入与退出机制，并以适当的政策加以引导。同时，建议借鉴德国的经验，成立专门服务于中小企业的政策性金融机构，加强其与商业银行的合作向中小企业提供融资贷款，这样，政府出资调动市场力量（商业银行），来解决民营中小企业的融资问题。有效克服了政府直接干预可能带来的扭曲市场、以及寻租等行为，通过政策性金融机构与商业银行之间中立和互补性的合作，实际上建立了一种风险分担机制，达到通过几道“防火墙”来共同保障政府资金使用的安全性、有效性。

3. 鼓励多种形式的民营企业融资方式。

在完善相关政策法规的前提下，应允许民营企业以土地和房产使用权、有价证券、专利、商标等作为抵押、质押进行融资。对实物资产较少、处于创业初期的民营企业，可探索根据企业现金流量和订单情况发放贷款的新途径。此外，发展和建立有形的票据交易市场，丰富信用工具，有利于加强横向的资金融通，提高资金的使用效率。在完善风险投资方面，转变以往政府主导的风险投资机制，建立以“企业为主、政府推动”的风险投资机制，政府为风险投资机制提供制度供给，完善风险投资的法律保障制度，让企业真正履行风险投资主体的角色。

资源型城市可持续发展：内涵、实现路径及政策建议

韩凤芹　李成威　封北麟

一、资源型城市可持续发展的重要意义

（一）资源型城市可持续发展的内涵

资源型城市可持续发展区别于以前提出的“转型发展”，其差别在于理念和具体的发展路径。转型发展是“先发展、后转型”；可持续发展是在发展的同时就在不断谋求“可持续性”。

资源型城市可持续发展包括经济、社会、生态环境及资源等子系统，四个子系统相互作用，相互关联，共同构成资源型城市的系统结构。经济可持续是资源型城市可持续发展的核心内容。资源型城市经济可持续发展要求着重考虑两个方面：一方面，与原有的经济体系相配合，要保证经济运行的连续性，不能破坏城市经济运行的正常秩序，在此基础上对现有资源的开发与利用进行深层次利用与加工，增加其附加值；另一方面，经济的可持续性要建立在创新的基础之上，要有新的经济增长因素，要有新的经济竞争力，要有新的主导产业。社会可持续发展是资源型城市发展的最终目标。社会可持续发展的内涵应包括：改善人类生活质量，提高人类健康水平，创造一个保障人们享有平等、自由、教育等各项权利的社会环境。生态环境可持续发展是资源型城市实现可持续发展的基础和必要条件，其要求是以保护自然为基础，与资源和环境的承载能力相适应。资源是资源

型城市可持续发展的物质保障，为此，就要求合理有效的利用资源，延长其服务周期与年限，同时通过新技术、新领域寻找新的替代资源，以便资源型城市资源供给可持续。

（二）我国资源型城市可持续发展的现实意义

1. 资源型城市可持续发展是我国基础能源和重要原材料保障的战略需要。

资源本身的战略地位决定了资源型城市可持续发展的必要性。自然资源禀赋在一国家经济增长和发展具有重要的战略地位。首先，自然资源是经济增长的重要条件和物质基础。从英国古典政治经济学的创始人威廉·配第开始，以亚当·斯密1776年的代表作《国民财富的性质和原因的研究》为标志，到大卫·李嘉图的比较成本理论和赫克歇尔、俄林的要素禀赋理论，再到马尔萨斯和萨伊，古典经济学均强调了自然资源在经济增长中的决定性作用。人类要生存，就必须有维持生活的物质资料，而要取得这些生活资料，就必须对自然资源进行开发和利用。David & Wright 认为：19 世纪的下半叶至 20 世纪的上半叶，美国比其他国家更密集地开采其矿产禀赋。DeFerrantietal 的研究发现，美国工业化的成功，很大程度上要归功于国家充分发挥了范围广大的矿产资源的作用。其次，自然资源对一国或地区的产业布局有重要影响。一个国家和地区的产业结构首先要受制于这个国家和地区的自然资源状况，一国的生产力越不发达，自然资源对其产业结构的影响越大。当自然资源的运输成本较高时，资源的物质效用成了一个新产业得以发展的关键。再次，自然资源储存量的丰缺、种类的多寡及其质量、结构的状况如何，在很大程度上决定了一国或地区经济发展的速度、结构与效益。经济发展的历史与现实都充分证明，富饶的自然资源宝藏是一笔天赋财富，是自然对人类社会的无偿恩赐。特别是在资源导向型的传统增长模式中，自然资源被赋予了极高的战略地位，大多数的发展经济学家都认为自然资源禀赋的高低将成为发展中国家的经济起飞的关键。因为发展中国家大多数都是劳动力供给过剩而资本品严重不足，丰富的自然资源将能有效地克服这个矛盾，一方面丰富的自然资源能够出口换汇以换取国家发展紧缺的资本品，另一方面能吸引国外资本，弥补国内的储蓄缺口和外汇缺口，为经济起飞提供必要的资金。

从现实中看，作为基础能源和重要原材料供应地，资源型城市在我国现代化进程中发挥了并将继续发挥重要的作用。长期以来，资源型城市为我国经济建设提供了大量的能源及原材料，形成了强大的能源与原材料供应系统。国家宏观经济调查报告显示，资源型城市为我国国家经济建设和社会发展提供了90%以上的煤炭和石油、80%以上的铁矿石、70%以上的天然气和重要矿产资源。可以说，资源型城市是我国能源和重要矿产资源供应的主体。建国以来，资源型城市的国内生产总值一直占全国国内生产总值的24%以上。随着我国经济社会进入一个新的发展阶段，资源型城市的作用将更加明显和重要。资源型城市的兴起和可持续发展，将成为我国现代工业体系和城市群体中的重要组成部分，构成一个新经济增长极。如果资源型城市的经济社会发展不可持续，中国经济就难于正常运转。

2. 资源型城市可持续发展是区域经济协调发展的重要内容。

历史上，资源型城市的兴起与发展，改善了我国的区域经济格局，在促进区域经济协调发展方面发挥了重要作用。如攀枝花，从1965年开始，已经发展成为我国重要的钢铁基地、最大的钒钛生产基地，周围辐射20多万平方公里、2000多万人口，成为川滇交界地区科技、经济和社会文化中心。

在未来，资源型城市可持续发展对区域经济协调发展的作用更为明显。资源型城市多分布在荒无人烟或人烟稀少的穷乡僻壤，其中很多是老、少、边、穷地区。资源型城市是一个区域物质财富、精神财富高度聚集的场所，是一个区域人、财、物聚集中心和市场中心，它所固有的辐射力、吸引力和综合服务能力，对区域经济与社会发展具有巨大的带动作用。资源型产业的高度集中和大规模开发，极大地改变了其周边地区的经济发展模式和生活方式，促进了区域经济的发展。同时，资源型城市还具有广泛的产业关联和波及效应，成为其他产业的发展基础和带动力。如对建筑业、建材业、化工业、电力工业以及多种服务业的发展产生很强的波及效应。特别是我国西部地区正处于工业化初期阶段，矿产资源的开发有力地支撑了区域经济的发展。目前，西部地区矿业产值占其工业总产值的近20%，青海、新疆两省区矿业产值的比重则高达50%以上。此外，一些西部地区新兴的资源型城市也在迅速成长，对促进当地和周边地区经济的发展将发挥重要作用。因此，实现资源性城市可持续发展，是促进我国区域经济协调发展，缩小地区经济差距的重大战略内容。

3. 资源型城市可持续发展是构建和谐社会的必然要求。

对于资源型城市来说，可持续发展问题有四个要素：发展、人口、资源、环境，四者中人口处于核心地位，资源是基础，环境是条件，发展是关键。按照科学发展观与构建和谐社会的要求，为了实施可持续发展战略，对于资源型城市来说，必须完成四方面的任务。一是资源要为我国经济建设与社会发展持续提供保障；二是在资源开发过程中要处理好资源与人以及资源与社会的关系，资源的开发与资源型城市中的人与社会要和谐发展；三是资源开发过程中要搞好环境保护；四是资源开发和资源产业自身要实现可持续发展。只有资源开发和资源产业自身做到可持续发展，才有可能为我国社会主义现代化建设持续提供资源保障。另外，资源型城市可持续发展要求尽量避免城市功能失调。我国绝大部分资源型城市都是在矿产资源勘探、开发利用的基础上由矿区演化而来的，因此在发展模式上大都是“先企业后城市”，在管理体制上实行“政企合一”，因此具有城市与生产基地的双重属性。这种双重属性就要求资源型城市在建设综合服务功能的同时，大力发展支撑城市经济的资源产业，弱化任何一种功能都会导致城市发展失调。

二、资源型城市的特点及政府干预的必要性

（一）我国资源性城市发展的特点

我国资源型城市发展的基本特点表现在以下几个方面：

1. 资源型城市形成具有突发性。

我国绝大部分资源型城市的形成具有突发性，国家在较短的时间内将大量的人力、物力和财力迅速注入矿产地，即所谓的“会战体制”，使原来只有几户人家的小村子或一个荒无人烟的地方骤然变成了一个城市，城市发展时间较短，少则几年，多则几十年，在短短的时间内兴起的城市一般缺乏历史沉淀和文化内涵，城市建设也往往是粗线条的，大多是为了开发而开发，使资源型城市难以形成自己的城市特色和风貌景观。

2. 资源型城市经济结构具有单一性。

这种经济结构的单一性主要体现在：一是产业结构单一。我国传统的资源型城市绝大部分都走上了追求资源产品数量扩张的道路，导致主导产业单一。大部分资源型城市采掘业及关联工业成为主导产业，其比重占了城市工业总产

值的较大比例，表现为大重工业、小轻工业，大第二产业（资源采掘业比重较大）、小第三产业。二是所有制结构单一。我国资源型城市大多是在计划经济体制下建设和发展起来的，所有制结构基本上以国有和国有控股为主，尤其是大中型国有企业在城市经济结构中占有举足轻重的地位，非公有制经济成分总量较小、比重不大。即使是当前处于资源开发初期和成熟期的城市，国有经济的比重也都较大。三是就业结构单一。由于产业结构单一，大量劳动力集中于资源开发、加工与经营，从事第二产业的劳动力比例明显高于城市平均水平。

3. 资源型城市空间结构具有相对分散性。

资源型城市资源与矿区的分布位置具有“点多线长面广”的特点，实际建成区比重低，不少资源型城市中间夹杂着非城市景观，缺少现代化城市应有的聚集效应，难以形成城市文化生活氛围，同时也给市政建设与土地合理利用带来诸多难题。

4. 资源型城市具有的生命周期性决定了其综合效应的递减性。

我国资源型城市的资源开采一般都遵循“先上后下、先易后难、先近后远”等规律进行，随着产业周期从开发期、繁荣期、衰退期依次推进，资源开采的难度越来越大，开采的成本也越来越高，必然造成效益的递减。而且这种效益递减不仅表现在经济方面，而且还表现在社会效益和环境效益方面，例如失业率增加、社会负担水平提高以及生态环境破坏严重等。

（二）政府干预是资源型城市可持续发展的重要条件

在资源型城市可持续发展的路径中，政府干预是资源型城市可持续发展的重要条件。资源开发的可持续性要求与资源的无序开发是资源领域的一对矛盾，此时，需要政府特别是中央政府的强有力干预。此外，资源型城市的发展容易出现产业结构单一、社会矛盾突出以及生态危机隐患等问题，也需要政府的干预。

1. 资源开发的可持续性需要政府干预。

人们对资源的认识经历了一个漫长的过程。长期以来资源无限、资源无价、资源无偿是大众对资源认识的常态。随着近几十年来世界各国人口的增长和工业化进程的推进，资源隐患问题已凸现，特别是发展中国家尤甚。资源问题的出现使人们认识到，在物质资料再生产过程中，还存在着生产规模与资源的平衡关系、资源的再生产与其他物质资料再生产的比例协调发展关系。现在越来越多的国家和地区，已经把资源的社会再生产作为改善生活、发展生产、治理环境的义务和责任。我国面临13亿人口的压力，资源总量虽多，但是由于资源结构性短缺问题突出，受国民经济数量扩张式发展模式影响，资源再生产能力得不到应有的加强，资源的消耗与积累难以平衡发展。资源开发利用不受节制的损失浪费以及资源管理机制不健全等问题的存在，进一步加剧了资源严峻形势的到来。一些资源型城市也由于对资源的过度开采而过早进入资源枯竭期。在这种背景下，保障资源在经济社会发展中的重要战略作用，需要政府进行干预。

2. 资源型城市发展中产业结构调整需要政府干预。

资源型城市自发发展往往容易形成单一的产业结构，在这种情况下需要政府的干预。资源型城市以资源优势立市，通常会过度突出资源优势。资源产业发展迅速，并在城市的经济结构中居垄断地位，很容易形成单一产业结构。而高度依赖资源生产的单一主导产业，影响着城市经济，决定着城市发展。城市经济严重依赖于资源生命周期，城市经济因开采资源的减少、枯竭而衰退，没有可替代的支柱产业及平衡的产业结构，城市发展后劲严重不足。产业结构单一性导致就业结构单一性。在可采资源日益减少、开采成本逐年增高、区位优势持续下降的情况下，不具备合理产业结构的资源型城市将会因资源危机进一步引发经济和生态危机，影响城市发展的可持续性。在一般情况下，资源型城市发展中产业结构调整很难自发的实现，因为在资源开发初期和鼎盛时期，资源还比较充裕，人们很少会去关注其他产业的发展，等到资源开发进入衰退期之后，资源型城市的经济发展往往陷入困境，通过自身也难以实现产业结构调整。因此，必须要政府的干预，在资源开发生命周期的全过程中，考虑建立多样化的产业结构，实现资源型城市的可持续发展。

3. 资源型城市发展的社会问题需要政府干预。

资源型城市面临的社会问题的压力大，主要表现在就业和社会保障方面。一方面，随着资源型城市的资源枯竭，经济结构调整力度加大，资源型城市会出现大量的矿工下岗，这些下岗的矿工文化层次比较低，技能比较单一，无法适应市场的需求，再就业的困难很大。另一方面，资源型城市的产业结构调整需要一个过程，在短期内城市很难为这些下岗工人提供足够的就业岗位。因此，资源型城市就业和社会保障的压力比较大，完善就业和社会保障体系是实现资源型城市可持续发展的重要内容，这也是政府的重要责任。

4. 资源型城市发展的生态环境问题需要政府干预。

资源型城市的发展过程中，特别是发展的后期，往往存在生态危机的隐患，这种情况也需要政府的干预。资源开采会造成资源型城市的环境污染和生态破坏，特别是煤炭开采、石油化工炼制与加工、铁矿及有色金属开采与加工等行业，遗弃的废渣、废水和废气对城市生态平衡和生物繁衍，以及人类生存造成巨大威胁。因此，资源型城市面临的生态和环境保护压力比其他城市更为紧迫。资源开发对城市及所在区域的环境影响大，使生态系统脆弱。在资源开发的整个过程，都需要政府的介入，通过建立相关制度和机制，避免资源型城市在发展过程中生态环境的破坏甚至出现生态危机。

三、我国资源型城市可持续发展中政策层面存在的问题

国家及各级政府非常重视资源型城市转型发展，并就资源型城市转型的相关扶持政策进行了探索，取得了较大的成果。综合考虑资源型城市发展在我国可持续发展中的重要定位及我国资源型城市的发展现状，目前的政策与实现我国资源型城市可持续发展的任务还有较大的差距，存在的问题包括以下几个方面：

（一）促进资源性城市可持续发展的法律体系不完善

目前我国还没有形成一个系统的关于资源型城市可持续发展的法律法规体系，除国务院2007年颁布的《国务院关于促进资源型城市可持续发展的若干意见》外，其他的政策规定大多是零散的区域性、行业性的一般性说明和规定，以及相关的通用法律法规文件中的部分条款或说明。这些条款或说明大多是针对全国范围内某行业（如煤炭、石油等）或某个领域做出的一般性的说明与规定，具有泛化的共性。如资源型城市转型与资源开发补助、补偿制度只是散见在《森林法》、《矿产资源法》等资源法和国务院及各部委、各级政府颁布的行政法规和地方法规当中；资源型城市职工安置、移民、社会保障、自然资源保护、企业破产等问题的解决只能依靠《行政法》、《劳动法》、《破产法》等法律及与其相关的行政法规和地方法规。资源型城市可持续发展可供

参照与说明的法律法规依据通常只能在相关的通用法律法规文件中得以体现。资源型城市可持续发展的重要地位，应有一部统一的专项法规来对其进行规定与说明。

（二）资源型城市管理体制尚未理顺，对资源型城市可持续发展形成一定的制约

一是中央与各级政府事权和支出责任不明确。资源型城市可持续发展涉及多方面的事权和责任，但是在我国，政府间事权和支出责任划分还不十分明确，因此，对于资源型城市可持续发展过程中需要解决的各项问题，中央和地方各级承担什么样的职责并不明确，在国务院 38 号文中，虽然明确了省级政府对资源型城市转型负总则，但并没有相应的约束机制确保这一职责实现。二是地方政府与企业之间的体制不顺。从历史上我国资源型城市的产生看，大多数资源型城市都是依托少数几个大型资源型企业而形成的。在城市发展的初期，无论是石油、煤炭、冶金还是森工城市，基本上都是采用政企合一的管理体制，即大型企业的领导兼任城市的党政领导，城市的基础设施一般都由企业负责建设与管理，企业与城市之间没有形成两个利益主体。随着企业的不断壮大，职工家属规模的不断增加，城市不断扩展，在矿区的基础上又划入了一些区县由城市管理，城市的职能逐步健全，城市与企业逐步分离，但城市的一些基础设施如供水、供气、公交等仍继续由大型企业负责建设与管理。在这种情况下，大型企业与城市之间的主体利益地位逐步分离。但无论是“企政合一”还是“企政分离”，都存在条块分割的矛盾，有的还存在发展战略和发展目标的差异，地方政府和企业在资源型城市的发展定位以及资源开采的规划方面通常存在较大的分歧。

（三）财税政策存在功能缺位，支持力度也有待加强

我国在支持资源型城市可持续发展方面的财税政策主要存在以下几个方面的问题：一是国家对资源勘探的投入不足，近年来，大量社会资金投向勘查程度高、风险低的领域，真正需要大量资金投入的勘查程度低、风险大的领域，投入却远远不足。由于地方政府和商业性的资源勘探投入关注短期资源开采，因此中央政府资源勘探投入不足不利于在我国形成一批有影响的战略储备型资源城市。二是财税政策对资源型城市的生态环保的导向存在一定的功能缺位。一方面，国

家对资源型城市生态环境补偿方面的历史欠账投入明显不足；另一方面，对于新兴的和鼎盛时期的资源型城市，针对未来生态环境补偿的财政性基金制度还很不完善。此外，从税收的角度看，资源税设计上缺乏补偿功能，不能体现煤炭开采外部成本内在化和建立补偿机制的要求，因而对煤炭开采造成的生态环境损失，政府缺乏法定、规范、长效的补偿手段。而且资源税税收收入规模偏小，其财政收入功能弱化并呈下降趋势，政府难以从税收中有效筹措补偿资金。三是财政对基础设施的投入不足，造成资源型城市可持续发展缺乏后劲。计划经济体制条件下，我国资源型城市在资源开发过程中，重视直接生产的矿山建设，而忽视了城市基础设施建设。因此在资源性企业与地方政府实行“政企合一”时，处于成长期的资源性企业有能力投资建设城市基础设施，但由于受“先生产、后生活”的指导思想影响而没有花多少钱用于城市基础设施建设。改革开放以来，人们已意识到城市建设的重要性时，“政企合一”的体制已被“条块分割”所取代，资源性企业没有义务花钱建城，而本该负责城市建设的地方政府因为财力有限而“心有余而力不足”。造成资源型城市的基础设施建设远远落后于城市发展的基本要求。这一方面大大增加了资源型城市的运营成本，难以接受经济中心的辐射及从发达地区流出的资金、人才和技术等生产要素。另一方面由于地处偏远，基础设施不完善，软硬条件均无法满足深度开发与吸引外来投资的需求。四是资源型城市社会保障和社会事业方面投入不足，对资源型城市可持续发展造成了较大的社会包袱。资源型城市由于人口流动性大，在社会保障制度建设落后于其他地方，在政企合一的时候，职工的社会保障问题依赖于企业，但社会保障实现社会统筹后，一些资源型城市的社会保障从企业移交社会的过程中，由于企业困难，难以补缴社会保障欠费，造成资源型城市社会保障滞后。例如，国家发改委的一项研究表明，资源枯竭型城市的劳动者在遭遇了就业冲击后，能够从政府得到救助的比例明显低于非资源型城市，也低于其他资源型城市的同伴。那些没有工作的失业者和退出劳动力市场者，在资源枯竭型城市内为社会保障体系所覆盖的可能性更小。因此，资源枯竭型城市的脆弱群体面临的贫困威胁更为严重。①

① 国家发改委发展规划司：《资源枯竭型城市就业与社会保障问题研究》，http：//ghs. ndrc. gov. cn/sywzlyj/t20080527_214131. htm。

（四）金融系统和金融政策在一定程度上阻滞了金融资本对资源型地区经济社会发展应该发挥的作用

资源型城市对资源的依赖，导致产业结构的单一化、经济结构的单一化，现实的和潜在的金融服务需求较少，金融服务供给相对滞后。资源型地区金融系统的不健全和相对统一的货币金融政策阻滞了金融资本对资源型地区经济社会发展应该发挥的作用。在多数资源型地区，商业银行及农村金融机构（主要指农村信用社）在信贷资金供给和信贷管理体制上存在着一些不利于支持企业发展、繁荣经济的信贷管理方式，主要体现在：一是，金融机构网点布局不均衡，资金缺口巨大，信贷需求受到抑制。大多数资源型地区金融业发展的总体水平不高，与社会经济发展需求不相适应。特别是县域金融供给严重不足，国有商业银行多数撤出县城和经济落后地区，基层经济主体金融缺失，无法享受普惠制的金融服务。二是高度集中的信贷管理体制导致欠发达资源型地区资金外流。高度集中的信贷授权授信管理制度不仅增加了贷款审批环节，而且使得对县域经济最为了解的基层商业银行失去了实质性的贷款权利，在全国范围内配置资源，导致了银行资金向发达地区的“大城市、大企业、大项目”集中，而资源型欠发达地区的许多处于暂时困境的企业不能得到银行信贷资金的支持而逐步陷入绝境。三是“重存轻贷”的资金管理模式，直接导致资源型经济欠发达地区有限的资金严重外流，进一步弱化了金融资本对资源型地区经济发展的支持。

四、资源型城市可持续发展的政策思路及相关政策建议

（一）我国资源型城市可持续发展的政策思路

1. 目标定位。

资源型城市可持续发展的目标是在兼顾资源的有效利用、生态环境的极大改善，生态承载能力逐步提高的前提下，通过各种类型的资源型城市（和地区）经济的可持续发展，区域竞争力的不断提升，来维护资源型城市和地区的社会稳定，人民生活水平不断提高。其重点就是通过资源、经济、环境的可持续发展，最终实现人民生活水平的不断提高。从路径上说，应遵循科学发展观和系统论方

法，将当前所有资源型城市的发展战略（包括转型发展战略）全面提升为可持续发展战略，对资源型城市可持续发展统筹规划，协调推进，以实现资源型城市健康、协调、可持续发展。

2. 基本原则。

一是根据资源型城市特点，采取分类指导政策。不同类型的资源型城市的可持续发展道路不同，那么从政府干预的角度说，也应辅之以不同的支持和引导。但是并不是一个城市一种政策，而是要在政策基本统一的背景下，对不同发展阶段的城市分别给予适合其发展的政策支持。此外，针对拥有不同资源品种的城市，一般来说，从资源优势向经济优势转换的角度看，经济性较高的城市排序是：综合性城市 > 石油城市 > 煤炭城市 > 森工城市，所以从这一角度说，在政府支持的力度上也应该有一定的区分。在政策普适的基础上，依据不同资源型城市的特点，在政策设计上有一定的差异，这样可以有针对性地解决不同发展阶段的资源型城市面临的问题。在这一前提下，资源型城市的政策有两类：一是，所有的资源型城市的发展都是适用的，比如，生态修复和环境保护政策、就业和社会保障等，这些是各类资源型城市发展中面临的共性问题，它们是生态安全和社会稳定的保障，也是可持续发展的重要组成部分。所以，对这类政策就不必再区分何种发展阶段。二是所有资源型城市都适用，但是不同地区是有一定的差异的。根据上述政策的作用特点和处于不同阶段资源型城市发展的需要，我们对不同地区的政策差异性进行组合，其基本依据是对不同阶段的资源型城市面临的经济社会问题的严重程度及市场化发育程度来确定。

二是政府引导，为市场发挥决定性作用创造条件。我国资源型城市可持续发展中存在的外部性、市场发育不健全等都需要政府的推动。但是政府作用的发挥仍然是在社会主义市场经济体制框架内进行的。所以，除了具有公共性的领域必须由政府投入外，必须重视发挥市场的调节作用。特别是在资源枯竭城市中，市场发育不是很健全的条件下，政府的引导、带动作用更为重要。而在资源初期、成熟期的城市发展中更应注意强调资源价格的市场化改革、民营经济的发展、中小企业的壮大等。

三是经济手段与行政手段、法律手段并用。资源型城市可持续发展是一个兼具经济、社会、生态环境等多项内容可持续发展的系统工程，需要各方的共同努力。在强调经济手段调控的同时，还应注重行政手段、法律手段的综合作用。在行政手段运用上，国务院应将可持续发展问题纳入地方政府的考核体系，在我国现行的行政管理体制框架内，地方政府的主要领导是由上一级政府确定的，地方政府实质上是中央政府的派出机构，所以行政考核体系的约束，是我国政治体制框架内较为有效的一个手段。在法律手段的运用上，鉴于可持续发展的长期性、艰巨性和重要性，可以通过制定《资源型城市可持续发展条例》的形式，对各地不同类型的资源型城市的可持续发展战略中的发展目标、发展重点、实现途径等内容进行明确，对各级政府在可持续发展中的责任和义务进行划分，将援助机制、补偿机制等涉及到可持续发展的长效机制建设纳入法律范畴，可以从根本上约束政府及各市场主体的行为，从而确保各资源型城市可持续发展的道路在法律框架的约束下真正实现。从具体的政策工具看，依据不同的标准，公共政策的分类也会不同。我们依据具体公共政策在资源型城市的适用性，重点研究分析金融政策、财政政策、土地政策、发展规划、制度等内容，其中财政政策与金融政策是国内外普遍运用的重要政策手段。但是，二者的作用领域和特点是有较大差异的。此外，在资源型城市发展中，还涉及环境政策、社会政策等重要内容。要注重发挥各种政策工具的组合效应。

四是财力支持和制度建设相结合，保持政策的连续性和稳定性。财力支持是资源型城市的可持续发展的重要财力保障。阜新成为全国第一个资源型城市经济转型试点市的十年来，各地都进行了积极的探索。但是，取得明显效果还是在国务院 38 号文出台后，全国各资源型城市特别是试点城市转型发展取得了阶段性进展，归结原因，主要在于中央财政的财力性转移支付以及产业政策、环境保护等一系列政策的支持和引导。但是由于资源型城市特别是枯竭城市面临的矛盾和问题是多年历史积累起来的，不可能在短时间内解决，所以保持原有政策的连续性和相对稳定性是必要的。否则，政策朝令夕改，会让资源型城市无所适从。与此同时，更应注重制度的建设，可持续发展作为一项长期的任务，长期持续的大幅度财力支持是不可能的，只有从根本上建立起可持续发展的长效机制，如衰退产业的援助机制、资源开发补偿机制以及接续替代产业的扶持机制等，才能真正从机制上确保资源型城市可持续发展目标的实现。

五是重点突破与整体推进相结合。考虑到资源型城市的总体数量大、种类多、分布广、特性不一以及存在的问题困难多等特点，国家整体推动所有资源型城市可持续发展的能力还较为有限的背景下，在各种类型的城市中选择有代表性的地区进行试点，给予相应的财力支持和政府引导，解决最为突出的矛盾和问题，探索创新，树立典型，寻求城市转型工作的重点突破。在此基础上，结合各地自我转型的实践经验及政策效果评估，在全国范围内整体推进资源型城市可持续发展。

3. 领域及重点环节。

政府在推动资源型城市可持续发展中，要重点支持的行业和领域主要是与资源型城市发展特点紧密相关且市场不能或难以发挥作用的领域。具体包括：

一是资源的可持续。资源的可持续既是资源型城市发展初期和成长期面临的最主要问题，也是我国经济可持续发展战略中的重要内容。这一领域并不是可以通过市场调节能自动实现的。从政府的角度看，应制定和实施扩展后续资源、延缓资源枯竭的相关政策，引导资源型地区对资源开采的适度节制和开源。一方面，对现有的资源要实行更加精细的开采或保留性的开采，以最大限度地利用宝贵的矿产资源，延长资源开采时限。精细的开采是指不断采取先进的技术手段，尽量将可开采到的资源都开采出来，同时，努力提高矿产资源的综合利用能力，如：推广先进适用的开采技术、工艺和设备，提高矿山回采率、选矿和冶炼回收率及劳动生产率，减少物资能源消耗和污染物排放，提高产品附加值。保留性地开采是指，根据市场需求的变化采取灵活方式确定开采量，以求实现矿产资源的最大价值，同时，一些战略性资源还可以进行原地储备，以防未来之急需。另一方面，要下大力气就近寻找接替资源，增加后备资源储量，延长矿山年限。2004年起全国启动了危机矿石接替资源找矿专项，其主要目标是在有资源潜力和市场需求的老矿山周边或深部，新发现并查明一批储量，延长矿山服务年限。找矿结果较为乐观：在632座危机矿山中，有466座矿山具有资源潜力，其中预测资源量达到大型矿床规模的矿山有104座，中型183座，小型168座，资源潜力不明的矿山仅有11座。据统计，到2009年底，已累计新增资源储量原煤65.9亿吨、金621.9吨、铁矿石8.7亿吨、银8684吨。

二是产业发展的可持续。在产业发展中，资源型城市的重要特点就是以资源为主的单一产业结构，在未来可持续发展过程中，它重点将涉及到衰退产业的援助、接续替代产业的培育、循环经济产业链的构建，节能与资源的综合再利用等；而这些行业和领域的发展都不同程度地存在着市场的不完全性，需要政府发挥一定的作用。具体来说：在衰退产业的援助中，既包括落后产能的淘汰也包括通过技术引进与创新、提升衰退产业的竞争力的内容。从政府的具体作用领域看，通过行政管制加快落后产业的淘汰，通过社会保障覆盖面的扩大，保障关、停、并、转企业员工的基本生活，创造良好再就业和创业环境，解决下岗职工的就业和创业等。在资源的综合再利用过程中，通过一定的优惠政策，大力推进共伴生资源和尾矿、废弃物综合利用。在油气开采与加工、煤炭采掘与转化及其他矿业开采与加工企业中，大力推广清洁生产技术，积极发展循环经济。对于符合循环经济要求的企业和项目，各级人民政府可给予一定的投资补贴和优惠政策支持。

除了上述产业领域外，接续替代产业的培育应特别关注于资源枯竭城市。这是因为资源枯竭城市在资源优势丧失后，其新兴产业的培育面临着既无产业基础，又无完善的市场条件，（市场条件包括基础设施等硬件、也包括市场发育程度弱等软件，）在此背景下，新兴产业的培育需要较大的外力推动。国家及各省相关部门在规划重大产业项目布局时，应适当向资源枯竭型地区倾斜，帮助其寻找新的经济增长点。在资源枯竭型地区，可以采取的措施有：直接投资建设公共基础设施，促使交易成本降低；推出优惠的土地、税收政策，以吸引外部资金进入；适当下放审批权限，提高政府服务效率；降低行业准入门槛，鼓励自谋职业、自主创业；通过政府采购以及银行的政策性优惠贷款，培育、扶持接续产业，促进其更好地发展。

三是生态修复和环境保护。资源产业的开发利用带来了较大的生态环境压力，使城市生态环境问题突出。脆弱的自然环境状况、较低的生态承载力是制约资源型城市可持续发展的重要因素。与其他城市相比，生态修复和环境保护是其在发展中必须兼顾解决的两大任务。其重点在于矿山治理、水土流失、塌陷区治理，以及环境保护中涉及的工业固体废弃物综合利用、城镇生活污水等。此外，不同品种的矿产资源，其开发过程中对环境的影响和破坏也是不同的。如对以煤炭开发为主的资源型城市，政府作用的重点应是加强深部采空区、特大型矿坑对地质结构、地下水文造成危害等基础性研究；继续做好采煤沉陷区治理，抓紧组织治理废弃的露天矿坑、矸石山等重大地质灾害隐患，有效预防矸石山自燃和坍塌等事件发生。对石油资源型城市，则应对石油开采造成的水位沉降漏斗、土地盐碱化等问题加大治理力度。对森工城市，在继续巩固“天保”工程成果，调减木材产量的同时，加快公益林和商品林建设，并完善相关配套政策。与此同时，政府还应积极引导市场力量参与到生态环境恢复与保护的过程中。按照“谁治理，谁受益”的原则，积极引导社会力量参与矿山环境治理。如可研究组建专业化矿区治理公司，依托其研究制订矿山治理规划并组织实施。

四是基础设施建设。从区域经济学的角度看，区位交通和基础设施状况对区域经济空间布局影响很大，主要表现为“瓶颈效应”和“通道效应”。即当基础设施建设滞后于区域经济发展时，基础设施就会成为当地区域经济发展的“瓶颈”，增加当地经济活动成本，限制资源、资本的流入，制约当地经济活力的发挥。当基础设施建设适应或者适度超前当地经济发展时，基础设施的“通道效应”就会得到充分发挥，完善的基础设施条件可以为当地经济发展提供良好的硬件环境，降低企业经济活动的成本。这也就是为什么经济要素更多地选择重要交通线路布局的原因。而实践也证明了区位和交通运输条件是资源型城市陷入“资源诅咒”陷阱的原因之一。通常来说，区位交通和基础设施对资源型城市的发展来说是两个层面的内容。区位交通是该城市的地理位置及其对外交通状况，而基础设施通常是指城市内部的基础设施状况。考虑到我国的资源型城市大部分分布在西部和东北地区，远离交通干线、工商业发达地区等内容。基础设施落后、交通条件不便，直接影响了其产业竞争力和区位竞争力。所以，应加大对交通和基础设施的投资力度。一方面要重视疏通其对外交通，在铁路、高速公路、机场建设过程中，涉及到资源型城市周边的设站、设点等问题时，应优先重点解决，重点是改善其区位条件。同时，还应依据城市所属类型的不同，调动多种力量加大资源型城市内部基础设施建设投资力度，增强和完善城市功能，创造宜居环境。

五是就业和社会保障。由于资源开发企业就业职工多且技能专业而单一，就业问题是资源型城市特别是枯竭城市面临的一个突出问题。政府应创造良好的就业环境，努力为失业人员和新增劳动力就业创造条件。落实好职业介绍、职业培训、社会保险补贴、小额担保贷款等就业再就业扶持政策，支持下岗失业人员再就业。大力开发公益性工作岗位，健全就业服务体系，优先解决“零就业家庭”就业问题。鼓励自主创业和企业吸纳就业，对下岗失业人员从事个体经营以及吸纳下岗失业人员符合条件的企业，按规定享受有关优惠政策。同时，要支持大中型资源开采企业通过主辅分离、辅业改制等渠道，妥善分流安置职工。鼓励资源已经或濒临枯竭的企业整体或部分搬迁到其他地区开发新资源，带动本企业职工异地就业。鼓励承载现有人口确实困难的资源枯竭城市的居民易地就业或迁移到其他地区。进一步完善基本养老、失业、基本医疗等社会保险制度，扩大覆盖面，保证各项社会保险金按时足额支付。完善社会救助制度，对符合条件的贫困人群按规定及时给予救助。防止在企业破产、改制过程中发生侵害人民群众合法权益的事件，维护社会稳定。加大棚户区改造的支持力度。无论是资源处于成熟期还是枯竭地区的棚户区改造都是一个历史遗留问题，对于一些自身转型能力很差的地区的棚户区改造项目，中央政府、省市级政府都应给予较大比例的支持，尽量减少地方配套比例，主要用于新建小区内部和连接市政公共设施的供排水、供暖、供气、供电、道路的外部基础设施，以及配套学校、医院的建设。

（二）相关政策建议

1. 完善促进资源型城市可持续发展的财税政策措施。

一是灵活运用多种财政投入方式，促进资源型城市的转型和可持续发展。考虑到资源型城市在参与国债项目遴选时，往往不具备竞争优势而难以入围，可在国债和中央预算内资金中专门安排一部分支出，用于支持资源型城市发展。国家政策性银行和其他金融机构应根据各自的经营领域，积极为资源型城市经济转型提供金融服务。国家在进行生产力布局时也应适当向资源型城市倾斜。财政投入支持资源型城市可持续发展的重点领域包括：一是资源型城市的基础设施建设；二是资源型城市产业结构的优化，包括资源型产业技术水平的提升和非资源类产业的发展；三是资源型城市民生的发展，包括各项社会事业以及社会保障制度的完善。解决资源型城市社会服务和基础设施建设先天不足的问题，促进其可持续的协调发展，必须通力协作，加大道路、通讯、环境、科、教、文、卫等基础设施和公共事业的建设，以吸引外来投资、促进接续产业的企业进入和建立。除财政渠道外，还可以考虑建立专项基金、发行国债、土地使用转让、BOT 等多种筹资方式，来缓解资源型城市可持续发展过程中的资金压力。加大对资源型城市的支农支出，帮助当地开展农业产业化经营，延长农业产业链条，支持发展以农产品加工为主的乡镇企业，促进城乡产业对接，缩小城乡二元经济差距，实现城乡共同繁荣。

二是加大对资源型城市人才培养和引进的财政支持。资源型城市人才数量少、层次低，特别是掌握发展区域主导优势产业关键技术和高水平管理才能的关键人才严重缺乏。鉴于当地的财政现状，可由政府免费提供再就业培训，充分挖掘现有人才潜力；对于急需的人才，资源型城市在短期内难以培养出来，则要通过吸引现成的人才，可由省级政府专门设立扶持资源型城市的人才引进专项资金。资源型城市要在提高人才待遇的同时，改善人才成长的环境，使人才的价值得到体现，让人才积极主动地为资源型城市的发展贡献力量。

三是实行矿产资源补偿费率的弹性化。现行的矿产资源补偿费率是比例费率，从始至终不变，而资源开采企业的经营具有周期性特点，不同时期的投入产出比是不一样的。在稳产期，缴纳矿产资源补偿费并不困难，但是到了衰退期，随着开采难度的增加，回采率降低，资源补偿费增加，使原本就深陷困境的企业雪上加霜。因此，应该针对企业发展的不同阶段确定不同的费率，以体现量能负担，保证矿产资源补偿费的及时足额入库。

四是提高矿产资源补偿费的地方留成比例。我国目前矿产资源补偿费实行中央与省、直辖市五五分成、中央与自治区四六分成的办法。随着我国很多资源大省都已进入资源衰退期，这些资源大省的经济实力普遍不强，财政支出的压力很大。因此，国家可以考虑在分成比例上适当上调省级政府的留成比例，缓解各省目前的财政压力，切实保证资源型城市转型的财力需要。与此同时，在中央、省、市间进行收入分成过程中，尽量将收入留在资源型城市，以利于资源型城市在环境恢复、生态建设等诸多方面的投入。

五是推动资源税和环境税改革。重点完善资源税、环境保护税等与资源节能使用和环境保护相关税种的征收；完善消费税制度，将部分严重污染环境、大量消耗资源的产品纳入征收范围。以促进资源节约和环境保护。

2. 完善促进资源型城市可持续发展的金融政策措施。

针对资源型地区经济社会发展的特征和金融服务供给不足的现实，实施差别化货币金融政策，促进资源型区域金融系统的发展，引导社会金融资本支持资源型地区实现可持续发展。

一是增加信贷支持，实施差别化信贷政策。具体包括以下几个方面的内容：①进一步扩大基础金融服务的覆盖地区和范围，支持鼓励股份制商业银行、外资银行、政策性金融机构到资源型欠发达地区县域设立分支机构、中小企业信贷专营机构，鼓励新型农村金融机构及小额贷款公司发展。②在基础货币投放上向资源型欠发达地区倾斜，允许这些地区的货币供应量增长速度超过其他地区。适度降低资源型地区金融机构的存款准备金率和准备金付息率。在确保金融机构资产的流动性和清偿能力、安全性、保护存款人利益的前提下，降低资源型地区符合条件的金融机构的准备金率，提升资源型地区金融机构的信贷能力和投资能力。降低存款准备金付息率，减少金融机构上存的超额准备金收益，为市场参与者提供充足的资金供给。③在有效控制风险的前提下，应根据资源型欠发达地区县域商业银行的管理水平、经营能力、风险控制能力和当地经济发展水平，适度下放信贷权限给县级基层商业银行。减少基层商业银行上存资金比例，增强支持资源型地区地方经济发展的信贷资金实力。④考虑放宽对资源型地区人民银行分支机构再贷款的限额，对金融机构因支持这些发展而出现的临时性、季节性资金需求及时给予再贷款支持，促进中小企业和非国有经济发展。⑤在金融系统内部，可以适当区分政策性业务与商业性业务，实施分类管理、分别考核，提升政策性业务的重要性，放宽有关的考核指标，鼓励资源型地区商业银行分支机构加大对这些地区重点行业和项目的信贷投入力度。充分利用银团贷款、联合贷款、总行直贷、异地系统内机构合作等模式增强贷款能力，保证基础设施、重点项目以及中小企业的资金需求。在系统外部，有条件的地区可以建立各级政府对金融机构支持地方经济发展的考核奖励制度，按照“奖励与贡献挂钩”原则，对银行机构从贷款投放量、全省位次、加分因素等导向性指标实施考核，对金融机构主要领导班子和信贷人员给予表彰奖励，激励金融机构和信贷人员增加对资源型地区金融服务的有效供给。

二是加大政策性金融支持。①构建资源型地区转型发展政策性银行。通过政府注资、发行金融债、同业借款、股权融资等方式鼓励建设全国性或区域性资源型城市转型发展政策性银行，为资源型地区的转型发展提供基础设施建设、重大产业培育发展资金。②加大对中小企业信贷的政策性支持。允许资源型地区地方政府将各部门所掌控支持中小微企业发展、科技创新等各类专项资金进行整合，设立中小企业发展暨科技创新风险资金池，按照协议比例与银行共同承担中小企业贷款暨科技信贷的风险损失，鼓励商业银行为中小企业尤其是科技型中小企业通过信贷产品创新（包括股权质押贷款、知识产权质押贷款、“信贷 + 股权”、“信贷 + 期权”等）方式增强对中小企业的信贷支持。③鼓励资源型地区中小企业在全国中小企业股份转让系统挂牌上市融资。允许资源型地区政府通过政府采购方式对本地中小企业在全国中小企业股份转让系统进行挂牌上市前辅导，尤其是通过一定的优惠政策解决中小企业股份制改制过程中遇到的一些问题（例如税收），降低中小型企业尤其是科技型企业股转融资成本。政策性金融措施主要适用于各阶段需要政府扶持的基础产业和中小企业。

三是设立产业投资基金。设立支柱产业、高新技术产业投资基金。借鉴渤海产业投资基金成功运作的经验，结合当前资源型地区的发展状况，支持设立资源型地区产业投资基金，为资源型地区产业结构调整和升级建立中长期融资保障机制，提供资本金支持，确保重大项目资本金的长期有效供给。该政策主要适用于资源成长期、衰退期地区的支柱产业和战略性性产业。

3. 促进体制机制创新。

一是继续深化国有企业改革，大力发展民营经济。加快股份制改革步伐，实现投资主体的多元化。加快企业内部改革步伐，彻底转换企业经营机制。主辅分离，做强主业。建立经营者激励与约束机制。与此同时，大力发展民营经济。市场运行主体以国有经济为主是资源型城市的一大特征，壮大民营经济是解决资源型城市内生发展能力不足的突破口。一方面要大力发展壮大本地民间发展力量，另一方面，要积极吸引外地民营企业的投资，发挥其市场适应能力强、增加本地劳动力就业等方面的积极作用。打破地域限制，除国家法律、法规明令禁止以及不符合本地产业发展功能定位的“三高”（高污染、高耗能、高排放）行业和领域外，都应允许其自主选择经营项目和经营方式。政府的职能也应积极转向为服务型政府，建立健全利于民营经济发展的社会服务体系，努力营造有利于民营经济发展的政策环境。

二是转变政府职能。使政府职能的重心逐渐转向社会管理与公共服务。在强化社会管理与优化公共服务的过程中，城市政府应把减少环境污染、改善基础设施、创造就业机会、加强职业培训、优化投资创业环境、健全社会保障制度，以及完善城市功能等作为重要目标，为有效实现资源型城市向综合型城市的转变奠定良好的基础。

三是建立地矿间的沟通协调机制。资源型城市普遍存在着条块分割状况，大型资源企业是资源型城市建设与发展的生力军，但它们多数由中央或上级有关部门直接管辖，其所从事的城市建设主要根据企业需要而展开，目的在于便利企业生产和职工生活。另一方面，地方政府受自身财力不足的限制，往往难以根据区域经济发展的需要进行城市建设。解决问题的一个有效途径是，建立城市地方政府、中央或上级政府、大型资源企业之间常设的协调与决策机构，由其统筹城市转型的各个方面，整合企业、城市与区域发展的各种规划，指导城市的有效转型和持续发展。

四是要建立资源开发补偿机制。这包括资源开发的历史补偿和未来补偿两个方面。资源开发历史补偿机制主要是针对资源已经或濒临枯竭的城市和原中央所属矿业、森工企业，国家给予必要的资金和政策支持，帮助解决其历史遗留问题，补偿社会保障、生态、人居环境和基础设施等方面的欠账，这一机制更多地适用于资源枯竭城市。资源开发的未来补偿机制，则主要是按照“谁开发、谁保护，谁受益、谁补偿，谁污染、谁治理，谁破坏、谁修复”的原则，建立相关准备金制度，以保证资源开采后期的生态环境修复和人员安置。

五是建立衰退产业援助机制。衰退产业援助机制是国家从区域经济协调发展的角度，通过财税扶持、资金和项目支持、信息技术、减轻企业社会负担等方式，对因为资源枯竭而衰退的资源开采产业进行相关的直接援助，主要目的是帮助企业克服衰退产业的退出障碍，降低转型成本，促进衰退产业要素的合理重组。在资源枯竭型地区，国有资源企业的退出障碍主要有：职工安置、专用性固定资产处置、债务负担、原有社会职能移交等等。因此，可以通过政策手段进行必要的帮助和支持，比如，在财政政策方面，对企业的技术、安全等产业改造通过相应的补贴和基金予以支持，对购买衰退产业固定资产的企业给予补贴，向失业职工提供就业指导、技能培训，对录用指定下岗者的企业进行补贴，以及延长下岗失业救济金、就业保险金支付期限；在金融政策方面，对衰退产业在偿还率上给予较大的照顾，加速其不良贷款的核销；在税收政策方面，允许衰退产业加速折旧、在税前增列必要费用，对购买衰退产业固定资产的企业给予增值税转型试点待遇等。

工业领域淘汰落后设备财税激励政策研究

课 题 组

一、我国工业领域机电设备生产使用现状

（一）工业领域机电设备的内涵

工业领域机电设备简称为工业装备。所谓工业装备是指为国民经济各部门简单再生产和扩大再生产所提供的技术装备，其产业范围包括机械工业（含航空、航天、船舶和兵器等制造行业）和电子工业中的投资类产品。包括通用设备制造业、专用设备制造业、航空航天器制造业、铁路运输设备制造业、交通器材及其他交通运输设备制造业、电气机械及器材制造业、通信设备计算机及其他电子设备制造业、仪器仪表及文化办公用品制造业等。

按照装备功能和重要性，工业装备主要包括以下三方面内容：

一是重大的先进的基础机械，即制造装备的装备——工作“母机”，主要包括数控机床（NC）、柔性制造单元（FMC）、柔性制造系统（FMS）、计算机集成制造系统（CIMS）、工业机器人、大规模集成电路及电子制造设备等等。

二是重要的机械、电子基础件，主要是先进的液压、气动、轴承、密封、模具、刀具、低压电器、微电子和电力电子器件、仪器仪表及自动化控制系统等等。

三是国民经济各部门（包括农业、能源、交通、原材料、医疗卫生、环保等）科学技术、军工生产所需的重大成套技术装备，如矿产资源的井采及露

天开采设备，大型火电、水电、核电成套设备，超高压交、直流输变电成套设备，石油化工、煤化工、盐化工成套设备，黑色和有色金属冶炼轧制成套设备，民用飞机、高速铁路、地铁及城市轨道车、汽车、船舶等先进交通运输设备，污水、垃圾及大型烟道气净化处理等大型环保设备，大江大河治理、隧道挖掘和盾构、大型输水输气等大型工程所需重要成套设备，先进适用的农业机械及现代设施农业成套设备，大型科学仪器和医疗设备，先进大型的军事装备，通信、航管及航空航天装备，先进的印刷设备等等。

（二）我国工业领域机电设备的发展历程

新中国成立60多年，特别是改革开放30余年来，我国机电设备制造业取得了长足发展和巨大成就，为国民经济发展和国防建设做出了重要贡献。机电设备制造产业规模已进入世界前列，汽车、船舶、机床、发电设备、工程机械等行业生产规模跃居世界第一；技术创新能力显著增强，一大批重大技术装备实现自主制造；产业体系不断健全和完善，国际地位和影响力显著提高。目前，我国在成为世界工业产品生产大国的同时，形成了较完整的机电设备制造体系和相当大的生产规模和能力，成为世界上重要的机电设备生产和装备大国。

中国工业领域机电设备的发展历程可划分三个阶段：

1. 萌芽阶段（1949—1977年）。

新中国成立后，我国采取“优先发展重工业”的经济发展战略，通过苏联援建和自力更生，集中财力、物力和人力发展机电设备制造业，取得了显著成就，形成了门类齐全、具有相当规模和一定水平的产业体系，为各行业发展和国防建设提供了大量装备。这一阶段的特征可以概括为以重工业带动、培育装备工业发展基础。特别是“两弹一星”、“九大设备”等研制成功，掌握了大量的重大技术装备设计、制造技术，建立了相对完备的机电设备生产体系，巩固了新中国政权，提高了中国的国际地位。

2. 初级阶段（1978—2005年）。

改革开放后，我国不断推进机电设备制造业的市场化改革，扩大对外开放，支持和鼓励自主创新，产业发展活力不断增强，水平不断提高。在消化吸收国外技术的基础上，研制成功了60万千瓦火电机组、500千伏交流输变电设备、30万吨乙烯、千万吨级露天矿采掘设备、大秦铁路重载列车等重大成套设备，解决了国家经济建设中的许多难题。国家加大了对装备制造企业技术改造和科技攻关的支持力度，依托国家重点工程和大宗产品订单，下大决心支持机电设备自主化，许多重大技术装备的制造和研发获得了实质性进展，取得了突出成绩。

3. 振兴阶段（“十一五”时期以来）。

进入“十一五”时期以来，是我国机电设备制造业发展的关键时期。在新的形势下，全面贯彻科学发展观，认真落实《国务院关于加快振兴装备制造业的若干意见》（国发［2006］8号），以企业为主体，以市场为导向，强化科技创新，推进重大技术装备自主化，建立健全新型机电设备制造业体系，多项装备产品产量进入世界前列，机电设备制造业的发展水平和国际竞争力得到全面提升。

（三）工业领域重点机电设备发展情况

“十五”、“十一五”期间，随着我国国民经济的高速发展，我国工业领域机电设备的生产技术和生产规模都得到了快速提升。我国交流电动机、变压器、锅炉、风机、泵、空气压缩机、电阻炉、电焊机等机电设备的生产产量、销量、出口量等都得到了快速增长。

1. 电动机。

电动机作为机电设备的动力源，是工农业生产、流通、服务等各领域广泛应用的机电设备配套产品。产量和使用保有量大，使用范围广泛，品种繁多，耗电量大。我国目前各类机电设备配套的电机用电量约占全国工业用电量的70%左右，占全国总用电量的50%。据统计，目前我国具有一定规模的电动机制造企业有600多家，具有一定规模的微电机及其他电机制造企业600多家，如果把全国大大小小的各类电机制造厂都计算在内，估计会有3000家左右。

“十五”以来，我国的电机生产技术水平和生产能力都得到了快速提升。目前，我国已基本具备大规模推广应用高效电动机的基础和条件。目前，我国的电机产品以一般效率的Y、Y2、Y3系列和高效率的Y2－E、YX3系列为主，其中Y3系列基本达到了21世纪初国际同类的先进水平，可达到欧洲能效标准的Eff1水平，是GB18613－2006《中小型三相异步电动机能效限定值及能效等级》的全国推广产品；我国已经有部分技术水平较高的大的电机生产企业的电机制造水平已经达到世界先进水平，生产的Y2－E、YX3系列及其他多种型号的高效电机已经批量出口到欧美。大批的具有一定规模和技术水平的电机生产企业，经过改造升级后都具备高效电动机的生产条件和能力。“十五”之初的 2001 年，全国电动机产量 6263.27 万 kW，至“十五”期末的 2005 年，达到了 12934.9 万 kW，五年增长了 6671.63 万 kW，年均增长率 106.52% ；“十一五”期间，我国的电动机产量再上新台阶，2010 年全国电动机产量达到 23213 万 kW，与“十一五”初的 2005 年相比，增加了 10278.1 万 kW，增长了 79.46%。与“十五”初期的 2001 年相比，提高了 16949 万 kW，增长了 270.62% 。据估算，全国社会现有电动机的保有量约有 114200 万 kW。“十五”、“十一五”期间我国逐年电动机产量情况见图 1。

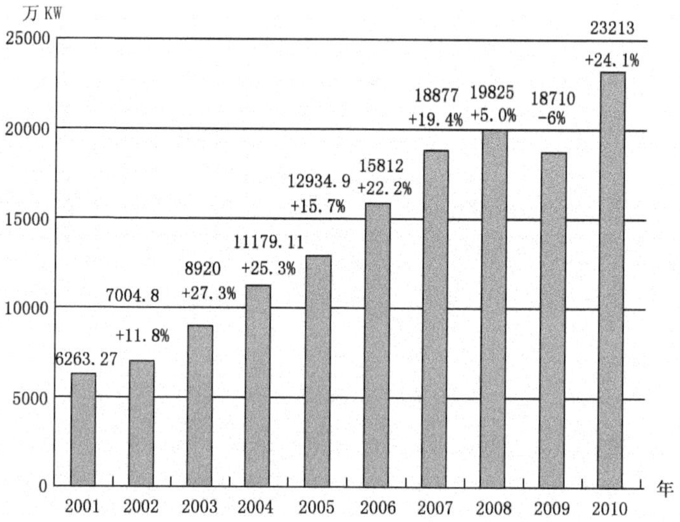

图 1 “十五”、“十一五”期间全国电动机产量

2. 变压器。

变压器是重要的电器设备，广泛应用于国民经济和国民生活的各个领域。随着中国经济持续健康高速发展，电力需求持续快速增长。2011 年我国全社会用电量 4.69 万亿千瓦时，比上年增长 11.7%，消费需求依然旺盛，人均用电量 3483 千瓦时，比上年增加 351 千瓦时。

中国电力建设和国民经济的迅猛发展带动了中国变压器制造行业的快速发展。2001 年，全国变压器产量 25136.89 万 KV · A，“十五”期末的 2005 年，产量达到 63115.83 万 KV · A，增长了 37978.94 万 KV · A，增速达 151.09%；“十一五”期间，我国的变压器产量又有了高速增长，2010 年全国变压器产量 134630 万 KV · A，与“十五”末的 2005 年相比，提高了 71514.17 万 KV · A，增速达 113.31%；与“十五”之初的 2001 年相比，产量提高 109493.11 万 KV · A，增速达 435.59%。据估算，我国现有变压器的社会保有量约有 597100 万 KV · A 。“十五”、“十一五”期间全国变压器产量指标见图 2。

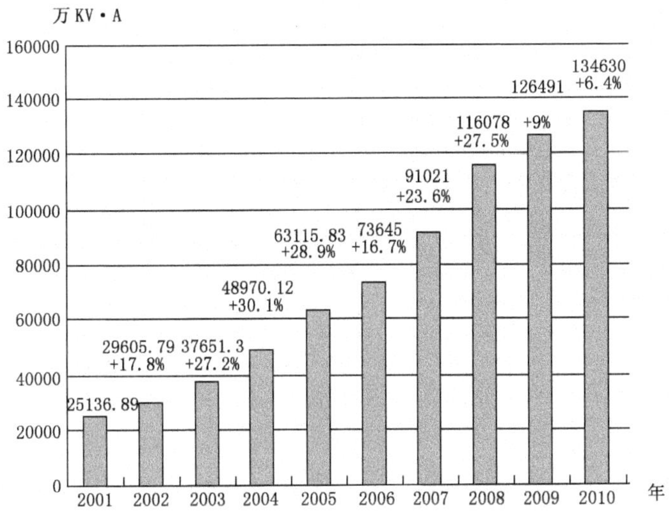

图 2 “十五”、“十一五”期间全国变压器产量

3. 锅炉。

工业锅炉是重要的热能动力设备，我国的工业锅炉生产业是在新中国成立后建立和发展起来的。随着我国电力、化工等产业的快速发展，我国的工业锅炉生产技术得到了很大的提升，产量逐年快速增长。其生产和使用量均居世界之首。

“十五”、“十一五” “期间，全国工业锅炉的产量由 2001 年的 1539.25 万台，增长到 2005 年 2904.34 万台，增加了 1365.09 万台，增速达 88.69%；“十一五”期末的 2010 年全国工业锅炉的产量达到了 8096.26 万台，与“十五”之初的 2001 年相比，增加了 6557.01 万台，十年间增长了 4.26 倍。“十五”、“十一五”期间全国各类锅炉产量指标见图 3、图 4。

4. 泵。

泵是通用机械设备中是用来输送液体和提供压力流量的重要设备，广泛应用于工业、农业、交通运输、国防和人们的日常生活。十多年来，随着我国国民经

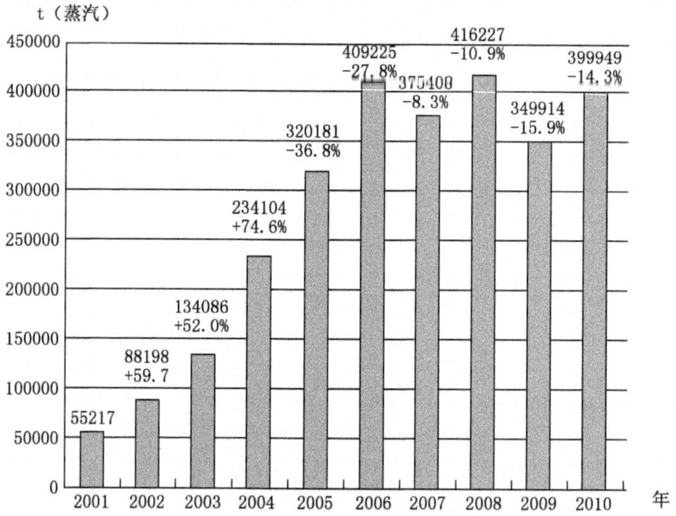

图 3 “十五”、“十一五”期间全国电站锅炉产量

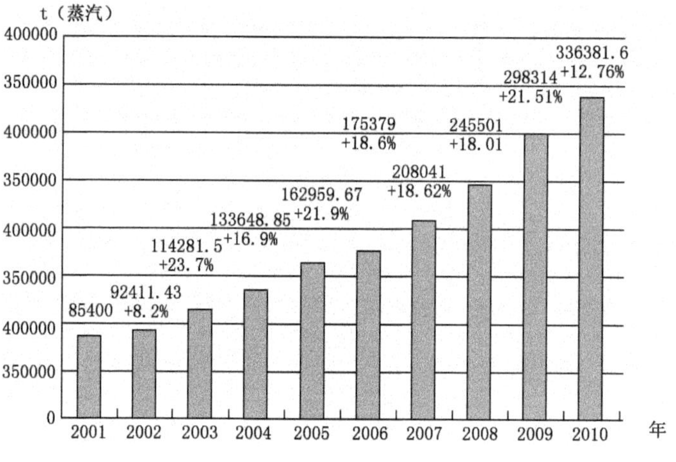

图 4 “十五”、“十一五”期间全国工业锅炉产量

济发展和国民生活水平的迅速提升，我国各类泵的生产技术水平和生产、使用规模都有了大幅的提高。

“十五”、“十一五”期间，全国各类泵的产量由 2001 年的 1539.25 万台，增长到 2005 年 2904.34 万台，增长 1365.09 万台，增长了 88.69%；“十一五”期末的 2010 年，全国各类泵的产量达到了 8096.26 万台，与“十五”初的 2001 年相比，增长了 6557.01 万台，十年间增长了 4.26 倍。据估算全国现有各类泵的社会保有量约有33900万台。“十五”、“十一五”期间全国各类泵产量见图5。

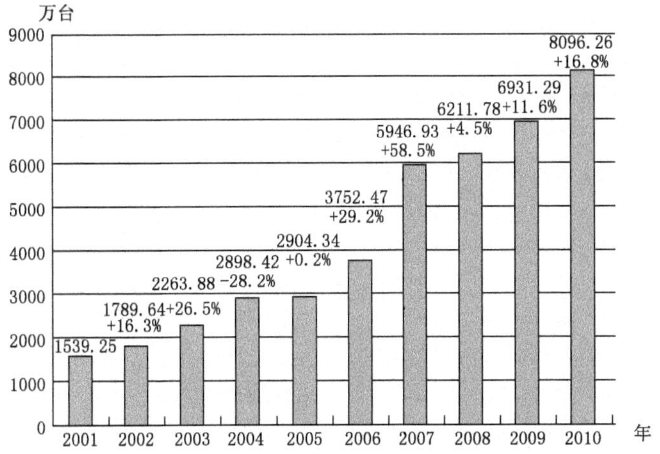

图5 “十五”、“十一五”期间全国各类泵产量

5. 风机。

风机是重要的通用机械设备，广泛应用于国民经济各个行业和领域。“十五”以来，我国风机的生产技术水平和生产规模都有了大幅的提升。

“十五”、“十一五”期间，全国风机的产量由2001年的65.84万台，增长到2005年263.81万台，增加197.97万台，增长了300.68%；“十一五”期末的2010年全国风机产量达到了1376.88万台，与“十五”初的2001年相比，增加1311.04万台，十年间增长了19.91倍。据估算，全国现有各类风机的社会保有量约有3370万台。“十五”、“十一五”期间全国风机产量指标见图6。

6. 气体压缩机。

气体压缩机是一种重要的通用机械产品，应用十分广泛。十多年来，随着我国国民经济高速发展，我国气体压缩机的生产技术水平和产业规模都有了很大程度的提高。

“十五”之初的2001年，全国气体压缩机的产量为38.77万台，至“十五”末的2005年增长到了147.72万台，增加108.95万台，增长了281%；“十一五”期间，2008年全国气体压缩机的产量3087.1台，2010年达到了15933.30万台（其中制冷用气体压缩机13967.80万台）。据估算，我国现有气体压缩机的社会保有量约有27700万台。我国“十五”、“十一五”期间全国气体压缩机

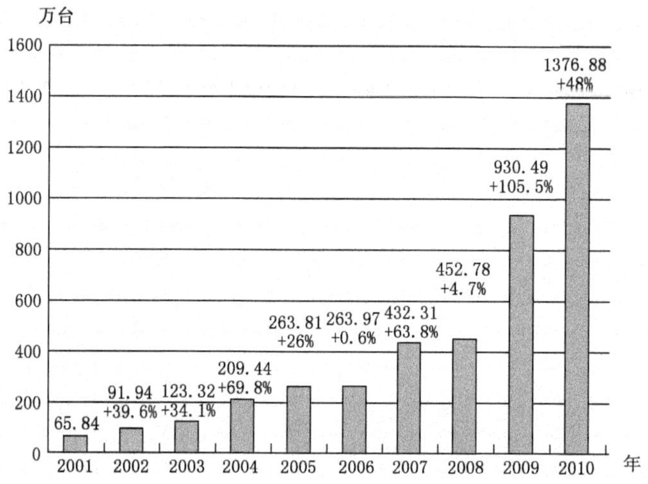

图 6 “十五”、“十一五”期间全国风机产量

产量指标见图 7。

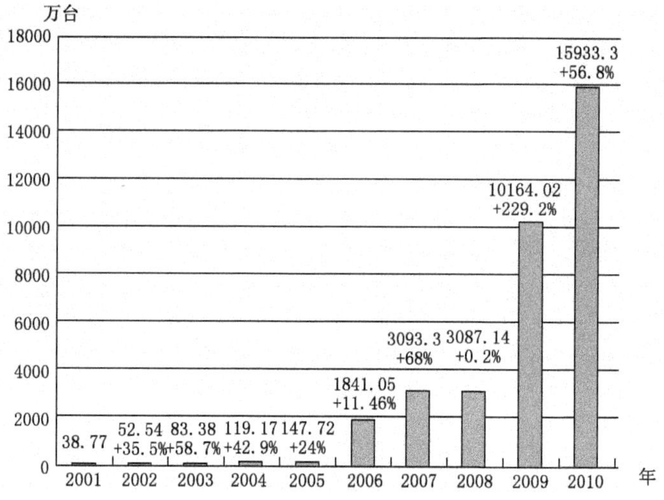

图 7 “十五”和“十一五”期间全国气体压缩机产量

总体看，我国机电设备产品产量在“十五”和“十一五”快速增长。如电动机产量从 2001 年 6263.27 万 KW 上升至 2005 年的 12934.9 万 KW，年均增长率达到 19.8%。电站锅炉的产量从 2001 年的 55217 吨蒸汽上升至 2005 年的 320181 吨蒸汽，年均增长率达到 55.8%。“十五”、“十一五”期间我国机电设备产量增长情况详见表 1、表 2。

表 1　　“十五”期间全国机电设备产品产量

产品名称	单位	产量					合计	平均年增长率（%）
		2001 年	2002 年	2003 年	2004 年	2005 年		
电动机	万 kW	6263.27	7004.8	8920.0	11179.11	12934.9	46302.08	19.8
变压器	万 kVA	25136.89	29605.79	37651.3	48970.12	63115.83	204479.93	26.0
电站锅炉	t（蒸汽）	55217	88198	134086	234104	320181	831786	55.8
工业锅炉	t（蒸汽）	85400	92411.43	114281.50	133648.85	162959.67	588701.45	17.7
泵	万台	1539.25	1789.64	2263.88	2898.42	2904.34	11395.53	17.8
风机	万台	65.84	91.94	123.32	209.44	263.81	754.35	42.4
气体压缩机	万台	38.77	52.54	83.38	119.17	147.72	441.58	40.3

表 2　　“十一五”期间全国机电设备产品产量

产品名称	单位	产量					合计	平均年增长率（%）
		2006 年	2007 年	2008 年	2009 年	2010 年		
电动机	万 KW	15812	18877	19825	18710	23213	96437	10.725
变压器	万 KVA	73645	91021	116078	126491	134630	541865	18.575
电站锅炉	t（蒸汽）	409225	375408	416227	349914	399949	1950723	0.25
工业锅炉	t（蒸汽）	175379	208041	245501	298314	336381.6	1063871.97	3.4
泵	万台	3752.47	5946.93	6211.78	6931.29	8096.26	30938.74	22.85
风机	万台	263.97	432.31	452.78	930.49	1376.88	3456.43	55.475
气体压缩机	万台	1841.05	3093.3	3087.14	10164.02	15933.3	34118.8	88.45

注：2009 年和 2010 年的风机产量统计中分别包括鼓风机 1430856 台和 213545 台；2009 年和 2010 年气体压缩机产量统计中分别包括制冷用气体压缩机 88988051 台和 139678074 台。

（四）当前我国工业领域机电设备存在的主要问题

目前，我国正处于推进新型工业化的重要发展阶段，加快经济结构调整与转变经济发展方式，有效控制能源资源消耗总量，实现可持续发展，是我们面临的重大任务。我国机电设备工业持续快速发展，总规模已居世界前列，但是，总体技术和能耗水平与欧美日本等发达国家相比仍然存在着较大的差距。具体表现在：

一是能源和材料消耗大，污染严重。据统计，目前我国工业能耗占全国能源总消耗量70%以上，量大面广的机电设备是工业企业的主要终端用能用电设备，每年要消耗大量的电力能源。但是，主要用能机电设备能源利用效率与国外的差距较大，如燃煤工业锅炉平均运行效率65%左右，比国际先进水平低15至20个百分点；中小电动机平均效率87%，风机、水泵平均设计效率75%，均比国际先进水平低5个百分点，系统实际运行效率则低近20个百分点，相当数量的在用机电设备运行能效指标达不到国家强制性能效标准要求。

二是产业结构不尽合理。在中低档产品和一般加工制造能力大量富余的同时，国民经济所需的部分重大成套装备和高技术装备仍然依赖进口。按照B18613－2006《中小型三相异步电动机能效限定值及能效等级》标准，我国Y_1、Y_2和Y_3系列三相异步电动机占电动机资总产量的70%，高效节能电机占整个工业电机在用保有量不足5%，不少企业还在使用国家明令淘汰的高耗能落后机电设备。

二是大部分企业自主原始创新能力弱，产品升级换代更新缓慢。产品中低档多，附加值不高，在国际竞争中尚处于相对弱势地位。

二、淘汰落后机电设备和推广节能机电设备的进展与成效

（一）“十五”以前的进展

我国是从20世纪80年代初开始淘汰落后机电设备的工作的。1982年，国家原机械工业部公布了第一批淘汰落后机电设备目录，至1998年先后公布了共十七批，605种淘汰落后机电产品，与此同时，提出了第一批至第十七批推荐更新的节能机电产品的规格型号、性能参数及产品制造厂家目录。在此基础上，工业各行业也相继配套制定公布了行业的淘汰落后机电产品的专用机电设备目录及推荐节能机电产品目录。

1998年1月1日实施的《中华人民共和国节约能源法》，以法规的形式规定“国家对落后的耗能过高的用能产品、设备实现淘汰制度”，淘汰的名录和具体实施办法由国务院相关部门制定并公布。此法规的公布实施，为我国淘汰落后高耗能机电设备提供了法律依据和实施程序。国家为禁止和淘汰违反国家法律法规、生产方式落后、产品质量低劣、环境污染严重、原材料和能源消耗高的落后

生产能力、工艺和产品，1999 年国家经贸委公布实施了《落后生产能力、工艺和产品日录（第一批）》，共包括机电设备在内的十个行业、114 个项目；此后，2000 年和 2002 年国家经贸委又先后公布实施了《落后生产能力、工艺和产品目录（第二批）》和《落后生产能力、工艺和产品目录（第三批）》。

2004 年国家发改委发布《节能中长期专项规划》，对重点领域的淘汰落后工作提出了具体要求，明确了发展方向。2005 年 11 月国务院发布了《促进产业结构调整暂行规定》，同时，批准了国家发改委制定等的《产业结构调整指导目录（2005 年本）》。

随着以上淘汰落后机电设备法规、措施的公布和实施，在我国工业体系和机械装备制造业建立初期，生产和装备起来的一大批已经落后和高耗能的机电设备被陆续淘汰和更新，为这一时期淘汰落后机电设备，引导生产和使用先进节能的机电设备，发挥了重要的推动作用，收到了不小的成效。

（二）“十一五”以来的进展与成效

1. 淘汰落后机电设备的进展与成效。

“十一五”以来，随着积极实施转变经济增长方式，推进产业结构调整和优化升级，提高经济发展质量，国家更是加大了工业领域节能机电设备的推广和淘汰落后高耗能机电设备工作的力度。

为贯彻落实《国民经济和社会发展第十一个五年规划纲要》，实现单位能耗降低 20% 左右的约束性目标，根据《节能中长期专项规划》，国家发改委于 2006 年 7 月制定实施了《“十一五”十大重点节能工程实施意见》，明确提出了包括电机系统节能工程的更新淘汰低效电动机及高耗电设备，推广高效节能电动机、高效风机、泵、压缩机和高效传动系统在内的加快更新淘汰落后工艺、技术和设备的十大工程。进一步推动了工业领域节能减排工作，加快了淘汰落后生产能力和落后高耗能设备。2006 年 8 月国务院制定下发《国务院关于加强节能工作的决定》。2007 年国务院《关于印发节能减排综合性工作方案的通知》明确了“十一五”期间淘汰落后产能的整体目标任务。

2009 年 11 月，工业和信息化部发布《高耗能落后机电设备（产品）淘汰目录（第一批）》共 9 大类 272 项设备（产品），包括电动机 27 项，电焊机和电阻炉 13 项，变压器和调压器 4 项，锅炉 50 项，风机 15 项，泵 123 项，压缩机 33

项，柴油机5项，其他设备2项。2012年4月，工业和信息化部发布《高耗能落后机电设备（产品）淘汰目录（第二批）》。共收录了12大类135项设备（产品），包括电动机1项，工业锅炉8项，电器61项，变压器1项，电焊机1项，机床34项，锻压设备20项，热处理设备2项，制冷设备1项，阀1项，泵2项，其他设备3项。

随着社会和国家经济行业的不断发展变化，《产业结构调整指导目录（2005年本）》内容也几经更新，国家公布了《产业结构调整指导目录（2011年本）》，自2011年6月1日起施行。新目录全面反映了结构调整和产业升级的方向内容，更加注重战略性新兴产业发展、自主创新以及对推动服务业大发展的支持，更加注重对产能过剩行业的限制和引导以及落实可持续发展的要求，对于推动产业结构调整和优化升级，完善和发展现代产业体系有重要的指导作用。

2. 推广节能机电设备的进展与成效。

为贯彻落实科学发展观，促进高效节能机电设备（产品）的推广应用，根据国务院《关于加强节能工作的决定》（国发（2006）28号）和《关于印发节能减排综合性工作方案的通知》（国发［2007］15号）要求，结合工业、通信业节能减排工作实际，经各地工业主管部门和相关行业协会推荐、组织专家评审和公示，发布《节能机电设备（产品）推荐目录（第一批）》，共4大类35项设备（产品）。其中，内燃机7项，工业锅炉7项，电动机4项，通用设备17项。

2010年8月，工业与信息化部公布《节能机电设备（产品）推荐目录（第二批）》。共7大类59项设备（产品）。其中，工业锅炉9项，压缩机3项，泵15项，风机8项，变压器10项，内燃机2项，热处理12项。

2011年10月，工业与信息化部公布《节能机电设备（产品）推荐目录（第三批）》。共11大类179项设备（产品）。其中，变压器18项，电机11项，低压电器5项，工业锅炉8项，塑料机械设备23项，热处理9项，内燃机2项，压缩机88项，制冷4项，泵、阀9项，风机2项。

（三）用能设备能效标准颁布实施和能效指标评价体系的建设

我国自1999年开始颁布和实施强制性工业设备能效标准，截止到2011年12月，我国已颁布、修订和实施的工业设备能效标准共有十项，包括中小型三相异步电动机、容积式空气压缩机、风机、清水离心泵、三项配电变压器、工业锅炉、电力变压器、交流接触器、石油工业用加热炉和小功率电动机。

其中：我国首次于2002年出台电动机能效标准《中小型三相异步电动机能效限定值和节能平均值》（GB18613－2002）。2006年12月发布了《中小型三相异步电动机能效限定值和节能平均值》标准（GB18613－2006），该标准参考了欧盟高EU－CEMEP协议、澳大利亚与新西兰AS/NZS1359.5同类标准，直接采用了欧洲高效率电机指标Eff2d的效率标准。该标准根据我国当期电动机生产和使用的现状，对电动机的效率水平进行了3个等级的分级，即能效等级1、能效等级2和能效等级3。标准规定能效等级3为能效限定值（最低效率值），能效等级2规定的效率值在GB18613－2006标准实施4年后，替代能效等级3的电动机能效限定值，成为我国等级最低效率保证值。2012年9月国家颁布实施了《中小型三相异步电动机能效限定值和节能平均值》标准（GB18613－2012），普遍提高了电动机的能效标准，变更了能效指标的检测方法。

2008年1月起，中小型三相异步电动机被纳入第三批能效标识产品目录。

颁布和实施能效标准是促进包括工业领域用能设备在内的终端用能产品和设备技术进步及能效水平提高的重要途径之一。能效标准颁布实施，提高能效标准，能够使政府科学有效统一的量化产品能效管理，明确用能企业的努力方向，引导企业增加技术改造和产品更新升级的投入。同时，也能够有效地规范行业市场竞争，促进社会的发展。能效标准的颁布实施也是政府引导市场的有效工具，用来限制明显不合理的重大浪费，引导健康节约的消费行为。并且，通过对市场的规范和对消费者的引导，挖掘节能潜力，实现节能减排，能效标准的小幅度提高能够产生巨大的节能效果。

随着我国工业领域设备、产品能效标准的颁布实施和能效指标体系的建立，相应的能效检测试验设施建设和方法标准的订立使用、安全技术规范、能效监测考核监管系统和管理制度等整套的能效指标评价考核体系的建立并得到逐步完善，反过来有力的推动了我国能效标准管理工作的快速发展，为实行惠民优惠工程等节能激励政策提供了支撑平台，促进了国际间先进节能管理理念和节能先进技术的合作与交流，整体提升了我国产品的能效平均水平。

（四）推广节能机电设备淘汰落后设备存在的问题、困难及发展趋势

1. 存在的问题、困难。

我国经济持续了三十多年的高速增长，经济总量迅速增加，人民生活水平不断提高，国家地位日益上升，已经成为世界第二大经济体。在经济快速发展的同时，我们也不得不面对日益突出的资源、能源紧缺，环境污染不断加剧，生态恶化，人类生存发展受到严重挑战的尴尬局面。建立和健全以节能减排为重点，激励与约束并举机制，加快构筑资源节约、环境友好的生产方式和消费模式，增强绿色可持续发展能力，建设生态文明，是我国目前、也是今后相当长的一个时期所面临的最为紧迫的任务。我国工业和整个社会在用机电设备存量巨大，并且以每年非常大的增量和较高的增长速度在变化。工业领域淘汰落后高耗能机电设备推广高效节能机电设备十分紧迫和重要。做好这项工作，我们需要去做大量艰苦、复杂的工作。

（1）我国现有在用机电设备总量巨大，高效机电设备使用比重小、历年新增机电设备数量多，我们面临量大、面广、情况复杂的现实。新投用机电设备推广使用高效节能设备，会增加投资方的经济负担，加重经济承受；替换、更新在用落后、高耗能机电设备，工作量大，周期长，企业负担重，在一定程度上影响到企业的经营业绩、发展和生存。

（2）现有机电设备生产企业的中低档产品总量供给过剩，技术含量高、效率高的机电设备产品，受技术、设备、投入、人才、成本、价格等诸方面因素的制约，供给相对不足，销售不畅。机电设备生产企业还存在数量多、规模小、厂点分散，先进生产技术装备少，技术改造乏力等问题。

（3）技术开发创新能力不足，大多数企业普遍存在着技术研发投入少、技术研发能力低，产品更新和设备改造速度慢；未形成促进节能技术研发、推广的引导、扶持、激励机制；节能减排新技术、新工艺、新产品转化成商品的机制不健全，成果转化率低。缺乏专业技术管理机构。

（4）制度缺失。我国近年来虽然陆续订立颁布实施了一些节能减排、淘汰落后高耗能机电设备，推广高效节能机电设备的法规、政策，但是宣传、贯彻、落实效果不佳，还在一定程度上存在着政策不完整、不严密、不配套，与基层现场实际“水土不服”等问题，引导、鼓励的方向性、力度不足、制约、惩处乏

力，尤其是长远的、连续性的引导、鼓励、限制、惩处的法规、政策少，也存在着实施操作层面上的考核、监督、奖惩缺失、失误，影响了制度、政策的实施效果和效率。

（5）国家能效标准颁布推行晚、数量少、覆盖面低，能效标准管理与我国社会经济发展的水平不相适应，发展任重道远。能效和节能减排的检测、监督机构、检测监督制度还不够规范和成熟，还没有发挥应有的作用。

（6）国民及用用能单位的节能减排教育和节能意识的培养还存在着不足。不少用能企业为了保证产品的质量或性能指标，在生产管理、产品研制开发、工艺制定等方面肯下大力气、大投入，而对节能、节材、减排方面考虑重视不够，存在着设计指标过高，加工余量大等现象。设备配置也没从节能、节材、减排方面考虑，存在着大马拉小车的现象。对国民进行节能减排和环保生态建设教育，培养国民形成节能、减排、环保、生态的意识和素质，我们还要去做长期、大量、细致的工作。

2. 发展趋势。

在国外，美欧、日本等经济发达国家自 20 世纪 70 年代初第一次能源危机发生后，就开始根据各自国情，采取了相应的节能政策、措施，先后经历了 20 世纪 70 年代中末期的命令控制政策为主，财政激励政策为辅的第一阶段；自 1992 年联合国环发大会为标志，以经济激励与信息宣传相结合，减少能源消费及提高能源利用率的第二阶段和 21 世纪初期，演变为的以基于市场的政策手段为主，综合使用多种手段，发挥市场机制配置资源，注重节能减排环境保护，控制温室效应的第三阶段，共计三个发展阶段。

我国节能政策正处于上述演变过程的第一与第二阶段之间。根据我国目前经济社会发展和节能减排的实际状况，借鉴发达国家节能减排，淘汰落后高耗能机电设备，推广高效节能机电设备的成功经验，利用我国经济长时期快速发展的宝贵机遇期，一方面，全面、系统、持续地进行国民节能减排、保护环境、建设生态文明紧迫性和重要意义的教育，培养国民的节能减排、环境保护素质；同时，根据经济发展基础和能源、环境条件的容许度，制定实施严格、有效的节能减排制度体系，进行有序、严格的制约、控制和惩处；还要充分发挥市场手段在资源配置、节能减排方面的作用，继续完善和扩大实施推广高效节能机电设备在内的优惠补助政策，利用有限的财政手段，引导、鼓励企业、社会和国民购买使用高效节能产品，企业生产出售高效节能产品。在新投用机电设备推广使用高效节能产品，把住新购买投用产品关的同时，广泛、细致地调查研究现已在用高耗能机电设备的更新替换问题，广泛听取各方面、各种类型、各种经营状况企业的意见，根据社会经济发展状况、国家财力和企业的普遍景气度，排出有一定可调整度的时间表，提出有计划、分阶段、有序地引导、鼓励更新替换高效产品的方案和鼓励补偿政策，分步实施，逐步完成社会全部落后高耗能产品替换，条件成熟时，根据计划的实施完成程度和实施条件的变化，提出完成替换的最后期限，强制禁止高耗能产品的使用。

在推广高效节能机电设备替换的同时，引导和鼓励推行对替换下的旧机电设备的再制造，在保证再制造产品达到高效产品效率经济指标的条件下，节约材料和能源消耗，降低再制造产品的成本和销售价格，降低高效节能机电设备的替换成本，减轻企业替换经济压力，加快完成更新替换的进程。

三、工业领域淘汰落后设备财税政策及其存在问题

（一）加强财税政策扶持的必要性

环境是典型的公共产品，当前我国节能减排任务艰巨，政府必须利用财税等间接调控手段，对我国节能减排进行干预和引导。机电设备是我国用电大户，效能不同的机电产品，能耗差异巨大。在这种情况下，非常有必要利用财税手段支持高效电机产品的生产与推广使用。

——机电产品节能潜力巨大。据统计，我国目前机电产品的用电量占中国整个工业电耗的70%，占全国总电耗的50%。而电机效能对机电设备的耗能有显著影响。根据我国电机能效标准，电机能效分为三级：能效一级为超高效电机，能效二级为高效电机，能效三级为普通电机。电机节能根据电机容量大小分为三种模式：中大型电机采用系统节能方式（加变频器等），微型电机采用直流、变频等技术，中小型电机主要采用电机工艺改进的方式。以应用最为广泛的中小型电机为例，目前二级能效在87.5%—97.5%，而普通电机效率在75%—95%，高效电机比普通电机效率高出1%—10%，可减少大约20%—40%的电能损失。稀土永磁高效电机由于完全节省了励磁电能，其能效比普通电机高出10%—

15%，可减少50%以上的电能损失。我国工业领域的电机年平均运行时间在3000小时左右，但在石油、化工、造纸、冶金和电力等行业，电机往往需要一天24小时运转，年运行时间往往超过6000小时。目前我国2级能效电机的生产比例不会超过中小电机生产量的20%，使用比例则更低。如果将低效电机全部换成高效电机，其节能潜力非常巨大。从全国层面看，2011年全国电机用电量超过2万亿千瓦时，若全部采用高效电机，可使电机系统整体效率提高3%—5%，每年节电660—1100亿千瓦时，相当于三峡电站全年发电量。按0.6元/千瓦时估算，年节省电费390—660亿元，在其他条件不变情况下，可使我国全社会用电量降低2个百分点左右，使我国能源消费总量和单位GDP能耗下降1个百分点左右。到2020年，可累计节电1653亿kWh，节约电费7800亿元，减排CO_2 1.6亿吨。由此可见电机节能潜力巨大。

——我国具备生产节能机电产品的技术和能力。量大面广的机电设备是工业企业的主要中端用能用电设备，每年消耗大量的电力能源。从技术层面看，我国已具备生产节能机电产品的技术和能力。以耗电量占工业耗电50%以上的电机为例，我国具备大规模推广应用高效电机的基础和条件。从生产技术看，近年来在国家政策鼓励引导下，电机生产企业不断加大研发投入，加强自主创新能力建设，在新型绕制工艺、硅钢片精密冲压、铸铜转子、高压精密压铸成型等方面取得了突破性进展，已经掌握高效及超高效电机生产技术。从生产能力看，我国高效电机行业已形成较为完整的产业链，年生产能力达到3000多万千瓦，还有大量普通电机的生产工艺和设备，经过改造升级后都可以转向生产高效电机。从原料保障能力看，我国稀土资源丰富，品种全、质量高，并且冷轧硅钢、紫铜、纯铝等原料具有较强的生产能力，大规模生产高效电机具有得天独厚的条件。同时，我国具备生产高效电机的实际经验，诸多企业已有多年生产高效电机的历史，具备自主知识产权，如北京毕捷电机股份有限公司已有15年生产高效电机的历史，产品销往美洲、欧洲、澳洲及部分其他国家（如南非、东南亚及以色列等）。

——高效电机生产成本高于普通电机，阻碍其在全国的推广使用。由于高效电机对原材料使用、生产工艺等要求更高，相应其生产成本也高于普通电机。总体而言，同规格的高效电机每千瓦市场售价（不含财政补贴）比普通电机高出20%左右，其中稀土永磁高效电机价格高出40%左右。在价格驱动的市场采购模式下，成本高于标准电机成为它在全国范围推广使用的主要障碍之一。

——财税政策是促进节能机电产品推广和加快淘汰高耗能落后工业设备的重要手段。无论是节能机电产品的推广还是加快淘汰高能耗落后工业设备（产品），其终极目的是为促进工业节能。节能具有“市场失灵”和“信息不对称”特点，因此单纯依靠市场无法完全解决节能问题。据世界银行调查，市场机制对节能减排的作用仅为20%。节能新技术研发周期长、成本高，收益具有外溢性，属于典型的“公共产品”，如仅依靠市场提供，会造成供给不足的现象。节能产品市场存在“信息不对称”，消费者没有能力充分了解相关专业信息（如产品性质、能源效率、节能量等），从而市场无法反映消费者的真实购买意愿，阻碍节能产品的推广使用。因此，工业节能具有公共产品的某些特点，政府应该介入。而财税手段是政府介入的有效手段之一。首先，在市场经济中，财税手段是政府间接调控经济的有效手段，它通过税收优惠、税收惩罚以及财政补贴等手段可对节能产品的生产、流通和消费全环节进行干预，通过影响生产、流通和消费成本，进而影响节能机电产品价格，从而影响市场供给和需求，达到推广节能机电产品和淘汰落后工业设备的目的。

我国历来重视利用财税手段促进节能减排。近年来，中央财政陆续出台30多项财税制度和办法，调整财政支出结构，中央财政累计安排3380多亿元资金，加上地方财政配套资金，共同带动社会投入上万亿元，支持和支撑“十一五”时期节能减排工作。

综上所述，非常有必要通过财税手段，对节能机电产品的推广和加快淘汰工业领域落后设备（产品）进行干预，进而影响供需关系，促进工业领域节能降耗。

（二）现行财税激励政策

节约能源是国民经济发展的长远战略方针。自1982年以来，原机械工业部会同国家有关部委联合公布了十八批“节能机电产品推广项目”，对推动工业领域节能，推广高效节能机电产品取得明显的效果、经济效益和社会效益。“十一五”以来，在科学发展观指引下，在“十一五”规划《纲要》要求的单位GDP能耗降低20%左右、主要污染物排放总量减少10%等硬性指标要求下，国务院制定了《关于加强节能工作的决定》（国发［2006］28号）和《关于印发节能减排综合性工作方案的通知》（国发［2007］）15 号）要求，自 2009 年以来，工信部根据各地工业主管部门和相关行业协会的推荐，陆续公布了 4 批《节能机电设备（产品）推荐目录》和 2 批《 高耗能落后机电设备（产品）目录》，旨在促进工业领域节能机电设备的推广和加快高能耗机电设备的淘汰，提高工业企业终端用能设备能源效率。为工业领域节能和设备改造创造良好的体制、政策和市场环境，促进高效节能机电设备的全面推广应用，中央政府利用财税手段，积极支持节能机电设备的推广。

2008 年，新企业所得税法颁布实施。《企业所得税法实施细则》明确规定："企业购置并实际使用符合规定的环境保护、节能节水、安全生产等专用设备的，该专用设备的投资额的 10% 可以从企业当年的应纳税额中抵免；当年不足抵免的，可以在以后 5 个纳税年度结转抵免"。并于 2009 年发布了《节能节水专用设备企业所得税优惠目录》，其中涉及部分机电产品，如中小型三相电动机、空气调节设备等。

为鼓励高效节能电机的推广使用，2009 年国家发展改革委员会与财政部联合下发了《财政部 国家发展改革委关于开展节能产品惠民工程的通知》（财建［2009］213 号）文件，启动"节能产品惠民工程"，印发《高效节能产品推广财政补助资金管理暂行办法》，对补助条件、补助范围和补助标准等进行了明确规定。2010 年，进一步制定了《财政部 国家发展改革委关于印发节能产品惠民工程高效电机推广实施细则的通知》（财建［2010］232 号，以下简称《实施细则》），对参与推广的企业进行了审定批准。2011 年，制定了《财政部 国家发改委关于做好 2011 年高效电机推广工作的通知》（财建［2011］62 号，以下简称《2011 年推广通知》），进一步明确了本年高效电机的补贴对象、补贴标准和补贴规模等内容。自 2010 年 8 月 1 日公布第一批推广目录以来，截至目前共公布了 4 批推广目录。

2012 年下半年，国家发改委和财政部联合下发了推广高效能配电变压器、高效节能容积式空气压缩机、高效节能清水离水泵和高效节能单元式空气调节机和冷水机组的财政补贴政策，具体见关于印发《节能产品惠民工程高效节能配电变压器推广实施细则》的通知、关于印发《节能产品惠民工程高效节能容积式空气压缩机推广实施细则》的通知（财建［2012］851 号）、关于印发《节能产品惠民工程高效节能通风机推广实施细则》的通知（财建［2012］852 号）、关于印发《节能产品惠民工程高效节能清水离水泵推广实施细则》的通知（财建［2012］853号）、和《节能产品惠民工程高效节能单元式空气调节机和冷水机组推广实施细则》等相关文件。

相比较而言，关于高效电机设备（产品）的中央财政扶持政策出台最早，涉及设备（产品）范围最广。而其他节能机电产品政策出台不久，政策运行效果尚未显现。本报告主要梳理了高效电机的财政补贴政策，具体政策内容如下：

——补贴范围。根据《实施细则》和《2011年推广通知》的规定，纳入中央财政补贴的范围的产品包括三类：第一类是额定功率为0.55千瓦（含）—315千瓦（含），额定电压为690伏及以下的低压三相异步电动机（以下简称低压三相异步电机）；第二类是额定功率为355千瓦（含）—25000千瓦（含），额定电压为6000伏或10000伏的高压三相异步电动机（以下简称高压三相异步电机）；第三类是额定功率为0.55千瓦（含）—315千瓦（含），额定电压为690伏及以下的稀土永磁三相同步电动机（以下简称稀土永磁电机）。

——补贴标准。根据《实施细则》的规定，2011年3月8日以前，各类型高效电机每千万的补贴标准在12—60元不等（具体见表3），2011年3月8日以前，按照《2011年推广通知》的规定，补贴标准提高到26—100元不等（具体见表3）。

——补贴对象。《高效节能产品推广财政补助资金管理暂行办法》（财建［2009］213号文的附件）明确规定："生产企业是高效节能产品推广的主体。中央财政对高效节能产品生产企业给予补助，再由生产企业按补助后的价格进行销售，消费者是最终受益人。"而《2011年推广通知》将补贴对象修订为："中央财政补贴对象是购买和使用高效电机的用户，补贴资金通过推广企业兑付给用户"。

——管理办法。根据《高效节能产品推广财政补助资金管理暂行办法》和《实施细则》的规定，高效电机的推广办法可概括为：企业申请、地方财政和节能主管部门审核、中央财政拨付资金至地方各级财政部门，地方财政部门拨付资金至推广企业。为保证受益人为最终消费者，要求申请中央财政补贴的高效电机生产企业必须获得最终用户的确认后，才能获得财政补贴。《2011年推广通知》中又将此条件修订完善为："①推广企业直接销售给终端用户时，按市场价格签订购销合同，开具销售发票，用户提供详细信息后及时兑付财政补贴资金，并由用户签字盖章确认；②电机企业与配套设备企业（如风机、水泵、压轴机等设备制造企业）共同推广的，均按市场价格签订电机和配套购销合同，开具销售发票，用户提供详细信息后及时兑付财政补贴资金，并由用户签字盖章确认。”

——推广规模。自 2010 年以来，共补贴企业 139 家，补贴高效电机型号 31187 种。为推进高效电机市场占有率，《2011 年推广通知》中明确规定："2011 年推广规模为 3177 万千瓦，占全年国内电机销售量比重约 30%，其中低压三项异步电机 2000 万千瓦，高压三相异步电机 1000 万千瓦，稀土永磁电机 177 万千瓦。" 2012 年 3 月，国家发改委和财政部又下发了第四批推广目录，共有 29 家企业 11794 种型号的电机产品入围，共计 1949. 41 万千瓦。具体情况如表 3 所示。

表 3　　高效电机补贴标准及推广情况

产品类型		低压三项异步电机		高压三相异步电机	稀土永磁电机
额定功率		0. 55—22	22—315	355—25000	0. 55—25000
补贴标准（元/千瓦）	2010. 6. 18—2011. 3. 8	35—40	12—20	12	40—60
	最新	58	31	26	100
补贴企业数	第一批（2010. 8. 1）	11	0	3	
	第二批（2011. 3. 11）	24	11	15	
	第三批（2011. 8. 2）	8	15	18	
	第四批（2012. 3. 21）	9	10	15	
	小计	52	36	51	
补贴型号数	第一批	996	0	65	
	第二批	1440	6653	343	
	第三批	677	8760	459	
	第四批	737	10669	388	
	小计	3850	26082	1255	

（三）现行财税激励政策存在的问题

利用财税手段鼓励工业领域推广使用高效机电产品和淘汰落后设备取得了积极的成效。以电机为例，2011 年底，2 级能效电机生产比例不足 10%，截止

2012 年 6 月份，该生产比例增加至 20% 左右[①]，对高效电机的推广使用起到了良好的促进效果。但是，与工业领域节能的要求相比，从目前财税鼓励政策的实际运行效果来看，目前财税鼓励政策仍存在一些问题，主要表现在：

1. 财税政策覆盖面窄，政策时间短，限制了工业领域节能产品（设备）的推广和使用。

财税政策覆盖面窄一方面表现为财政补贴政策覆盖机电产品的种类少，另一方面是对已实施财税支持的机电产品而言，其补贴范围也仅限于该类产品的小范围。目前中央财政对工业领域节能产品（设备）的鼓励范围仅限于电机、高效能配电变压器、高效节能容积式空气压缩机、高效节能清水离水泵和高效节能单元式空气调节机和冷水机组等 6 种耗能机电产品（设备），而工业领域高能耗机电产品设备种类繁多，耗能量巨大。据统计，电机、风机、水泵、变压器、电焊机、电炉等 21 类量大面广机电产品的用电量就占全国用电量的 70%；发电锅炉和工业锅炉则分别占全国年耗煤量的 1/3 左右，而这 21 类量大面广的机电产品绝大多数未享受到财税政策激励；另一方面，即使对已经实施补贴的机电产品而言，其覆盖面也较窄。以高效电机为例，目前补贴范围仅局限于低压三项异步电机、高压三相异步电机、稀土永磁电机三类，涉及电机容量 2011 年为 3177 万千瓦，仅占当年国内销量的 30%，如果再考虑政策实施效果，其补贴范围更窄。

同时，目前上述各项补贴政策，仅有高效电机的补贴政策实施了近 3 年，而高效能配电变压器、高效节能容积式空气压缩机等机电设备的中央财政补贴政策 2012 年年底出台，至今实施仅一年。

覆盖范围窄和实施时间短致使财税政策对工业领域的节能机电产品的推广使用，进而对工业领域的节能刺激作用有限。

2. 政策手段单一，限制财税激励效果的发挥。

在市场经济环境下，财税政策是政府间接有效调控经济的重要手段，其最大特点是手段多样，既有税收手段，又有支出手段，既能影响供给，又能改变需求，既能影响生产，又能引导消费，从而实现政府调控目的。从目前激励工业领域推广使用高效机电产品和加速淘汰落后设备的政策来看，手段较为单 。这主要表现在，目前针对性较强的手段仅有财政支出手段，即财政补贴，通过生产者

① 《高效电机推广困局待解》，《电器中国》，http：//www. gkong. com。

最终补贴至消费者。而只有极少部分的高效机电产品被列入《节能节水专用设备企业所得税优惠目录》，享受投资额10%的企业所得税抵免优惠政策；同时只有被列为高新产品的部分机电产品才能享受到企业所得税的部分税收优惠政策，如享受15%的优惠税率，或者研发费用加计扣除等优惠，从而缺乏旨在为推广使用高效机电产品的专门税收优惠政策。从财税“一揽子”激励工具来看，仅财政支出政策而言，其政策工具不但包括补贴，也包括贴息、基金以及政府采购等多种工具。从目前推广使用高效机电产品的财政激励手段来看，仅局限于补贴政策。因此，财税政策手段的单一，限制财税政策的效果发挥。

3. 管理办法不尽合理，财政资金兑付率低，影响生产者积极性。

以电机财政补贴办法为例，按照目前的规定，电机生产商必须取得最终消费者的确认信息后才能申请财政补贴。而电机是中端产品，其大部分销售给配套商，由风机、水泵、压缩机、机床、各种机械设备企业配套后销售至最终用户。据统计，销售给配套商的比例占到全部电机销售比例的80%，其余20%中，5%直接销售给终端用户，另15%销售给代理商。这样，从电机生产到最终用户，大致需要经过生产企业、总代理、总计配套商、总机代理商、最终用户5个环节。在多环节、多方参与的情况下，电机生产企业取证异常困难，由于电机生产企业不直接面对用户，需要通过代理商或配套商的销售渠道取证，代理商和配套商在其中无利益分享，因此配合的积极性不高，导致电机生产企业取证难，周期长。据电机厂商反映，从高效电机生产到拿到最终用户确认信息需要3年以上。并且，生产高效电机成本高，成本高出普通电机20%以上，利润薄，相应对生产企业的资金占用周期长，影响现金流。因此，中央财政补贴成为一个“看得见摸不着的蛋糕”，降低了厂商生产高效电机的积极性。

此外，目前电机财政补贴兑付办法是，中央财政根据各地企业申报情况，将补贴资金拨付至地方各级财政部门，由地方财政部门根据相关国库管理制度，将财政资金兑付给相关企业。在资金兑付过程中，出现地方财政部门延迟资金拨付的现象，部分企业申请已通过审核，而地方财政部门以各种理由拖延补贴资金兑付，给生产企业带来种种不便，抑制生产高效电机的积极性。

4. 侧重激励，忽视惩罚。

从目前财税政策来看，更多地重视采用激励政策鼓励高效机电产产品的推广和使用，而对于继续生产和使用需淘汰的落后机电产品（设备）的生产者和消费者而言，无财税惩罚手段，未对其形成生产和使用高效机电产品（设备）的压力和动力，进而抑制了高效机电产品的推广和落后产品的淘汰速度。

四、完善财税激励政策的思路和政策建议

（一）完善思路

根据工业设备的特点，综合考虑目前财税支持现状和存在问题，促进节能工业设备推广使用的财税政策的思路应是：利用多种财税手段，奖惩并用，全方位地激励工业领域高效机电产品的推广和落后设备的淘汰，重点在于“一个加大、两个重点、三个并举”。

“一个加大”是指总体上加大对节能工业设备推广使用的财税激励力度；“两个重点”是生产者激励重点在技术创新，消费者重点在高效机电产品的推广使用。“三个并举”是指财政政策与税收政策并举、影响供给与引导需求并举和奖惩并举。

（二）财税政策完善的具体建议

机电产品是典型的面大量广产品，相应也属高耗能产品。在经济发展方式转变的巨大压力下，对工业领域的节能要求越来越高，压力越来大，财税支持工业领域节能具有巨大的宏观经济社会效益。首先，有利于创新型国家的建设；其次，有利于我国工业的转型升级，促进先进制造业的发展；最后，有利于资源节约型社会的构建。

在这种情况下，非常有必要利用财税惩罚与激励手段，在财政可承受的情况下，根据节能空间潜力的大小以及可操作性的难易程度，分期分批地支持高效机电产品的推广使用和加速淘汰高能耗落后设备（产品），进而提高工业领域的能耗规模，促进资源节约型社会的建立。

根据目前工业领域高效机电产品的节能重点和存在问题，结合财税手段的特点，本报告提出以下几方面的财税激励与惩罚政策建议：

1. 建议对纳入《节能机电设备（产品）推荐目录》的部分机电产品享受企业所得税投资抵免优惠政策。

为了鼓励企业加大对环境保护设备的投入，《企业所得税法实施细则》明确规定："企业购置并实际使用符合规定的环境保护、节能节水、安全生产等专用设备的，该专用设备的投资额的 10% 可以从企业当年的应纳税额中抵免；当年不足抵免的，可以在以后 5 个纳税年度结转抵免"。从减少能源消耗的角度看，高效机电产品具有节能（节电和节约煤炭资源的消耗），因此应享受节能节水设备的税收优惠待遇。自 2009 年以来，工业和信息化部已陆续公布了 4 批节能机电产品目录，如果将这 4 批目录中部分节能机电产品列入《节能节水企业所得税优惠目录》中，享受投资 10% 抵免企业所得税的优惠政策，可以大大减轻购置企业负担，提高购买者使用高效机电产品的积极性，进而促进节能机电产品的推广使用。同时，由于目前既有《高效机电产品推荐目录》，又有《节能节水企业所得税优惠目录》，只要将前者部分产品添加至后者中即可，政策操作上简便可行。

值得一提的是，这项政策对于高效电机的推广使用尤其重要，一方面可以提高配套商的积极性，进而促进高效电机的推广使用；另外一方面基本可以弥补高效电机高于普通电机的生产成本。前文已述及，由于电机 80% 作为中端设备，需要由配套商销至最终使用者，相应配套商的采购使用高效电机的积极性对于高效电机最终的推广和使用具有重要影响。而高效电机的直接购买者恰为配套商，如果实施上述政策，则意味着配套商可以享受高效电机投资额的 10% 的企业所得税抵免政策，因而可以大大调动配套商购买高效电机的积极性。

一般而言，高效电机的生产成本要高于普通电机生产成本 20% 左右，如果实施 10% 的企业所得税投资抵免政策，这意味着生产成本大致可降低 10% 。再加上因使用高效电机而带来的能源节约成本①，从全周起来看，基本可以与普通电机的使用成本相当，从而大大提高高效电机的市场竞争力。

在实际操作过程中，为了配合后续对最终消费者财政补贴政策的实施，可以在上述政策实施管理过程中，附加一个条件，即配套商必须取得最终消费者的确认信息后，才能享受高效电机投资额 10% 的企业所得税抵免政策。

综上所述，本报告建议：将《高效机电产品目录》中的部分产品列入《节

① 从整个电机的使用周期来看，初始购买、安装和期间维护费用只占全部费用的 10% 左右，而运行所需要电费将占到 90% 左右，所以选择高效电机长期来看，更符合最终用户的利益。

能节水专用设备企业所得税优惠目录》，年度投资额10%可以从企业当年的企业所得税应纳税额中抵免；当年不足抵免的，可以在以后5个纳税年度内结转抵免。

2. 扩大目前中央财政补贴节能高效机电产品覆盖范围，改进支付办法。

建议除对前文述及的6类高效机电产品实施中央财政补贴外，补助领域可扩大至水泵、风机、变压器、工业锅炉、工业电炉、空压机、内燃机、电焊机、集中空调等十类重点产品，补贴比例则可根据高效节能产品与同类普通产品成本差异的一定比例确定。

补贴方式应坚持补贴最终使用者的原则、兼顾补贴生产者的原则。补贴最终使用者暗含着以目标为导向、需求端管理的理念。高效电机的使用是节能的关键，而补贴最终使用者表明只有在高效电机进入使用阶段才落实补贴政策，由使用者获得实实在在的好处，从而扩大需求，间接增加生产供给。

在各类高效机电产品的推广使用情况看，高效电机情况比较特殊，即80%以上产品由配套商间接销售，相应环节多、周期长。但是，在上述企业所得税投资抵免优惠政策的鼓励下，配套商可以积极配合生产商，取得最终消费者的确认信息。

因此，建议在扩大中央财政补贴覆盖范围的情况下，完善现有补贴办法，即要求高效机电产品生产商按照市场价格（成本+利润）将产品销售给最终使用者或配套商，由最终使用者向财政部门和税务部门申请财政补贴和企业所得税投资额抵免政策。

3. 建议采用合同能源服务管理模式和合同环境服务管理模式推广高效机电产品，进而间接享受税收优惠。

合同能源管理（简称“EMC”）是一种新型的市场化节能机制。其实质就是以减少的能源费用来支付节能项目全部成本的节能业务方式。这种节能投资方式允许客户用未来的节能收益为工厂和设备升级，以降低目前的运行成本；或者节能服务公司以承诺节能项目的节能效益、或承包整体能源费用的方式为客户提供节能服务。合同环境服务管理模式是仿照合同能管服务管理模式，是指环境服务商对污染企业或政府提供合同式综合服务，并以最终的环境治理效果收取服务费。

实际上，从整个电机的使用周期来看，初始购买、安装和期间维护费用只占全部费用的10%左右，而运行所需要电费将占到90%左右，因此可以采用合同能源（环境）服务管理模式，由能源（环境）服务公司对用能企业的高能耗设备进行更换，用能企业用节约的能源费用来支付节能设备更换成本。这一方面可以缓解用能企业因期初更换高效节能机电产品而带来的巨大投资压力，另一方面也有利于促进我国能源（环境）服务业的发展，促进环保产业转型升级。2012年2月我国发布的《环境服务业"十二五"发展规划》中明确规定："在'十二五'末，环保服务业占环保产业的比重在30%以上、试点开展合同环境服务模式创新。鼓励环境服务市场主体以合同环境服务的方式面向地方政府或排污企业提供环境综合服务，以取得可量化的环境效果为基础收取服务费。"。在此背景下，合同能源（环境）服务管理将进入一个大发展时期，相应会增加节能机电产品的市场需求，进而推进高效机电产品的生产和使用。

2010年，财政部和国家税务总局下发了《关于促进节能服务产业发展增值税 营业税和企业所得税政策问题的通知》（财税［2010］110号），文件中明确规定：①对符合条件的节能服务公司实施合同能源管理项目，取得的营业税应税收入，暂免征收营业税；②节能服务公司实施符合条件的合同能源管理项目，将项目中的增值税应税货物转让给用能企业，暂免征收增值税；③对符合条件的节能服务公司实施合同能源管理项目，符合企业所得税税法有关规定的，自项目取得第一笔生产经营收入所属纳税年度起，第一年至第三年免征企业所得税，第四年至第六年按照25%的法定税率减半征收企业所得税。

因此，通过鼓励用能企业利用合同能源（环境）服务管理模式，更新淘汰其高能耗设备，间接享受财税政策的支持。

4. 加大对高效机电产品的政府采购力度，促进高效机电产品（设备）的推广使用。

政府采购，是指各级国家机关、事业单位和团体组织，使用财政性资金采购依法制定的集中采购目录以内的或者采购限额标准以上的货物、工程和服务的行为。在我国每年各级政府的财政支出中，政府采购占有相当比例，而政府采购可分为三类：货物采购、工程类采购和服务类采购，其中工程类采购中必然会涉及机电产品（设备）的采购，典型如"三北"地区城市供暖设备——工业锅炉的采购，随着我国城镇化进程的加快，工业锅炉的政府采购支出将进一步增加。此外，在城市的基础设施、农村水利项目中，必然也会涉及变压器、水泵、电机等设备的采购。

为此，建议在政府采购中，明确规定采购高效机电产品，如明确规定政府采购项目中，如涉及机电产品（设备）的购买，必须采购《节能机电设备（产品）推荐目录》（1—4 批）中指定的机电产品，从而促进高效机电产品的推广和使用。

5. 建议对企业用于高效机电产品技术开发的研发投入，享受企业所得税加计扣除优惠待遇。

我国《企业所得税法》、《企业所得税法实施条例》和《企业研究开发费用税前扣除管理办法（试行）》中明确规定："企业从事《国家重点支持的高新技术领域》和国家发展改革委员会等部门公布的《当前优先发展的高技术产业化重点领域指南（2011 年度）》规定项目的研究开发活动，其在一个纳税年度中实际发生的研发费用支出，允许在计算应纳税所得额时按照规定实行加计扣除，具体为：研究开发费用未形成无形资产计入当期损益的，在按照规定据实扣除的基础上，按照研究开发费用的 50% 加计扣除；形成无形资产的，按照无形资产成本的 150% 摊销。"。这意味着，对于列入《国家重点支持的高新技术领域》和《当前优先发展的高技术产业化重点领域指南（2011 年度）》的技术项目，其技术开发费能够享受企业所得税加计扣除优惠。因此建议将有重点地选取高效机电设备开发技术列入国家重点支持的高新技术领域，从而享受技术开发费加计扣除的优惠，由于只是对现有目录的增添，因而政策操作上简便易行。

6. 建立高效机电产品技术开发专项基金，鼓励高效机电产品技术的开发利用。

技术创新是高效机电产品（设备）生产的关键。根据我们对天津宝成机械制造有限公司的调研情况看，该企业生产的工业锅炉综合效率远远高于全国平均水平。在与该企业主要技术负责人座谈中得知，本企业综合工业锅炉综合效率高的关键在于重视研发，重视技术创新。宝成机械制造有限公司现有研发人员 60 多人，专门从事工业锅炉的研发和技术创新。2011 年和 2012 年研发投入占其主营业务收入的比重分别为 4.46% 和 3.66%，其中最高年度研发投入高达 8%。相应地，该公司拥有各项专利 80 多项。更为重要的是，技术创新不但带来了该企业工业锅炉综合能效的提高，也带来了成本的降低，大大提高了本企业节能工业锅炉的市场竞争力。其同类产品占据"三北地区"70% 的市场份额，长期处于供不应求状态。

为此，建议中央财政建立高效机电产品技术开发专项基金，采取竞表方式，对高效机电产品（设备）的技术研发、创新和推广的科研单位和企业进行挑选，对高效机电产品技术创新具有重大贡献的企业和机构以及个人予以奖励，以保证高效机电产品技术开发和推广使用有稳定的资金来源。

7. 积极推动煤炭资源税改革，倒逼电价上涨，提高高效电机的使用范围。

2010 年中国相继在新疆和西部地区开展了原油和天然气资源税从价定率征收的改革试点，提高了税负水平，并于 2011 年 11 月 1 日在全国范围内推开。陆续提高了煤炭、部分金属矿和非金属矿资源税税额标准。自 2013 年 1 月 1 日起，在部分地区实施了部分金属和非金属矿资源税从价计征改革试点。下一步将煤炭资源税纳入从价计征改革范围，并适当提高税负水平。这对火电占据 70% 市场的电力市场形成巨大的成本压力，从而倒逼电价上涨。电价上涨将会大大提高高能耗电机设备的使用成本，从而刺激企业更新设备，提高高效电机的使用范围，使用资源税这种间接调控手段将会对高效电机的使用和推广发挥长效、稳定的作用。

8. 实行阶梯电价或开征电力消费税，加速促进工业领域高能耗设备的淘汰。

我国工业领域高能耗设备淘汰缓慢的重要原因之一是电价过低。对于以电机作为配套类机电产品而言，实行阶梯电价或可开征电力消费税可以再次推高其用电成本（目前电力成本占整个电机使用周期成本的 90%），工业领域落后高能耗设备的劣势更加凸现，加速推进其更新淘汰。同时，也是对仍旧使用高能耗落后设备企业的一种惩罚机制。

具体建议包括：对于工业企业，按其耗电成本的 10% 征收电力消费税。该政策旨在利用税费惩罚手段，加大其使用高能耗机电设备的成本，促使其尽早更新使用高效机电产品（设备）。

《工业领域淘汰落后设备财税激励政策研究》课题组

课题负责人： 苏　明

课题组成员： 梁　季　房建国　刘庆东　张　敏　武　健

课题执笔人： 苏　明　梁　季　刘庆东　张　敏

农地生态修复与“藏粮于地”战略研究

王向阳

一、农地生态修复的基本原理

土壤是所有生态系统赖以存在和维持的根本，一旦土壤结构和功能受到破坏，生态系统将失去平衡。土壤质量不能得到有效改善和提高，将对我国的粮食安全构成严重威胁，必须尽快采取综合措施，切实提高土壤质量。

土壤质量主要依据土壤功能来进行定义，是指土壤在生态系统界面内维持生产、保障环境质量、促进动物与人类健康行为的能力，即目前和未来土壤功能正常运行的能力。土壤质量是影响单位面积粮食产量和粮食质量的一个主要因素，然而我国土壤质量的状况不容乐观。由于种植制度的变化，不合理使用化肥、农药，工业污染以及部分高产良田被侵占等原因，我国一些地区土壤质量正呈恶化趋势。诸如西北地区土壤的沙化、盐碱化和水土流失，土壤遭受污染的面积扩大，土壤中养分失调，土壤退化问题日益突出。

虽然农地具有一定的自我调节能力，但土地使用超过其生态阈值时，就会造成农业生态系统的破坏。因此，只有合理使用农地地力，保持土壤容量，减少土壤侵蚀，维持土地的营养结构和生产力，提高有机物的生产，才能实现农业生态系统的结构与功能的完善、物质和能量循环转化的顺畅，最终达到保护和提高农地质量的目的。

农地生态修复的基本原理是：恢复、保护、维持土壤的有机质含量，这些有机质含有各种营养元素并影响养分循环，同时改善土壤结构稳定性，影响土壤保水能力、阳离子交换能力、PH 值等土壤理化和生物学特性，并对全球碳素循环的平衡发挥巨大作用。

二、“藏粮于地”战略的内涵

“藏粮于地”是指通过提高农地质量和土地生产力，实现粮食生产稳产高产。一旦出现粮食紧缺，就可很快恢复生产能力。它要求在土地开发过程中，尽可能地避免破坏农地或永久性占用农地。而在粮食相对充足的情况下，则可以利用部分土地种植经济作物或从事其他经营，迅速增加农民收入。

我国长期以来实行的是“藏粮于仓”和“藏粮于民”、“以丰补歉”的策略。耕地占补质量严重不平衡，耕地总体质量下降，致使粮食生产能力不足，只能尽可能扩大粮食播种面积和提高单产，利用丰年的节余弥补歉年的不足。这就带来了高额的仓储费用，形成了财政的巨大负担，同时也影响了其他作物的发展和农民收入的增加，特别是不能保证我国的粮食安全，如果连续几年歉收，就会给粮食的供应带来很大压力。

三、我国农地亟待生态修复及提高地力

（一）水土流失、土地沙化问题严重

由于对水土资源的不合理开发利用，特别是破坏植被开垦耕地和高强度利用耕地，导致土壤覆盖层遭受破坏。全国有近 1/3 的土地面积存在不同程度的水土流失，其中包括 3.6 亿亩耕地。黄土高原区耕地每生产 1 公斤粮食，就会造成 40—60 公斤的土壤流失。土地过度开垦等因素造成的土地严重退化乃至沙化问题也十分严重，我国沙化土地面积达 173.11 平方公里、占国土面积 18.03%，局部地区土地沙化仍在继续扩展。

（二）湿地面积急剧萎缩

为扩大粮食生产面积，围湖造田等导致湿地面积急剧萎缩。据不完全统计，20 世纪 50 年代以来，我国湿地开垦面积达 1.5 亿亩，湿地面积减少 50% 以上，

仅三江平原湿地面积就减少了80%左右，“千湖之省”湖北的湖泊锐减了2/3，长江中下游通江湖泊由过去的102个减少到只有2个。

（三）草原生态退化

由于人畜数量不断增加、超载放牧等因素，我国90%的天然草原出现了不同程度沙化退化，中度和重度退化面积达23亿亩。宁夏、甘肃、青海、四川、新疆、西藏和内蒙古等地，可利用草原退化比例分别达97%、91%、90%、83%、80%、78%和75%，产草量比20世纪80年代平均下降30%—50%，部分草场完全丧失生产能力。草原高度和覆盖度大幅下降，季节性和永久性裸地面积不断扩大，草原生态功能持续弱化。

（四）需要纳入农地生态修复范围的耕地面积增多

可分为两大类：一类是暂停耕作并进行治理的耕地（休耕类），包括被重金属严重污染的耕地5000万亩、侵占湿地的耕地1500万亩、遭到严重水土侵蚀的水源地和急需治理的坡耕地6000万亩、以及地下水严重超采地区的耕地3500万亩。休耕类耕地合计约为1.6亿亩。另一类是通过轮作等措施使之得以休养生息的耕地（轮作类），包括复种指数高、利用强度大、环境资源压力大的耕地，主要分布在北方粮食主产区、南方有些地区和生态环境相对脆弱的地区。

（五）我国中低产田比重过大

当前，我国中低产田比重过大，粮食增产压力很大。据统计，在我国18.26亿亩耕地中，高于当地平均单产20%的高产田约为5.5亿亩，其余12.7亿亩为中低产田，占比近7成，中低产田中易于改造的约为8.75亿亩。要实现保障粮食等主要农产品有效供给的目标，迫切需要下大力气改造中低产田、建设旱涝保收高标准农田，提高单位面积产量，努力实施“藏粮于地”战略，挖掘粮食增产潜力和空间。

四、欧美农地休耕制度借鉴

（一）欧盟休耕补贴

其基本原理是：依据符合条件的休耕面积的数量来发放补贴。

1. 休耕类型。

欧盟规定，如果申请补贴作物面积上的折合谷物总产量大于92吨，该农场必须休耕至少10%的耕地；如果申请补贴作物面积上的折合谷物总产量等于或小于92吨，该农场没有强制性休耕义务，但可以自愿休耕。因此，享受面积支付的农场就相应地分成了两类：有强制性休耕义务的农场和无强制性休耕义务的农场，后者又称为自愿性休耕的农场。

2. 休耕地块要求。

连片休耕地的最小休耕面积为0.3公顷，按照德国的标准计算，即休耕地块的宽度至少为20米。但如果休耕地块受到环境（如墙体、岩石、水道等）的限制时，可以作为例外而小于0.3公顷。另一种例外情况是，休耕地是由一块或几块自然地块组成时，其宽度也可以小于20米。

3. 休耕面积规定。

有强制性休耕义务农场的休耕面积至少要达到申请作物补贴面积的10%。在此规定比例的基数上，如果该农场还可自愿增加休耕面积，则该农场的总体耕地面积为强制性最少休耕面积与自愿休耕面积之和。但总体耕地面积最多不能超过补贴申请面积的33%。超过33%以上的休耕面积部分不能得到休耕补贴。其他农场可自愿参加休耕计划，从而获得同样的休耕补贴。其休耕数量不受10%的下限限制，但休耕面积上限也同样不能超过33%，否则也不能得到休耕补贴。

4. 休耕面积补贴金额。

不同国家和不同生产区的休耕补贴各异。每公顷休耕地的休耕补贴与当地的谷物（包括玉米）产量的作物面积支付额相当。

5. 休耕期。

2000年的休耕期是2000年1月15日—8月31日。但如果不打算继续参加下一年度的话，从2000年7月15日起可以在休耕地上为下一年度作物作秋播准备（如施肥、植保等工作）。

6. 关于休耕的其他要求。

2000 年休耕期结束后至 2001 年 1 月 15 日，休耕地上禁止生产用于销售的作物（如蔬菜）。但农场可以种植自用的饲料，禁止将此饲料卖给别人。

休耕面积上可以种植符合规定的原料作物，但原则上这些产品不能是食物性的或饲料性的。对此，欧盟有一整套严格的备查作物目录和限制条件。

7. 惩罚性措施。

对于申报材料不实的申请者依据刑法第 264 款和补贴法第 2 款处罚，一般有三种惩罚措施：

取消或部分取消当年的补贴；

取消当年及下一年的补贴；

罚款或法律惩罚。

具体在种植业补贴方面的规定有晚交申请和虚假资料。

晚交申请：

每晚交一个工作日，扣罚 1% 的申请补贴额。

晚交 15 个日历天数的申请不予受理。

虚假资料：

申请面积小于实际面积时，补贴面积以申请面积为准；

申请面积大于实际面积的偏差不到 3% 或不到 2 公顷时，根据实际面积纠正；

申请面积大于实际面积的偏差在 3%—20% 之间时，按超报面积部分的两倍罚扣申请补贴的面积；

申请面积大于实际面积的偏差在 20% 以上时，取消补贴申请资格。

（二）美国农地休耕补贴

其基本原理是：短期休耕是为了控制面积和产品总量，长期休耕主要是为了保持水土。

美国农地休耕补贴制度具有变迁性，为了控制农产品过剩，美国实行限制生产的计划，最初使用的是播种面积配额和销售配额，但执行结果并不理想。

20 世纪 50—60 年代，由于美国农产品库存急剧增加，1956 年法提出自愿退耕计划，鼓励农场主短期或长期休耕一部分土地。为减少饲料作物的库存，1961 年开始实施紧急饲料作物计划，要求农场主在停耕至少 20% 耕地的情况下，可从政府得到停耕土地正常产量 50% 的现金或实物补贴；如果停耕土地超过 20%，政府可以把补贴比例提高到 60%。与以前的播种面积配额不同，停耕的土地必须用于土壤保护。由于该补贴比例高，该计划吸引了许多农场主。

美国 1965 年法则对饲料谷物实行双重停耕计划。根据该计划，要求参加计划的农场主以停耕一定比例的土地为条件，换取计划的各种好处；同时还要求农场主停耕额外的一部分耕地，付给农场主一定的补贴，称为有偿转耕计划。以后，播种面积消减计划通常都包括无偿停耕计划和有偿转耕计划两种，前者指限制一个农场主的总耕地基数，农场主只有按计划停耕土地，才有资格参加农产品信贷计划或得到差额补贴；后者指减少某种计划作物的播种面积，这部分停耕土地可以从政府取得补贴。

为了减少农产品信贷公司的储藏，从而减轻财政负担，1983 年美国又开始实行实物补贴计划，即在 1982 年宣布的停耕 20% 土地的计划外，要求种植小麦、玉米、高粱、稻谷和棉花的农场主再停耕基本面积的 10%—30%，其损失由政府以农产品信贷公司拥有的农产品按基准单位面积产量（一般按前三年平均收成计算）的 80% 支付。休耕的土地不能抛荒，由农场主负责保持水土。

自 1985 年起，水土流失严重的土地开始实施“土壤保护储备计划”，参加计划并与政府签订为期 10—15 年合同的农场主，每年可以得到政府补贴，其数额相当于全部地租和绿化及土壤保护性措施成本的一半。

休耕计划把生产控制与稳定农民收入和保护资源紧密结合起来。美国 1996 年法结束了供给管理，取消小麦、稻米、饲料粮和棉花种植减耕计划，解除大部分作物种植限制。农场主可以完全根据市场需求，用 100% 的土地种植除水果和蔬菜以外的任何作物。这样，农场主将有更大的生产经营自主权，长期休耕的一部分土地将可能复耕，促使美国农产品总量增加（秦富等，2003）。

五、我国农地生态修复的制度设计

（一）做好统计

组织力量做好基础工作，尽快摸清不同类型农地的具体数据，为实施农地生态修复政策奠定基础。

（二）编制规划

编制全国农地生态修复总体规划（2014—2020年），对水土资源开发利用、农业生态环境破坏、农地地力受损等情况进行综合评估和区域排序，拟利用6年时间，有计划、分步骤地采取不同的农地生态修复方式。

对于休耕类农地，第一步，休耕被重金属严重污染的农地，这部分农地已经无法进行粮食生产了。在休耕的同时，实施土壤污染治理与修复，逐步消除重金属污染。

第二步，休耕侵占湿地的农地、遭遇严重水土侵蚀的水源地和急需治理的坡耕地、地下水严重超采地区的农地等生态环境脆弱区的农地。

对于轮作类农地，要综合考虑粮食产量、地力状况、环境影响、资源压力等各种因素，分清轻重缓急，突出重点区域，逐年按计划实施轮作，减少复种指数，降低种植强度。

2014年可开始试点，安排重金属严重污染的农地1000万亩进行休耕。即按照“内外统筹”的原则，国内农地生态修复的规模取决于国际农产品供给能力的增加，重金属严重污染的农地主要种植稻谷，而大米全球贸易量有限，第一年休耕面积不宜安排过大。

2015年，在总结经验的基础上，新增休耕重金属严重污染的农地1000万亩，新增轮作1000万亩，之后逐年扩大休耕、轮作农地面积。

到2020年，全国农地生态修复农地面积达到2.9亿亩左右（占全国农地总面积的15%，由于这类农地亩产低于平均产量，农地生态修复减少的产量将低于粮食总产量的15%，在可控范围之内），其中休耕1.6亿亩、轮作1.3亿亩。此后，每年维持这一规模基本不变。

（三）设立休耕轮作补贴

整合良种补贴、种粮直接补贴和农业生产资料综合补贴，调整补贴投向，支持农地的休耕轮作。休耕补助的具体方式参与国际通行做法，坚持政府引导、农民自愿，由农民将规划区内的土地退出农业生产，并采取种草、种木本植物等绿化措施修复地力，验收合格后予以补助。

轮作补助按照南北地区差异，由各地因地制宜采取年度内轮作、年度间轮作，推广“稻—稻—绿肥”、“稻—稻—饲草”等方式，政府按面积予以补贴。在农地生态修复土地上，要引导种植苜蓿等牧草，既改良土壤，又可以为牲畜提供饲料草、替代部分饲料粮，还能够提高牛奶的蛋白质含量、促进畜牧业优化升级。补贴标准要综合考虑土地休耕、轮作前的经营收益与农地生态修复后种植作物的收益情况，建立农民收益的补偿机制，确保参与农地生态修复的农民利益不受影响。

六、实施“藏粮于地”战略的政策建议

（一）完善立法

实施“藏粮于地”战略，健全土壤质量动态平衡机制，鼓励和支持占用农地表土的再利用，实现农地质量占补平衡；必须尽早完善农地质量保护法规，强调农地保护法规的严肃性。未来几年，我国必须从法律高度确保农田和水资源免遭各种形式的污染破坏，改变目前法规缺失、有法不依、执法不严、监督不力的现状。同时要加强对进口农药和化肥的安全监测和行政监管力度，建立和完善相关审查机制，避免损害我国农业安全。否则，东北部分黑土层或将在几十年消失殆尽，华北地区灌溉面积将日渐萎缩，湖南、江西等大米主产区污染难以治理，导致未来我国粮食产能遭受无可挽回的损失。

（二）积极落实《国家农业综合开发高标准农田建设规划》

通过实施该《规划》，到 2020 年，改造中低产田、建设高标准农田 4 亿亩。

（三）利用现代信息技术加强耕地地力调查与质量监控，提高耕地保养管理水平

一是广泛开展耕地地力调查与质量评价。要充分应用地理信息系统（GIS）、全球卫星定位系统（GPS）、遥感技术（RS）、计算机自动控制和现代测试技术，有计划、分步骤地开展耕地地力调查与质量评价，准确掌握耕地地力状况，为制定粮食安全生产规划提供科学依据。二是健全耕地地力与施肥效益长期定位监测网络体系。要根据优势作物区域布局规划、农业结构调整需要和耕地地力与施肥效益长期定位监测网络体系，引进耕地土壤原位监测设备与快速测试技术，提高土壤监测技术水平和监测结果的科学性、准确性以及成果应用的时效性。三是基于影像GIS分别建立省级和市县级耕地资源管理信息系统，使耕地保养管理和粮食安全生产尽快实现由定性管理、静态管理向动态管理的根本性转变，并在此基础上开发国家粮食安全生产预警预报系统，对农地地力和粮食生产能力进行预测预报。

（四）建立耕作和栽培等技术规范

建立耕作和栽培等技术规范，合理控制农用化学品的使用，确保科学用地。

主要参考文献：

［1］农业部软科学委员会办公室．保障粮食安全与提高农产品质量［M］．北京：中国农业出版社，2005。

［2］秦富等．国外农业支持政策［M］．北京：中国农业出版社，2003。

我国养老保险支出对城镇居民消费的影响研究

课 题 组

一、引 言

长期以来，我国 GDP 增长主推动力是基础投资与对外出口，而非居民生活有效消费需求。我国居民储蓄率居高不下，消费率大幅低于世界平均水平，消费需求低迷是现阶段不争的事实。近年来，国际金融危机爆发，世界经济增长缓慢，我国出口业面临着严峻的挑战。国家经济长期由出口拉动往往容易导致经济发展“被动”而行，因此，如何有效提升消费水平，特别是国内居民消费水平，转变经济结构，促使经济健康持续发展，这一研究具有十分重要的意义。影响居民消费的经济因素很多，社会保障制度则能通过影响居民可支配收入、促进社会公平、降低居民预防性储蓄等多个方面拉动居民消费，并且可以营造一个“安全网”，为国民经济的发展和人民的安居乐业创造稳定的社会环境。目前，在我国社会保险是社会保障制度的重要内容，而养老保险又是社会保险中占比最大的险种，随着我国养老保险制度的发展，养老保险对居民消费的影响越来越引起学者的关注。

二、文献综述

（一）影响消费因素的文献综述

居民消费状况关系到一国经济增长与经济社会可持续发展目标的实现，如何调节与控制居民消费是经济学家历来所关注的重点。在不同的政治、经济、社会背景和发展水平下，不同学者从不同的研究视角对居民消费影响因素进行了诠释，并分别对可能影响消费的因素进行了细致深入的研究。

1. 国外文献综述。

从西方对消费需求理论研究的历史来看，公认的对消费的研究始于20世纪30年代。二次世界大战结束后，消费理论作为西方经济学的基本内容继续受到重视，并且其又与心理学、市场学、社会学、行为科学等学科交叉，逐步发展成为一门独立的消费经济学。

（1）当前收入与永久收入对消费的影响。坎贝尔（Campbell，1989）利用战后美国的总量数据重新检验了永久收入假说。将永久性收入假说嵌套在一个更普遍的模式中。在这种模式中，假设一部分人的消费使用他们当前的收入，而不是他们的永久收入。并对美国1947—1985年的季度数据进行检验，其结论是：①居民消费总额中，50%的消费源于人们的当前收入，而不是永久收入。这表明收入消费关系大幅偏离永久性收入假说；②消费与收入之间存在着两阶滞后关系，而不是直接相关。

坎贝尔（Campbell，1990）又在上文研究的基础上，将模型范围扩展至更多的国家，分别使用加、法、德、意、日、英、美等国的战后二十年的收入和消费的季度数据，代入模型检验。并且引入了利率作为新的解释变量，将美国三月期定期存款利率作为实际利率。在散点图中，发现以利率为横坐标，消费为纵坐标，散点呈现接近水平排列。其结论是：①七个国家中，除了英国外，消费与收入之间存在着两阶滞后关系；②对于当前收入和永久收入对消费的影响，加、法、德、日的一半以上的消费源于当前收入，美国接近50%，而英国则远低于50%；③尽管利率具有显著性影响，但是其系数较小，影响作用有限。

（2）流动性约束对消费的影响。流动性约束是指居民因其货币量不足，而且难以从银行等外部机构得到，从而难以实现其预期的消费需求，造成经济中总需求不足的现象。达库斯（Drakos，2002）首先介绍了生命周期理论与持久收入理论（LCH－PIH），该理论认为消费者可以按一个既定的利率水平在资本市场上自由地借贷以平滑一生的消费。继而介绍了多篇实证文章，大多表明消费对当期收入表现出过度敏感的特征。作者建立增加的消费与增加的收入利差关系的线性模型，使用希腊1960—1999年的相关数据，研究发现，当期消费对当期收入的弹性系数为0.63，具有高度的相关性。其结论是：由于流动性约束的存在，在收入与消费的关系中生命周期理论与持久收入理论是失效的。

（3）利率对消费的影响。埃尔蒙多夫（Elmendorf，1996）主要考虑的是长期、未预期到的利率变化对消费和储蓄的影响。在理论分析中，他将利率对消费的作用分为三个效用。第一个效用为替代效用，即利率提高，通过放弃现在的消费，以增加未来的消费。替代效应的作用大小决定于：①个人跨期的消费替代弹性；②时间偏好率，表示个人对目前消费而不是未来消费的偏好程度；③个人剩余的寿命年数；④利率水平。第二个效用为收入效用，利率提高，降低了已计划未来消费的贴现值，换句话说，就是更高的利率，使得现在只需要更少的钱，就可以达到未来既定计划的储蓄额，所以会使目前的消费增加，储蓄减少。第三个效应为财富效用，即利率增加将降低未来预期收入的折现值，从而使目前的消费减少，储蓄增加。在实证分析中，作者通过欧拉方程及总结现有研究成果，将跨期的消费替代弹性赋值为0.33。其结论是：证明利率和消费呈负相关关系，并且强调，尽管忽略了一些不确定的因素，但是两者的负相关性不会改变。

（4）人口年龄结构对消费的影响。莱夫（Leff，1969）利用1964年74个国家的截面数据对人口年龄结构与消费的关系进行研究，结果发现经济增长速度、人均收入水平、老年抚养比、儿童抚养比和总抚养比对国民储蓄率都存在着显著的影响。研究结果表明，老年抚养比与少年抚养比和储蓄率之间存在着明显的反向关系，而且一国的储蓄率与该国的负担系数亦成反比，这一结论不论是在发达国家还是在发展中国家都是成立的。作者给出的解释是，抚养老年或者儿童，需要较大的家庭支出，而且老年和儿童又不能为家庭贡献收入，所以会使得消费增加，储蓄下降。其结论是：从人口年龄结构来考虑，一国的青少年人口比例和老年人口比例与储蓄率呈反比例，与消费呈正比例；在职人口比率与储蓄呈正比例，与消费呈反比例。因此，可以看出，人口年龄结构是影响消费的重要因素之一。

（5）财政政策对消费的影响。泰格卡拉克斯（Tagkalakis，2008）选取1970—2002年19个OECD国家为研究对象，研究了财政政策分别在经济繁荣期和经济衰退期对个人消费的影响。在文中，作者考虑了流动性约束的假设条件，因此将消费者分成两类，一类是新古典主义消费者，既能储蓄也能借贷，另一类是凯恩斯主义消费者，只能进行储蓄。并且将政府购买、税收、社会保障作为财政政策工具。最后实证分析，考察了在不同经济时期，财政政策对两类消费者的影响。其结论是：①积极财政政策在经济衰退期较繁荣期更能刺激消费，拉动经济增长。这是因为经济繁荣时，即使财政政策增加了消费者的可支配收入，但是消费者会根据自己的整个生命周期，将消费进行平滑，因此消费的刺激力度并不是很大；②当一国信用消费市场完善程度较低，即凯恩斯主义消费者占有较大比重时，相较于具有完善消费信用市场的国家，财政政策的作用效果更加明显。

2. 国内文献综述。

西方消费理论都是在社会制度相对稳定情况下建立的，制度变迁、收入差距等因素在理论模型分析中并未明确涉及。而中国改革开放以后，经济体制由计划经济向市场经济转轨，在这一过程中制度是不确定的。所以，虽然西方的消费理论在分析转轨经济国家的消费问题时有很强的理论启示作用但仍存在局限性。因此，在分析我国的消费问题时，应该结合中国经济所处的特殊时期，才能合理地解释我国居民消费行为。

改革开放以前，由于我国一直处于短缺经济状态下，经济发展主要以数量扩张为主要目的，因此这一时期的居民消费主要受到来自资源和供给的约束，居民消费无论从总量上，还是从消费结构消费方式上都呈现高度的一致性。我国学者对消费问题的理论和实践研究较少。改革开放以后，随着建立市场经济体制目标的确立，消费在国民经济运行中的作用越来越重要，消费问题也引起我国学者的广泛关注。国内许多学者借鉴西方主流经济学家的研究方法和理论范式，结合中国的实际情况对中国的消费问题进行广泛研究，主要研究可以总结为以下几个方面：

（1）采用早期确定性条件下基于现期收入的消费理论研究我国居民消费问题。秦朵（1990）分析了居民总消费与收入之间的长短期关系，发现20世纪50年代到80年代，我国居民消费与总收入之间存在稳定的比例关系，当期居民消费波动主要受当期收入与上一期收入、物价水平以及购买力变动的影响，影响程度相对固定。

（2）基于生命周期持久收入假说解释转轨时期我国居民消费行为。厉以宁（1992）认为持久收入假说只能部分地解释1988—1989年的居民储蓄变动。1988—1989上半年，居民长期受到抑制的购买欲望得以释放，同时高通货膨胀的预期导致抢购浪潮的形成，消费倾向提高，储蓄率下降。到了1989年末，人们的购买倾向逐渐恢复常态，通货膨胀得以抑制，于是人们消费支出减少，储蓄率上升。

（3）基于预防性储蓄理论对我国居民消费问题进行研究。袁志刚、宋铮（1999）分析了1985—1997年中国居民消费倾向下降和消费需求疲软的原因，并利用城市居民收入标准差作为不确定性的度量指标。他们认为，改革开放前后收入变化，导致居民对未来预期的改变，未来收入的不确定性使得居民产生较强的预防性储蓄，消费倾向下降。

（4）基于流动性约束假说对我国居民消费问题进行分析。王合绪和夏阳（2000）利用我国1981—1998年居民收支数据检验了我国居民消费过度敏感性和流动性约束的存在性，结果发现我国居民消费存在过度敏感性，流动性约束是导致过度敏感性的原因，随着改革开放的推进和金融深化我国消费过度敏感性逐渐减弱。

（二）养老保险与消费关系的文献回顾

在影响消费的因素中，养老保险是一个不可忽视的重要因素。多年来国内外很多学者都专门进行了养老保险与消费之间关系研究。

1. 国外文献综述。

国外在有关社会保障对消费是否有影响的理论基础上并无大的分歧，主要是基于生命周期假说和私人代际转移支付理论进行分析。国外的研究中大多都是利用时间序列数据或面板数据以储蓄为变量来进行实证分析，并且更倾向于分析养老保险财富对居民消费和储蓄的影响。其结论也不尽相同，主要观点有：

（1）养老保险支出对消费有促进作用。费尔德斯坦（Feldstein，1974）引入扩展的生命周期模型，提出社会保障对储蓄的影响存在双重效应——即资产替代效应和退休效应。他利用美国1929—1971年（不包括1941—1946年）的时间序列资料预测了社会保障总给付，进而研究社会保障对储蓄的影响。其结论是，社会保障财富对消费的影响是显著的，社会保障制度使私人储蓄减少 30%—50%。社会保障大幅度降低储蓄额和资本总积累，对居民消费的促进作用十分显著。

赞特（Zant，1988）选取了荷兰 1957—1986 年消费额、养老金等数据，在费尔德斯坦扩展的生命周期模型的基础上，运用带养老金解释变量的消费函数，实证检验了养老金与总消费的相关性。检验结果表明，社会保障财富的边际消费倾向具有显著性，说明社会保障与总消费存在正比例，能够增加荷兰居民总消费。

格姆雷（Gormley，2010）认为在许多发达国家，包括美国，社会保险市场的发展能够减少储蓄，增加消费。在实证分析中，作者验证了家庭证券投资组合的选择与可得到的社会保障之间的关系。检验结果表明，在没有政府的安全网，如失业保险、工伤保险、社会保障计划的情况下，对于居民来说，理性的原则是尽量缩减消费支出，增加储蓄。实证结果与作者的观点相一致。

还有一些学者，比如艾贝尔（Abel，1985）和哈伯德（Hubbard，1987）利用部分均衡模型分析了社会保障制度与消费的关系。他们均发现，提高社会保障水平可以显著减少预防性储蓄，进而降低储蓄率，提高私人消费水平。

（2）养老保险支出对消费的影响不确定。巴罗（Barro，1978）的代际转移支付理论（国家利用某种方式向成年人筹集资金，作为储蓄，可以先行支付给老年人使用）批驳了生命周期模型。他认为生命周期模型撕裂了各代人之间的联系。用储蓄作为中介变量，社会保障可能被个人代际转移支付所补偿，在这种情况下，若存在遗产动机，那么公共养老体系对个人储蓄不会产生挤出效应，因此社会保障对消费的影响并不十分确定。

格鲁伯（Gruber，1994）认为，失业保险福利能够帮助失业者在失业期间平滑其消费。作者利用美国 1968—1987 年居民用在食品上的消费支出，测算出当不存在失业保险时，失业者的消费水平下降 7%，相反，当存在失业保险时，失业者的消费水平仅仅下降 2.7%，具有明显的平滑效应。但失业保险福利的这种积极作用只是在一段时间内有效，在最初失业期间能够平滑消费，但对消费水平没有长久的影响。并且作者提出，此结论也适用于其他保险，如养老保险等。

（3）养老保险支出对消费有抑制作用。克里寇夫（Kotlikof，1990）将生命周期储蓄模型作为分析框架，其研究结果发现，退休效应会抵消社会保障在资本存量上的替代效应，因此社会保障增加了私人储蓄。并且社会保障对储蓄和消费的影响取决于筹资模式的不同，对于完全积累制，社会保障将会增加居民储蓄，减少消费。

卡甘（Cagan，1965）利用1958—1959年消费者联盟中15000位会员的数据分析消费者的储蓄行为。研究发现参与养老金计划会增加储蓄。他将之解释为养老金计划会唤起人们退休欲望，从而形成一种“认知效果”。这种效果，从心里层面上，使人们认识到储蓄的重要性。

2. 国内文献综述。

国内对于社会保障与消费之间的研究上则有较明显的时间阶段性。这主要与我国的社会保障制度改革以及变迁有关。我国社会保障制度改革是在1997年左右进行，1999年之前国内学者主要是基于绝对收入假说和生命周期持久收入假说来分析相关问题。由于绝对收入假说和生命周期持久性假说严格的假设条件，以及在实证分析中也存在很多挑战，因此1999年之后，随着社会保障制度的改革，大多学者更倾向于基于预防性储蓄理论来研究养老保险支出对消费的影响。

基于我国的特殊国情以及养老金制度的不健全，国内学者普遍认为养老保险支出对我国居民的消费有促进作用。

我国在从计划经济向市场经济转轨的过程中，养老金制度并不完善，居民对未来具有较大的不确定性，导致居民在收入一定的情况下增加预防性储蓄，从而抑制居民的消费。吴敬琏（1998）提出在社会生活越来越不稳定的情况下，扩大居民的消费需求，首先要“启动预期”。而养老保险则为收入的预期增加提供了较强的保障。

在实施了社会保障制度后的研究中，樊彩耀（2000）针对中国的国情和历史条件，认为我国居民消费需求增长与社会保障之间存在明显的相关关系。中国城镇居民消费倾向所发生的阶段性变化与社会保障福利费用支出的变化有着极为密切的关系，二者变化趋势基本吻合。社会保障福利支出增长较快，中国城镇居民消费倾向就较高，消费增长就较快；反之则较慢。张继海（2008）的实证研究认为，养老金财富对人均消费支出的影响是正效应，即社会保障养老金财富的增多能使人均消费支出增加。

三、我国养老保险支出对城镇居民消费影响的实证分析

（一）模型的构建

1. 选取变量。

由于现阶段我国养老保险支出覆盖范围主要是城镇退休人员，我们选取城镇居民人均消费（CS）作为被解释变量，选取退休职工人均养老金支出（SS）作为解释变量。在研究养老保险对居民消费影响的基础上，参照所阅读的中英文文献，考虑到影响消费水平的因素主要还有收入水平、家庭财富、失业率、通货膨胀率、利率和人口结构等。

根据国内现有的对利率政策有效性问题的研究表明：自 2007—2008 年以来的央行连续 10 次调整人民币存贷款基准利率，对经济体的拉动作用并不理想——居民消费和民间投资没能得以有效启动，经济增长仍然缺乏持续的推动力；总体而言，利率政策对经济的正向作用呈现出“弱有效性”的特征。其外在原因是我国城乡居民的储蓄存款结构是“以预防性储蓄为主，投资性储蓄为辅”。这种储蓄结构导致了我国居民储蓄的低利率弹性，从而也就决定了我国的储蓄存款难以因存款利率的下调而有明显的减少。内在原因是由于利率的非市场化使官方利率与市场实际利率存在较大的差别。因此本文在实证检验中，剔除利率因素的影响。

另外由于缺少家庭财富的相关统计数据，故最终我们选取人均可支配收入（YD）、城镇人均退休养老金支出（SS）、失业率（UR）、通货膨胀率（IR）和老年抚养比（LF）作为解释变量。由于 1990 年前国家统计局对各变量没有系统的、连续的统计数据，以及 2012 年部分变量数据未公布，因此我们主要采用 1990—2011 年的统计数据。本研究中 1990—2011 年的城镇居民人均消费支出、人均可支配收入、通货膨胀率、老年抚养比数据均来自国家统计局的 2012 年统计年鉴；养老保险支出和失业率数据来自人力资源和社保部的统计年鉴。

进行相关性检验，变量之间的相关系数较高，表明各变量间有较紧密的相关关系。但是 YD 与 SS 相关系数较高，大于 0.95，存在多重共线性，因此将 YD 从模型中剔除。

通过观察1990—2011年人均消费支出和养老金支出的曲线图（图1），发现变量之间有较紧密的相关关系，是非平稳的时间序列变量。因此，要使建立的回归模型有意义，就必须要求这些非平稳变量之间存在协整关系，而存在协整关系的前提就是各变量是同阶单整的。为此，必须进行变量的平稳性检验。

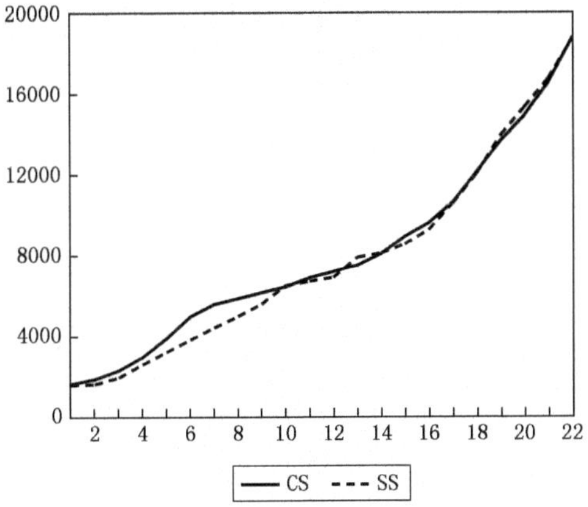

图1　城镇居民人均消费、养老金支出曲线图

（二）对变量进行平稳性检验

因数据的时间跨度较长，期间存在通货膨胀的影响，为考察变量之间的真实关系，决定对数据进行调整，剔除价格影响。分别对名义城镇人均消费、城镇退休职工人均养老金支出采用以1990年为基期的物价指数进行调整。另外，为消除数据中存在的异方差，对剔除价格影响后的数据取对数分别记为LNCST、LNSST。

具体调整方法和变量定义如下：

LNCST = LOG（CS/P90）　　LNSS = LOG（SS/P90）

本文采用ADF单位根检验方法来检验变量的平稳性，运用Eviews软件，分别对因变量LNCST，自变量LNSST、IR、UR、LF进行ADF单位根检验，检验结果见表1。

表 1　　变量的平稳性检验结果

变　量	ADF 检验值	检验类型（c，t，p）	10% 显著水平临界值	DW 值	结论
⊿ lnCST	2.5043	（0，0，1）	-1.6074	2.1307	lnCST ~ I（1）
$⊿^2$ lnCST	-2.8323	（c，0，0）	-2.6504	2.0421	
⊿ lnSST	6.2515	（0，0，0）	-1.6078	1.9339	lnCCT ~ I（1）
$⊿^2$ lnSST	-4.7605	（c，0，0）	-2.6504	1.9126	
⊿ IR	-1.8512	（0，0，1）	-1.6075	1.9550	IR ~ I（1）
$⊿^2$ IR	-3.1321	（0，0，0）	-1.6075	1.8712	
⊿ UR	1.0613	（0，0，1）	-1.6075	1.7209	UR ~ I（1）
$⊿^2$ UR	-2.7255	（0，0，0）	-1.6075	1.7166	
⊿ LF	3.6452	（0，0，0）	-1.6078	1.6597	LF ~ I（1）
$⊿^2$ LF	-4.6539	（c，0，0）	-2.6504	2.0737	

注：（1）检验类型中的（c，t，p）分别表示常数项、趋势项和滞后阶数；

从表 1 可看出，CS、SS 对数序列、IR、UR 和 LF 的 ADF 检验统计值，均大于在 10% 的显著性水平下的 ADF 临界值，即存在单位根。而经过一阶差分后，5 个序列都通过了 10% 显著性水平下的平稳性检验，即不存在单位根。这表明了 5 个序列都是一阶单整序列，可用 I（1）表示。由此可见，若仅对 LnCST、LnSST、IR、UR、LF 进行简单回归而不做平稳性检验，所得出的回归结果是难以令人信服的。

（三）变量间的协整关系检验

要建立经济变量的关系模型，还要检验它们之间的协整关系。由上面的单位根检验可以发现，对 LnCST、LnSST、IR、UR、LF 进行一阶差分之后是平稳序列，建立回归模型，并对它们进行 EG 协整检验：

1. 协整回归。

协整回归模型：

$$LnCST - \alpha_0 + \alpha_1 LnSST + \alpha_2 IR + \alpha_3 UR + \alpha_4 LF + \mu$$

估计后得到：

$$LnCST = 0.1957 + 0.5953LnSST + 0.8308IR + 12.1564LF + \mu \quad (1)$$ [1]

t：　(2.3361)(7.6813)　(5.9106)　(3.9807)

$R^2 = 0.9934$　$\overline{R}^2 = 0.9923$　S. E. = 0.0364　DW = 1.7146

LM_2 (p) = 0.0529　LM_3 (p) = 0.0929　LM_4 (p) = 0.1675

ARCH − LM_1 (p) = 0.7258　ARCH − LM_2 (p) = 0.0454

ARCH − LM_3 (p) = 0.2618　ARCH − LM_4 (p) = 0.3233

F = 902.8147　n = 22 (1990—2011)

由模型（1）可以看出，作为参考 DW > R^2，协整回归不是伪回归，在取 $\alpha = 0.05$ 时，模型的残差不存在 2—4 阶自相关。并且 DW = 1.7146，通过了检验，故不需要进行一阶 LM 检验。因此模型残差不存在高阶自相关。

使用 ARCH − LM 检验，由检验结果可知，在取 $\alpha = 0.05$ 时，该模型存在三阶条件异方差。模型的拟合图与残差分布图示于图 2。由图可以看出模型值与实际值拟合的很好，说明模型精度很好；从模型残差分布图也看出，模型的条件异方差是发生在样本初期，不会过分影响模型参数估计。

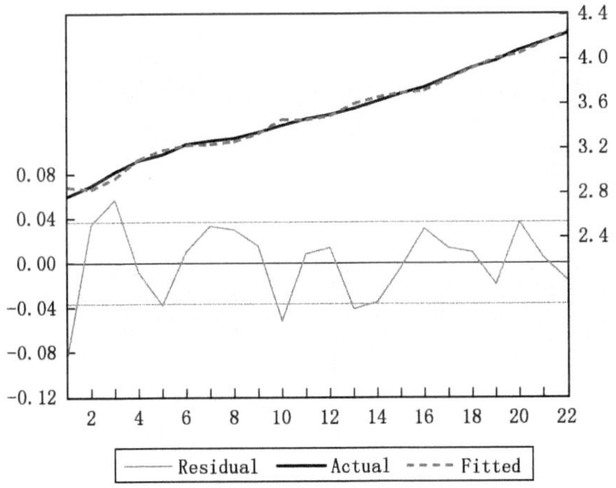

图 2　模型的拟合图与残差分布

由模型（1）得到非均衡误差 μ 的估计值序列 e_t

$$e_t = LnCST - 0.1957 - 0.5953LnSST - 0.8308IR - 12.1564LF$$

对 e_t 进行 AEG 检验：

[1] 自变量 UR 线性回归 t 检验不显著，故在模型中剔除。

$\triangle e_t = -1.3366 e_{t-1} + 0.4980 \triangle e_{t-1}$

t：　　(-5.7119)　(3.2914)

$R^2 = 0.6448$　　DW = 2.1465

对模型（1）4 个时间序列且含常数项和不含趋势项的情况下，麦金农协整检验临界值响应面函数 Ca 为

$C_{0.05} = -4.1000 - (10.745/22) - (21.57/484) = -4.6330$

由于 AEG 的统计量 $t = -5.7119 < C_{0.05} = -4.6330$，说明 4 个变量 LNCST、LNSST、IR 和 LF 之间存在协整关系，可以建立误差修正模型

2. 建立误差修正模型。

经反复调整得如下误差修正模型：

$$\triangle LNCST = 0.4538 \triangle LNSST + 0.4474 \triangle LNSST(-1) + 0.5310 \triangle IR(-1) - 0.6922\, e_{t-2} \quad (2)$$

t：　(6.3533)　(5.6286)　(5.3734)　(-4.5278)

$R^2 = 0.4537$　$\overline{R}^2 = 0.3742$　S. E. = 0.0202　DW = 1.7329

ARCH - LM_1 (p) = 0.3719　　ARCH - LM_2 (p) = 0.3124

ARCH - LM_3 (p) = 0.1658　　ARCH - LM_4 (p) = 0.6462

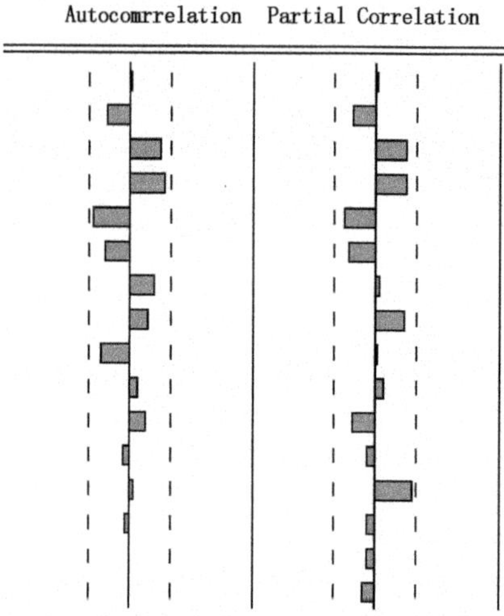

	AC	PAC	Q-Stat	Prob
1	0.009	0.009	0.0031	0.956
2	-0.196	-0.196	1.3939	0.498
3	0.256	0.270	3.8490	0.278
4	0.289	0.259	7.0965	0.131
5	-0.304	-.261	10.809	0.055
6	-0.218	-0.230	12.797	0.046
7	0.209	0.026	14.698	0.040
8	0.151	0.238	15.728	0.046
9	-0.250	0.020	18.681	0.028
10	-0.071	0.072	18.928	0.041
11	0.144	-0.196	19.998	0.045
12	-0.45	-0.071	20.107	0.065
13	0.030	0.303	20.157	0.091
14	-0.038	-0.080	20.243	0.123
15	0.005	-0.074	20.245	0.163
16	0.000	-0.110	20.245	0.209

图 3　Q 统计量检验结果

由模型检验结果（图 3）可知，模型残差不存在条件异方差；误差修正模型

残差的 Q 统计量检验结果示于图，可知模型（2）的残差不存在各阶自相关。

（四）实证结论

由建立的协整回归模型（模型 1）与误差修正模型（模型 2）可得到如下结论：

根据变量平稳性检验结果，时序变量 LNCST、LTSST、IR 和 LF 都是一阶单整非平稳变量，且以上时序变量间存在协整关系。说明自有据可查的 20 多年来，人均养老金支出、通货膨胀和人口年龄结构对城镇居民的消费影响是一个均衡系统，用于描述该系统的长期静态均衡模型和动态误差修正模型均不存在伪回归问题。

模型（1）反映了长期中人均养老金支出、通货膨胀、人口年龄结构与城镇居民消费的关系。

首先，在 1990—2011 年的 22 年间，我国养老保险支出对城镇居民消费起到了积极的促进作用。从长期关系来看，养老金支出每增加 1 个百分点，居民消费量就随之增加 0.59 个百分点，说明养老金对消费的促进作用是显著而深远的。

其次，长期中通货膨胀对城镇居民消费具有一定的促进作用。根据模型（1）的自变量 IR 的系数为 0.83，则表明通货膨胀增加 1 个百分点，则消费（CS）变化 $e^{0.0083}$倍（约等于 1.008 倍）。可以看出虽然通货膨胀对消费有一定影响，但是效果有限。但是要注意的是，通胀分为温和通胀和恶性通胀，温和通胀是经济上涨的良性推动剂，会增加消费者的消费能力和消费欲望。而恶性通胀，货币大幅贬值，商品价格飞涨，消费者更愿意持有商品而非货币，对基础生活资料更感兴趣，但实体经济基本处于停滞状态。

再次，长期中老年抚养比对消费具有明显的正向作用。根据模型（1）的自变量 LF 的系数为 12.16，则表明老年抚养比增加 1 个百分点，则消费（CS）变化 $e^{0.1216}$倍（约等于 1.13 倍）。可以说明，我国目前人口老龄化对消费具有明显的正向作用。其原因是，随着年龄的增长，人会逐渐部分丧失和丧失劳动能力，并且有退休制度的统一安排，老年阶段也几乎不向社会提供劳动供给和创造社会财富。而老年人需要社会提供的食品、医疗等消费品，并且需要别人的照顾。一方面，老年人比例的提高会增加社会抚养负担；另一方面，在技术条件不发生变化的情况下，劳动年龄人口比例下降将导致社会总产出水平下降。两方面的共同影响使社会总产出中用于消费的比例上升。因此，老年人的不断增加，将提高社会的抚养负担，进一步提高城镇居民平均的消费倾向。但是要注意的是在人口老龄化发展进程中的不同阶段，会对总消费需求产生不同的影响。在人口老龄化的初始阶段对消费的影响表现为提升总消费需求，中期阶段表现为抑制消费需求，晚期阶段相关性则几乎为零①。中国当前处于人口老龄化的初期阶段②，人口老龄化对消费的影响表现出提升效应。但是如果无法处理好“老有所依”的问题，长期的老龄化，会成为抑制消费动力增长的“枷锁”。

模型（2）则代表了短期中各解释变量对城镇居民消费的影响。由模型（2）可以看出养老金支出、通货膨胀对消费的短期影响。短期内养老保险对消费仍具有积极的促进作用，但是效果相较于长期有所下降。养老保险支出每增加 1 个百分点，则城镇人均消费增加 0.45 个百分点。这说明短期内人们并未对未来能够享受到的养老金收益形成合理的永久收入预期。另外，短期内居民的消费行为也受上一年度的养老金支出的影响。

通货膨胀虽然短期内对消费也具有正向作用，但是作用已经并不明显，通胀增长 1 个百分点，将使消费（CS）变为 $e^{0.0053}$ 倍（约等于 1.005 倍），甚至可以忽略不计。另外老年抚养比短期内对消费没有影响，这是因为人口年龄结构的变化是一个长期的过程，其影响作用应该放在一个长周期内考虑。

四、我国养老保险制度的主要特征及其问题

与世界上大多数国家实行的国家统筹的养老体制不同，我国养老保险制度仍处于地区分割状态。我国目前已经建立起至少五种养老保险制度，在城市有城镇职工基本养老保险制度、城镇居民养老保险制度、机关事业单位养老金制度、公务员养老金制度，在农村有新型农村养老保险和失地农民养老保险等等，但是这些制度之间却严重分割。从基金的统筹情况来看，到目前为止，全

① 参见于潇、孙猛：《中国人口老龄化对消费的影响研究》。

② 根据联合国发表的《人口老龄化及其经济含义》中规定 7% 以上人口超过 65 岁或者 10% 以上人口超过 60 岁，这个国家和地区的人口就进入了老龄化阶段。2012 年全国老龄工作委员会办公室发布《2011 年度中国老龄事业发展公报》，显示截至 2011 年末，全国 60 岁及以上老年人口已达到 1.8499 亿，占总人口的比重达 13.7%。

国仅有北京、上海、天津、重庆、陕西、青海、西藏等7省实现了基本养老保险基金省级统收统支，其余绝大多数省区还停留在建立省级、地市级调剂金阶段，个别省还未建立省级调剂金制度。[①] 因此，我国基本养老保险制度地区分割或碎片化的特征没有根本性变化，基本上属于分权型养老保险体制。

（一）从制度的可持续性角度来说，分权型养老体制降低了抗风险能力并可能损害代际间公平

现有的分权模式在面对系统性风险时，由于其风险池有限，而抗风险能力较弱，为我国养老保险体制长期健康可持续发展留下隐患。2011年数据显示，全国城镇基本养老保险基金总收入16895亿元（征缴收入13956亿元，各级财政补贴2272亿元），基金总支出12765亿元，总收入依然大于总支出。财政补贴和覆盖面的扩大（如近年有部分农民工参保）暂时掩盖了制度背后的财务危机。如果剔除财政补贴，我国有半数以上省份养老基金出现赤字。随着人口老龄化的压力不断增大，巨大的现实与未来潜在的养老金收支缺口，将意味着当代人将养老保险的负外部性推延至下一代，造成了代际间的不公平并可能加剧制度的不可持续性。

（二）从公平的角度来说，分权型养老体制与社会主义公共财政体系建设的框架要求还存在一定的距离

基本公共服务均等化不仅要求养老保障制度达到横向公平，或广度上的公平，还要求实现纵向公平，或程度上的公平。广度上的公平是指制度覆盖社会全部从业人群，即实现全覆盖，但目前来看，我国尚有一批劳动人群未被纳入养老制度之内。程度上的公平是指制度内所有成员的养老政策应大体相当，但目前来看，制度的分割形成了我国养老政策在省与省之间、甚至同一省域内的不同，形成了不同行业、不同地区、不同人群之间缴费水平与待遇标准的巨大差异。不仅如此，不同地区的养老保险实际缴费负担畸重畸轻，也损害了企业间的公平市场竞争。因劳动者年龄结构与抚养比不同，各地养老保险实际缴费率相差较大，人

① 参见郑功成：《全国统筹：优化养老保险制度的治本之计——关于我国职工基本养老保险地区分割统筹状况的调查》。

口结构相对年轻的地区实际缴费率较低，反之则缴费率相对较高。分权型养老体制的地区统筹基金模式，致使不同地区养老保险基金收支余缺共存，这也妨碍了区域间公共服务的均等化。

（三）从效率的角度来说，分权型的养老体制不利于生产要素的自由流动以及全国统一市场的形成，也增加了管理成本

生产要素的流动性越强，市场效率就会越高，劳动力是生产要素的主要要素之一。我国流动劳动力的规模相当庞大，这就需要劳动者养老保险关系可转移接续。转移接续是指劳动者跨地区、跨身份、跨体系流动时，其养老保险关系也对应地从一个缴费地转到另一个缴费地，或从一种保险体系转到另一种保险体系。由于我国养老保险制度管理上所具有的“碎片化”或“五龙治水”的特点，各统筹地区各自为政、互不沟通甚至相互设堵的现象时有发生，职业跳转次数频繁的劳动人群转移养老保险关系相对容易，但统筹部分的基金却难以真正接续。大量的流动就业者一方面是重复参保，另一方面又反复退保，劳动者的劳动权益和养老权益不仅得不到切实保障，而且还因为发生地区迁移而遭受到不同程度的损失。因此，分权型的养老体制是劳动力地区间流动的严重障碍之一，不利于人力资源的合理配置。此外，从养老保险基金管理的角度来说，分权型的养老体制监督成本相对较高，运营管理效率较低，不仅影响了基金的保值增值，也不利于参保人得到较高的投资回报率。养老基金的分散化管理，一方面，资金运营效率不高，保值增值的压力很大，另一方面，由于资金使用过于分散，降低了使用透明度，增加了监管成本。根据一些国家和地区的经验，国家养老金的集中管理已经成为一种新的趋势。集中型管理可以提高管理的透明度，有利于加强监督。不仅如此，很多文献的实证研究结论表明，养老基金的集权管理可以在一定程度上降低基金的监督与管理成本。

五、健全养老保险制度提高居民消费倾向的几点建议

本文运用协整与误差修正模型研究了养老保险支出对居民消费的影响，实证分析结论在一定程度上揭示了养老保险与居民消费之间的影响机制。目前，我国养老保险制度的实施对我国居民消费有较为明显的正面影响，因此，进一步健全

与完善我国养老保险制度将有利于提升我国城镇居民的消费需求，促进经济的健康持续发展。

（一）加快全国统筹步伐，进一步扩大养老保险覆盖面

本文实证研究结果表明，我国城镇职工基本养老保险支出与城镇居民消费正向相关。1990—2011 年间，养老保险覆盖面的不断扩大以及居民养老金收入的大幅上升，直接增加退休人员的可支配收入，同时有效降低了居民消费的不确定性。因此，进一步扩大养老保险的覆盖面，将有利于稳定居民对未来的消费预期，提高居民的整体消费水平。从实践来看，各地区的有关部门和领导相当重视养老保险的扩面工作，在一些地区，如沈阳、桂林等地，开展了较大规模的养老保险扩面征缴活动，甚至被当地领导当作一项政治运动来抓，但效果都不是十分显著。养老保险统筹层次的高低，不仅影响制度的公平与效率，也直接影响到制度覆盖面的进一步扩大。

及时合理地重新调整中央政府和地方政府的支出责任，适当增加中央政府的支出责任，是当前深化财税体制改革、保障市场更加统一、公平以及基本公共服务全国均等化的重要举措和关键。养老保险更适宜由中央政府集中管理的理由有以下几个方面：第一，“养老保险的信息处理相对简单，只需要知道参保人的年龄、生死、就业状况”（楼继伟，2013）；第二，人们对于信息及未来的风险认知不同，比较而言，低层级的人信息相对不够充分；第三，养老不仅是当代人的难题，也为下一代留下了难题，跨代的问题必须由一个具有宏观调控能力的中央政府来处理，而地方政府在这方面的能力有限。集中型的养老体制，将有助于扩大风险池，增强制度的抗风险能力；有助于提高制度的共济性与公平性，实现全国公共服务的均等化；有助于促进生产要素的流动，加快共同市场的形成；还有助于将负外部性内部化，保证代际间养老制度的相对公平。更重要的是，集中型养老体制有助于提高制度的覆盖率。

实现养老制度的全国统筹至少需要处理好以下几个过渡时期的理论与现实问题。一是建立政府、企业、个人之间的责任分担机制，合理化解历史欠账；二是科学精算和制定合理的缴费与养老金待遇调整机制，实现不同养老制度之间的基本公平；三是合理确定统筹账户基金与个人账户基金的比例，增强个人账户的缴费激励与制度运行效率；四是认真讨论完全积累与名义个人账户各自的优缺点，

努力平衡代内、代际间养老负担与收益，保证制度的可持续运转；五是统一意见，凝聚共识，妥善处理好地区间基金余缺的矛盾，等等。

（二）发挥个人账户激励效应，增强参保人的消费信心

经济增长的可持续性与养老制度的可持续性都不能忽视个人账户的激励机制问题。养老保险基金全国统筹能有效防止各地区个人账户与统筹账户基金的相互透支与挪用，在全国范围内调节基金的余缺，还能有效根治统账结合的模式异化，切实发挥个人账户的缴费激励效应，增强参保人对社会保障的信心。

上世纪90年代，由于社保改革起步阶段有限的覆盖面与国企经营困境，社会统筹面临着入不敷出的巨大赤字压力，社会统筹基金部分收不抵支成为了普遍现象。当时情况下的“统账结合”制度由于没有要求个人账户独立于社会统筹部分单独管理，个人账户便参照了社会统筹基金的现收现付运营模式，多数地区挪用当期有限的职工缴费，承担过去几十年离退休职工的养老负担，用个人账户积累资金应付当期养老金支出成为很多地方政府的实际选择。政府从2001年开始要求各地通过财政补贴分担机制来逐步做实个人账户，并且从辽宁首先开始试点，此后扩展到吉林、黑龙江、山东、山西、江苏、河南、上海等13个省市。但是，在试点十多年后，做实个人账户的工作几乎陷入停滞。在辽宁试点“做实”个人账户3年后，由于个人账户资金不能再被挪用，辽宁出现了当期统筹部分的资金不足以发放养老金的实际情况。为了弥补当期支付形成的支出缺口，当时国家和地方财政分别承担了缺口部分的75%和25%。但此后缺口越来越大，依赖中央财政也难以维系庞大的养老金支付体系，于是在参与“做实”试点7年之后，辽宁省经国务院同意后，开始每年借支不超过3/8的个人账户基金用于发放养老金。因此从账户管理运营角度看，混账经营的局面并没有根本改观。在32个统筹单位中（31个省加上新疆兵团），如果剔除财政补贴，2010年有17个省份收不抵支，缺口达679亿元；2011年收不抵支的省份虽然减少到14个，但收支缺口却高于2010年，达到767亿元。个人账户空账总额继2007年突破万亿大关后，再次突破2万亿。① 可以看出，目前我国大部分省份个人账户处于巨额空账运转。

① 参见中国社会科学院世界社保研究中心：《中国养老金发展报告2012》。

我国经济增长方式正在发生转变，扩大内需促进经济增长就必须增强个人对社会保障体系的信心。养老保险统账混合经营相当于个人缴费的相当部分被用于社会再分配，统筹互济的成分高势必影响广大职工甚至企业参与的积极性和缴费的积极性，从而削弱整个制度的激励效应。而个人账户的空账运转，则更加削弱了养老保险制度的公信力及可持续发展。统账混合经营加上个人账户亏空，不仅仅是当前养老保险扩面、催缴工作举步维艰的重要原因之一，也会改变转轨一代的消费倾向。如果预期到自己的福利损失，他们可能会增加储蓄减少消费。

（三）完善养老金投资机制，提高参保人投资收益

可以预测，在全国统筹情形下，管理、经办机构的统一和信息系统的统一，会节约制度运行成本，提高行政管理效率。而劳动力流动时也不再需要随身带着基金走，经办机构省却了繁琐的转移接续事务，基金投资也不会因人员流动而中断。特别需要说明的是，个人账户（包括统筹基金余额）由地方政府管理的劣势有以下几方面，一是资金量较小，不具备规模效应；二是中央政府对资本市场信息的掌握更有优势；三是地方政府投资与运营管理技术相对薄弱；四是从全国来看分散管理的成本较高。中央政府可以根据经济发展与资本市场状况，选择多元化投资组合，直接投资与间接投资相结合，短期投资与中长期投资相结合，合理权衡投资风险与收益。简而言之，集中型的养老体制可以实现养老保险基金集中管理与有效投资，为化解基金贬值风险并为个人账户所有者提供相应的收益回报奠定基础。

主要参考文献：

[1] 秦朵．居民消费与收入关系的总量研究［J］．经济研究，1990（7）。

[2] 厉以宁．中国宏观经济实证分析［M］．北京大学出版社，1992。

[3] 袁志刚，宋铮．城镇居民消费行为变异与我国经济增长［J］．经济研究，1999（11）：20－28。

[4] 王合绪，夏阳．中国消费的过度敏感性分析［J］．经济科学，2000（4）：121－129。

[5] 吴敬琏．中国社会保障体制改革脉络［J］．经济论坛，1998（18）。

[6] 樊彩耀．完善社会保障体系促进居民消费增长［J］．宏观经济研究，2000（7）：52－56。

[7] 张继海．社会保障对中国城镇居民消费和储蓄行为影响研究［M］．北京：中国社会科学出版社，2008：14－45。

[8] 于潇、孙猛．中国人口老龄化对消费的影响研究［J］．吉林大学社会科学学报，2012（1）。

[9] 楼继伟．中国政府间财政关系再思考［M］．中国财政经济出版社，2013。

[10] 郑功成．全国统筹：优化养老保险制度的治本之计——关于我国职工基本养老保险地区分割统筹状况的调查［N］．光明日报，2013－7－23，（15）。

[11] 中国社会科学院世界社保研究中心．中国养老金发展报告 2012［R］．中国社会科学院，2012。

[12] Campbell, J. Y., Permanent income, current income, and consumption. *Journal of Business & Economic Statistics*, July 1989, Vol. 8, No. 3.

[13] Campbell, J. Y., Consumption, income and interest rates: reinterpreting the time series evidence. *National Bureau of Economic Research*, March 1990.

[14] Drakos, K., Myopia, liquidity constraints, and aggregate consumption: the case of Greece. *Journal of Economic Development*, June 2002, Vol. 27, No. 1.

[15] Elmendorf, D. W., The effect of interest－rate changes on household saving and consumption: a survey. *Federal Reserve Board*, June 1996.

[16] Leff, N. H., Dependency rates and savings rates. *The American Economic Review*, Dec. 1969, Vol. 59, No. 5.

[17] Tagkalakis, A., The effects of fiscal policy on consumption in recessions and expansions. *Journal of Public Economics*, 2008, 92: 1486－1508.

[18] Feldstein, M., Social security, induced retirement, and aggregate capital accumulation. *Journal of Political Economy*, 1974, 82 (5): 905－926.

[19] Zant, W., Social security wealth and aggregate consumption: an extended life－cycle model estimated for the Netherlands. *De Economist*, 1988, Vol. 136.

[20] Gormley, T., Limited participation and consumption－saving puzzles: a simple explanation and the role of insurance. *Journal of Financial Economics*, May 2010, Vol. 96.

[21] Abel, A. B., Precautionary saving and accidental bequests. *The American Economic Review*, 1985, 75 (4): 777－791.

[22] Hubbard, R. G., Social security and individual welfare: precautionary saving, liquidity

constraints and the pay roll tax. *The American Economic Review*, 1987, 77: 630 - 646.

[23] Barro, R. J., *The impact of social security on private saving*. Washington, D. C: American Enterprise Institute, 1978.

[24] Gruber, J., The consumption smoothing benefits of unemployment insurance. *The American Economic Review*, 1994, 87 (1): 192 - 203.

[25] Kotlikoff, L. J., The role of intergenerational transfers in aggregate capital accumulation. *National Bureau of Economic Research*, Feb. 1990.

[26] Cagan, P., The effect of pension plans on aggregate saving: evidence from a sample survey. New York: Columbia University Press, 1965.

《我国养老保险支出对城镇居民消费的影响研究》课题组

课题内容设计：张晓云

课 题 组 成 员：史静远　郭兆利　何广安　张冠雄　郑双保

课 题 执 笔 人：张晓云　史静远　郭兆利　何广安

以房养老：关键在定位

赵大全

国务院办公厅下发的《国务院关于加快发展养老服务业的若干意见》提出了开展老年人住房反向抵押养老保险试点，即以房养老。这一文件颁布的时机恰好在延迟退休、延迟领取养老金、“男当园丁女编织”、事业单位养老制度改革、公务员养老是否并轨等一系列围绕养老制度改革的激烈争论之时，出于对政府是否向公众转嫁责任的担忧，大多数舆论对于“以房养老”表现出了明显的抵触情绪。如何看待政府与老百姓之间在以房养老问题上的巨大反差，问题的关键在于以房养老的恰当定位。

政策背景：快速老龄化与养老资金缺口

当银发浪潮袭来，尤其是随着上世纪“婴儿潮”时期出生的“60后”即将步入退休年龄，我国养老问题越来越成为社会各界关注的焦点。当前中国已经进入人口老龄化快速发展的阶段，2012年底60周岁以上的老年人口已达1.94亿，2020年将达到2.43亿，2025年将突破3亿。此前更有数据显示，到2035年，我国就会成为“超级老龄社会”，每两个劳动人口就要供养一个老人。与此同时，20多年来养老改革中没有解决的问题，正在被推向前台。肇始于上世纪90年代的城镇企业职工养老保险制度改革，好似一道分水岭，带来了一系列的利益扭转——改革前数以万亿计的“历史欠账”谁来补偿？“现收现付”的养老保险模式下，2万多亿元“个人空账”怎样做实？缴纳保险的劳动人口日渐缩减，领取养老金的人群正在扩大，怎么保持收支平衡？城镇职工、机关事业单位人员、农村和城市居民等群体间的养老保障差距如何缩小？面对重重疑问，政府对养老的宣传由1985年的“只生一个好，政府来养老”，到1995年的“只生一个好，政府帮养老”，再到2005年的“养老不能靠政府”，进而到最近两年的“延迟退休和延迟领养老费”话语试探，民众对此无不忧虑重重，而至今没有任何政府部门出面予以澄清。因此，在老龄化加剧、养老金缺口巨大、生活成本不断攀升的背景下，我们如何养老的问题已经无法回避。正是在这种背景下，以房养老政策出人意料地迅速出台，自然引起人们的诸多疑虑。

追根溯源：以房养老的国际实践

以房养老，也称为“住房反向抵押贷款”或者“倒按揭”。是指老人将自己的产权房抵押出去，以定期取得一定数额养老金或者接受老年公寓服务的一种养老方式，在老人去世后，银行或保险公司收回住房使用权。以房养老最早发端于荷兰，随后日本、新加坡、澳大利亚、美国等国家先后引入这一制度。

荷兰：创而未兴。以房养老是个舶来品，源于荷兰，至今已有几十年的历史。但实际上，荷兰人对这种养老方式并不感兴趣，“倒按揭”在荷兰基本没有市场。荷兰人之所以不喜欢“以房养老”，主要由两方面因素决定。首先是房产观念。荷兰人通常重视房产，认为拥有房产是成功的最直观体现。荷兰人喜欢把房产传给子女，只有在特别紧急、实在没办法时才会考虑卖掉房子或者倒按揭。其次，荷兰的养老金制度十分完善。一般人65岁退休，退休时可以拿到工作时收入的70%以上。有了很好的生活保障，以房养老很难受到荷兰人的欢迎。

日本：条件苛刻。日本从1981开始引进“以房养老”的概念，于2002年正式设立这一制度，主要包括由各地方政府参与的直接融资方式和通过银行等金融机构参与的间接融资方式。目前，一些金融机构还将这种制度作为金融产品来推销，房地产公司最近也利用“倒按揭”的形式来推销商品房。日本以房养老对申请人的条件要求较苛刻。以东京为例，申请人年龄必须65岁以上，要居住在自己持有产权的住宅中，且不能有子女同住。申请人家庭的人均收入要在当地的低收入标准之下，已经申请低保等福利政策的家庭不能享受这项政策。申请人持有产权的房屋必须是土地价值在1500万日元以上的独门独户建筑，集体住宅不可申请。时至今日，以房养老在日本发展缓慢，从政府到民间推动都不积极。

新加坡：应者寥寥。世纪 90 年代，反向按揭率先在狮城试水，2006 年扩大到覆盖八成居民人口的政府组屋市场，但反应冷淡。政府继而推出以房套现的屋契回购计划、乐龄安居花红计划，允许符合条件的房主出租部分组屋获得资金来源，但同样应者寥寥。屋契回购计划自 2009 年推出至今，只有 474 名申请者。

澳大利亚：最后选择。澳大利亚反向抵押贷款不是政府的一项政策，而是金融机构针对老年人推出的一个金融服务产品，因此存在风险。大多数反向抵押贷款利率较高，而且是复式利率，可能导致贷款者债务膨胀。此外，一旦房产抵押给金融机构，金融机构会对居住者提出要求，将房产保持在一定状态。如果居住者想请其他人来一起居住，或是对房屋进行装修、出租等，都必须得到金融机构的批准。因此，在澳大利亚民众对以房养老的态度是迫不得已的最后选择。

美国：小众市场。与澳大利亚不同的是，“反向抵押贷款”由政府提供担保，而不是私营金融和保险机构的商业行为。美国政府自 1989 年开始试点运行“以房养老”，到 1998 年转为正式项目。经历二十多年的发展后，如今每年签约量只有 7 万左右，截止到 2010 年 5 月，参与者仅有 49 万人，市场空间非常狭小。2007 年至 2009 年次贷危机期间，美国房价大幅下跌，许多“以房养老”的房产价值不足以偿还老人获得的养老贷款本息。

由此观之，“以房养老”在其发源地早已成为“鸡肋”，而这一舶来品要成功登陆中国也决非易事。荷兰和日本“以房养老”模式的惨败经验告诉我们，要想使“以房养老”在中国成为一种切实可行的养老选择，必须具备稳定的房价和持续稳定的经济大环境这两大前提条件。

屡陷尴尬：中国以房养老的窘境

早在 2003 年孟晓苏就提议实行以房养老，2007 年全国政协委员也曾提出类似议案。2005 年南京率先尝试以房养老，随后上海、北京和广州先后试点。中信银行作为金融机构也在全国开展以房养老业务。但是，这些地方和银行的以房养老试点都是应者寥寥，皆以失败告终。

南京模式：养老院养老。早在 2005 年，率先创立以房养老南京模式。尽管仅是以一个老年公寓的试点，最后还是不了了之，老年公寓由民政管理转为个体经营。南京试点规定凡拥有南京市产权房 60 平方米以上，年满 60 岁以上孤残老人，自愿将其房产抵押，经公证后入住老年公寓，终身免交一切费用，房屋产权将在被养老人辞世后归养老院所有。这种属于“倒按揭”雏形的以房养老，历时两年而夭折。

上海模式：以房自助养老。上海市公积金管理中心于2007年试推的以房养老模式，试图来减缓老年人收入有限、生病开销大的问题。上海模式利用房价与租金的差价将老人资产盘活，但要求以产权先过户为前提，且房屋升值部分完全归公积金中心所有，使老人心存疑虑。时隔4年，这项政策因申请人很少，最终不得不停办该业务。

北京模式：养老房屋银行。这是由北京市某养老机构和中大恒基房地产经纪合作建立。60岁以上的老人将自己的房子交给“房屋银行”代理，用租金供自己住养老院。此属商业运作多方得利，但存在诸多问题，如能否保证养老院服务质量、老人房屋被代理租赁是否放心、租赁纠纷如何解决等。

广州模式：以房生财。继上海、北京之后，广州市政府2010年3月下发《关于大力推进广州保险业综合改革试验的意见》，提出要探索发展住房反向抵押养老保险。广州推出的以房养老试点3年多来，陷入响应者无几的尴尬境地。

正本清源：养老的本质与以房养老的软肋

本质上而言，现代社会的养老是政府为主体的社会化养老，也即由政府主导通过构建社会保障网而与传统社会家庭养老有本质区别的养老方式。原因在于，现代社会既是工业化或后工业化社会，又是动态的流动社会，从根本上动摇了农业社会和固定社会家庭养老的社会基础。随着农业社会向工业社会转变，社会化大生产的逐渐形成，社会职能愈趋向专门化，社会分工已成为社会发展的手段，社会分工需要人们必须紧密地结合在一起以便进行共同合作。这使得以家庭为基本经济单元的小农经济功能受到削弱，并随着社会化大生产的深入而逐渐解体。此时，传统社会中由家庭提供的生活保障需要由社会提供，这是养老模式由家庭供养向社会保障转变的根本性因素。市场经济的兴起，人们选择职业逐步打破了户籍和地域限制，整个社会也日益成为一个流动社会。此时，传统的家庭养老模式越来越不适应流动社会的要求。另外，从社会化养老的实质来看，退休老人能否安享晚年，首要的不是有钱与否，根本的是随着婴儿潮出生人群逐步进入退休阶段，独生子女群体成为工作的主体，这些工作的独生子女所创造的财富能否满足退休人员的需求，其劳动生产率能否适应退休人员的物质和服务的需求，这是问题的关键。对个体来说，有钱很重要，但对整个社会来说，有钱并不能解决所有问题，甚至不能解决基本问题，目前养老机构缺乏大量的护工人员就是很好的例子。而以房养老的实质就是以钱养老，如果政策制定的出发点认为有钱就能解决养老问题，显然没有看清养老问题的本质。因此，以房养老难以成为社会养老的主体模式。

合理定位：特定需求的小众市场

从理论层面而言，我国“421”的家庭养老结构，以房养老无疑为老人的生活改善提供了一种资金来源，从而形成社会养老保障的有益补充。然而，以房养老本质上属于一种金融服务工具和产品，它既是一种市场行为，又是一种自愿的、可选择的、可补充的养老方式，而并不是一项养老政策，其在我国更加适合在小众化人群中推广。实现以房养老要有三条件：老人与子女分开居住，使得房屋的出租或者抵押不至于影响正常生活；老人拥有对房子的产权，才有出租或者抵押房屋的权利；老人经济状况适中，因经济条件很好无以房养老必要，经济条件过低不具以房养老条件。我国的国情是，已步入老年的人，大部分并没有购买商品房，而多是单位分房，真正有条件以房养老的人，是四五十岁、购有商品房的中年人。其次从北京、上海、南京、重庆等城市的实践来看，大部分“倒按揭”都要求房屋在60平方米以上，老人年龄在60岁以上，这两个条件其实已经将适用这种养老模式的老人限制在一个相对数量并不大的圈子里。另外，儿女有出息，不会让父母卖房养老；儿女没出息，不会准父母卖房养老。这也决定了以房养老是一个小众市场。

但是，中国是一个13.5亿人口的大国，从市场细分的角度来看，再小的细分市场从全国来看也是一个规模巨大的市场。以房养老也一样，尽管从根本上看以房养老不是一个大众市场，但是对一些特定群体却是一个值得尝试的改革方向。比如对失独老人来说，以房养老就是一个很好的现实选择，而且这也是一个规模不小的市场。根据卫生部发布的《2010中国卫生统计年鉴》，中国每年新增7.6万个失独家庭，50岁以上失独群体日益庞大，全国失去独生子女家庭已经超百万个。有关专家推算，1975—2010年出生的2.18亿独生子女中，超过一千万会在25岁之前死亡。这意味着有2000万名父亲和母亲，在中老年时失去唯一的孩子。根据我国的计划生育政策的推行历史来看，这部分失独老人大多数都是城镇居民，在当年的住房改革中，都曾以较低的价格购买过“房改房”。现在，随着房地产市场的飞速飙升，这些房屋价值都有了巨大的飞跃，以房养老政策对于这部分老人来说，可谓雪中送炭，由于不必考虑留给儿女的遗产问题，他们拥有的房子用来养老绰绰有余，可以让他们过上比一般老人更好的生活。因此，以房养老政策能否顺利实施，关键在合理定位，如果定位准确，确实有一定市场，也能解决一定的实际问题。如果定位不准，而作为一般政策予以推广，必然因其适用性狭窄而引起社会大众的强烈质疑。

财税政策的绿色转型及其改革建议

许　文

一、财税政策绿色转型的必要性

环境财税政策，也称为绿色财税政策，对于促进生态环境保护有着重要的积极作用和意义。面对日趋强化的资源环境约束，逐步提高财税政策的绿色化程度并最终实现财税政策绿色转型有其必要性和紧迫性，也是我国未来财税改革的重要内容。财税政策的绿色转型，并不仅仅是更多地制定和完善环境财税政策，更重要地是以绿色发展的理念来指导财税政策的改革，将绿色贯穿于财税政策改革的各个方面，建立起促进生态环境保护的长效机制，形成相互协调和相互配合的绿色财税政策体系，实行财税政策整体绿化。

（一）适应经济发展方式转变的需要

财税制度和政策改革与国内外的宏观经济形势、国家经济社会存在的问题以及经济社会发展战略等方面密切相关，宏观经济形势的变化主要决定了财税政策的导向和出台时机，经济社会存在的问题和发展战略决定了财税政策改革需要解决的主要问题和总体方向。目前，我国经济社会发展中存在着不平衡、不协调、不可持续问题，即经济增长单纯追求速度、盲日扩大数量的粗放型增长方式；严重依赖资源和破坏环境的资源消耗型发展方式；过度依赖技术引进的技术引进型发展方式；过度依赖出口和投资的出口和投资拉动型发展方式，以及不合理的经济结构和产业结构，经济社会发展不协调等。对此，国内也提出了加快经济发展方式转变的重大战略任务。考虑到我国资源环境约束日趋强化，必须树立绿色的发展理念。在这种背景下，财税政策就必须服从全局性的经济发展战略，适应新形势下经济发展方式转变的需要，实现财税政策的绿色转型，加强财税政策对生态环境保护的促进作用。

（二）进一步完善环境财税政策的需要

近年来，在我国加强生态环境保护和建立两型社会的大背景下，政府已经制定和实施了大量与生态环境保护等方面相关的财政支出政策、税收政策和政府采购政策，对于促进生态环境保护发挥了重要作用。但从我国环境财税政策的未来发展看，其目标并不仅仅局限于部分财税政策的绿色改革，而是实现财税政策的整体绿色改革，即绿色转型。因为目前环境财税政策还只是各种政策的综合，而没有形成一个整体，与实现生态环境保护的目标和需要相比还有较大的差距。具体看，环境财政支出政策上是因事设项目，缺乏系统性设计，需要进行结构性的变化；由于改革的难度大，环境税收政策也只是选择部分易于改革的税种进行了调整，未来需要进一步体现税收的绿色化。更为重要的是，各类绿色财税政策之间缺乏顶层设计，政策间的协调配合不足，没有形成一套完整的体系，不利于在生态环境保护上的调节作用发挥。因此，我国的环境财税政策的改革，需要从整体上考虑财税政策的绿色转型问题，而不是局限于部分财税政策的部分改革。

（三）整个经济政策绿色转型的需要

实现“从主要用行政办法保护环境转变为综合运用法律、经济、技术和必要的行政办法解决环境问题，自觉遵循经济规律和自然规律，提高环境保护工作水平。”，是环境政策的三个重要转变之一。在市场经济条件下，主要通过行政手段推动生态环境保护的作用是有限的，应当充分发挥市场配置资源的基础性作用。在采用行政手段的同时，更多地采取经济的宏观调控手段，实现经济政策的绿色转型，建立起促进生态环境保护的长效机制。财税政策作为环境经济政策最主要的组成部分，通过财税政策的绿色转型，以及财税政策与其他环境经济政策之间的协调配合，有利于尽早实现经济政策的绿色转型。

二、我国财税政策的绿色化现状

（一）财政支出政策的绿化现状

1. 环境保护的财政支出项目与政策。

根据我国《2012年政府收支分类科目》，现行财政支出在按支出功能分类的211类“节能环保”中，已包括环境保护管理事务、环境监测与监察、污染防治、自然生态保护、天然林保护、退耕还林、风沙荒漠治理、退牧还草、已垦草原退耕还草、能源节约利用、污染减排、可再生能源、资源综合利用、能源管理事务和其他环境保护15款与生态环境保护相关的支出项目。同时，财政还通过转移支付、财政投资和设立专项资金，以及运用财政奖励、财政补贴和补助等多种支出政策措施，制定了大量与促进污染物减排和生态环保、资源节约和循环经济发展、节能与提高能效、新能源与可再生能源发展等方面相关的财政支出政策。

2. 环境保护的财政支出规模和占比。

近年来，我国环境保护的财政支出绝对规模逐年加大，由2008年的1451.36亿元增长到2012年的2965.36亿元，年均增长率为19.56%。中央环境保护支出（包括本级支出和转移支付）也由2008年1040.30亿元增加到2012年的1998.42亿元，年均增长率为17.73%①。但总体上看，环境保护财政支出的增速在逐步放缓。见图1。

环保财政支出占财政支出和GDP的比重在总体上保持稳定。2008年到2012年期间，全国环境保护支出占财政支出的比重保持在2.35%至2.89%的范围之间，5年的平均比重为2.51%；中央环境保护支出的占比保持在2.63%至3.12%的范围之间，5年期间的平均比重为2.94%。全国环境保护支出占GDP的比重由2008年的0.46%增长到2010年的0.61%，其后有所下降，5年的平均比重为0.55%；中央环境保护支出的占比由2008年的0.33%增长到2012年的

① 资料来源：2008—2012年财政支出和环境保护财政支出数据来源于历年财政支出决算表（财政部网站）。

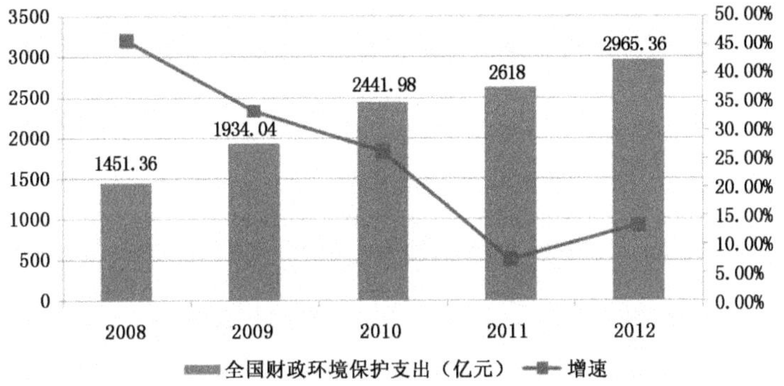

图 1　全国财政环境保护支出规模情况

0.38%，5 年期间的平均比重为 0.35%。见图 2。

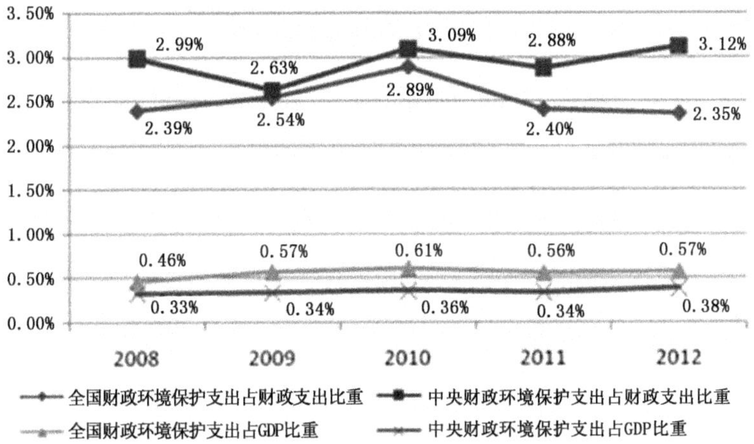

图 2　全国财政和中央财政的环境保护支出占财政支出和 GDP 比重情况

3. 环境保护的财政支出范围。

环境保护的财政支出范围涉及到生态环境保护的各个方面，还包括节能、资源综合利用等与生态环境保护间接相关的支出。在具体构成上，2012 年的环境保护支出中占比前三位的是污染防治、能源节约利用和污染减排，分别为 27.69%、18.18% 和 12.03%，占比后三位是已垦草原退耕还草、能源事务管理和退牧还草，分别为 0%、0.22% 和 0.68%。如果对各项环境保护支出项目进行归类汇总，污染防治与减排支出的占比为 39.72%，生态保护支出（自然生态保护、天然林保护、退耕还林等）为 23.00%，能源相关支出为 23.38%，资源综合利用支出为 2.97%。如果不考虑能源相关支出和资源综合利用支出，财政用于污染防治和减排、生态保护方面的支出合计约占到了环境保护总支出的74%左右。

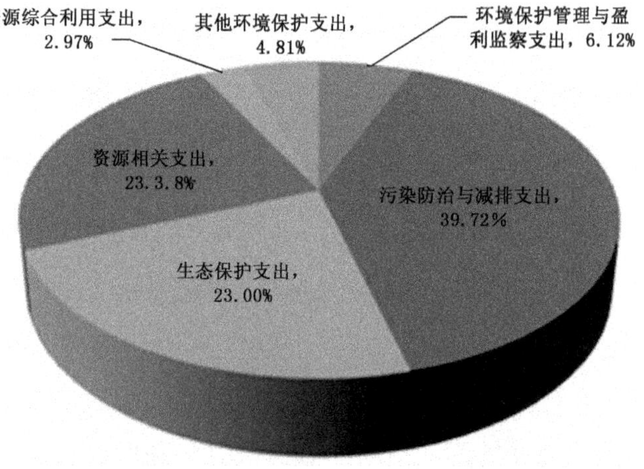

图3　2012年环境保护财政支出的构成情况

4. 环保财政支出的政策效果。

根据国内的相关统计，“十一五”期间我国中央财政拿出2000亿元用于节能减排方面的投资，在多项财政政策的全力支持与带动下，各级政府和企业也相应增加了投入，大约带动了将近2万亿元的社会投资①。同时，从“十一五”环境保护的主要污染物减排10%的约束性指标看，“十一五”期间二氧化硫、化学需氧量排放总量分别下降14.29%和12.45%，二氧化硫减排目标提早一年实现，化学需氧量减排目标提早半年实现。尽管污染物减排和生态环境的改善是包括环境财税政策在内的环境经济政策、行政手段、环境标准等多方面政策作用的结果，难以将其主要归因于财税政策，但上述结果也能在一定程度上表明包括财政支出政策在内的环境财税政策取得了较好的环保效果。

（二）税收政策的绿化现状

1. 环境保护的约束性税收政策情况。

我国现行税制中与环境相关的主要税种是消费税、资源税和车船税等。作为

① 《“十一五”期间中央财政投资2000亿元用于节能减排》，《经济日报》，2010年11月23日。

约束性环境税收政策，消费税、资源税、车船税等主要是通过对原油、天然气、煤炭和成品油等化石燃料，对小汽车、摩托车、游艇等高耗能产品，以及对一次性木筷和实木地板等资源性产品征收来增加污染排放或生态环境破坏的成本，从而起到生态环境保护的作用。

随着我国税收收入总体规模的较快增长，环境税收收入①的规模也在不断增长。2000 年我国的环境税收收入规模为 384.08 亿元，到 2010 年增长为 4037.88 亿元。见图 4。在环境税收收入构成上，以成品油和小汽车为主要征税对象的国内消费税收入占到了整个环境税收收入的约 80%，其次是资源税，约占 10% 左右，最低的是排污费，不到 5%。见图 5。在增速上，环境税收收入在总体上要快于税收收入，环境税收收入快速增长的主要原因是机动车消费税和成品油消费税的收入增幅快。

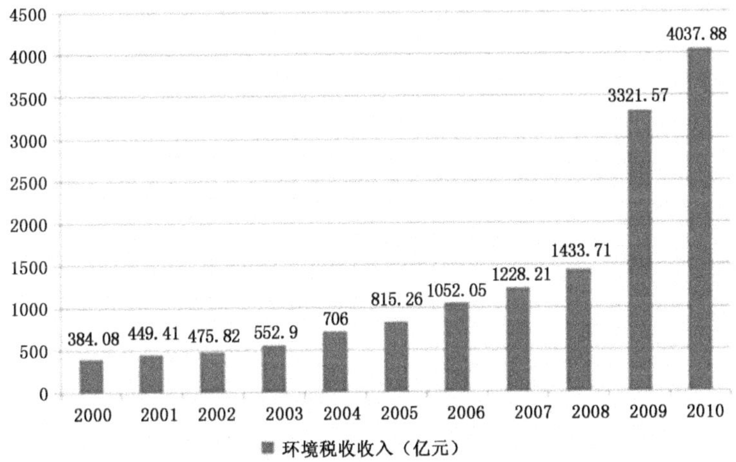

图 4　环境税收收入规模情况

资料来源：《中国统计年鉴》、《中国税务年鉴》。

注：国内消费税是指国内消费税收入中扣除了与环保不相关的烟、酒收入的结果，即将剩余部分收入作为与环保相关的收入。2009 年因燃油税费改革导致成品油消费税增收规模较大（1653 亿元）。车船税在 2007 年以前是车船使用税和车船使用牌照税的合计数。

环境税收收入占税收总收入和 GDP 的比重也呈现出不断增长的趋势，占税

① 环境税收收入为排污费、国内消费税、资源税和车船税收入的合计数。

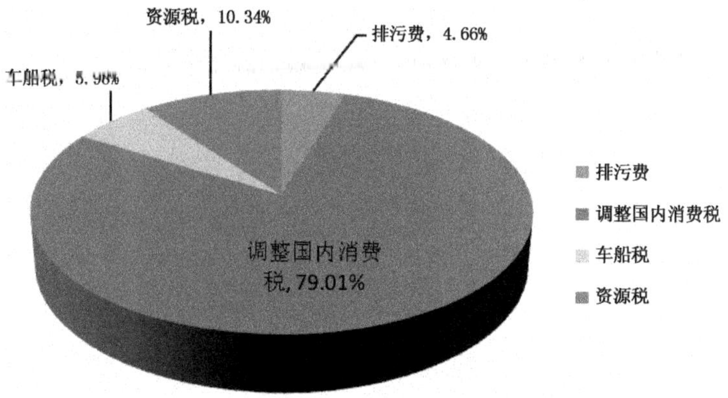

图 5　2010 年环境税收收入的构成情况

收总收入比重由 2000 年的 3.05% 增加到 2010 年的 5.52%，11 年期间的平均占比为 3.33%；占 GDP 的比重也不断增长，由 2000 年的 0.39% 增加到 2010 年的 1.01%，平均占比为 0.53%。见图 6。

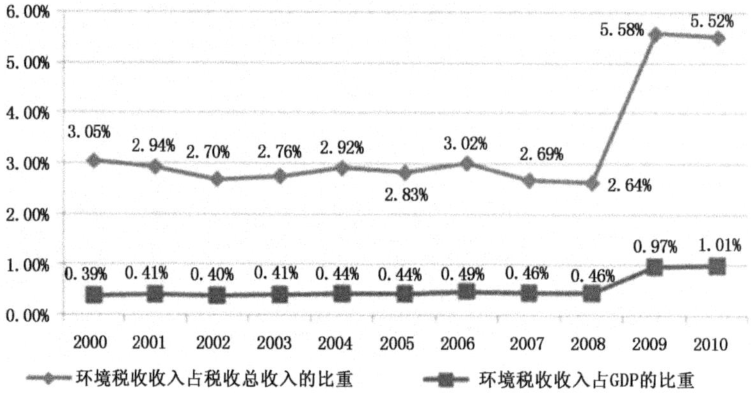

图 6　环境税收收入占税收总收入和 GDP 的比重情况

2. 环境保护的激励性税收政策情况。

除上述与环境直接相关的税种外，我国现行税制中的增值税、企业所得税等税种，也制定有涉及环境保护相关的一些税收优惠政策规定，其也能够在一定程度上发挥环境保护和绿化税制的作用。

总体看，"十一五"以来我国与环境保护相关的税收优惠政策的数量不断增多，政府运用激励性税收政策的力度也在增强。例如，根据现行企业所得税法的相关规定，在 20 项左右的所得税优惠政策中，与环境保护直接相关的优惠政策有 5 条，间接相关的税收优惠政策也有 4 条。与旧的企业所得税法相比，环境保护的优惠政策在数量和内容上都有所增加。

在环境税收优惠政策的支持范围上，现行企业所得税政策主要涉及环境保护节能节水项目、节能服务产业、环境保护节能节水专用设备、资源综合利用等方面；增值税政策主要表现在鼓励和支持企业积极进行资源的综合利用方面、能源和节能和其他方面；营业税政策主要体现在技术转让、污水和垃圾处置、节能服务方面。

（三）绿色政府采购政策现状

1. 绿色政府采购政策规模及占比情况。

国内目前实施的绿色政府采购主要是对节能、节水产品和环境标志产品的政府采购。我国从 2005 开始实施节能产品政府采购制度，2007 年建立了节能产品强制性政府采购制度。同时，2007 年我国开始实施环境标志产品政府采购制度，2010 年建立环境标志产品优先采购制度。

随着节能产品强制性政府采购和环境标志产品优先采购制度的实施，我国绿色政府采购的规模不断增加，占比也逐年提高。根据有关部门的统计，我国 2007 年①、2009 年②和 2010 年③的绿色政府采购支出（用于节能、节水和环境标志产品的采购支出）分别为 164.00 亿元、302.10 亿元和 700.00 亿元，“十一五”时期的绿色政府采购支出总额为 2726.00 亿元④。2006 年节能（含节水）产品政府采购金额占同类产品政府采购总金额的比重为 60% 左右⑤，“十一五”时期全国节能环保产品政府采购金额约占同类所有产品政府采购金额的 65% 左右。2006 年至 2010 年期间，绿色政府采购支出占政府采购总支出的比重分别为 3.52%、4.08%、8.31% 和 9.04%，占 GDP 的比重分别为 0.06%、0.09%、0.17% 和 0.18%。见表 1。

2. 绿色政府采购政策的范围情况。

我国的《节能产品政府采购清单》和《环境标志产品政府采购清单》进行

---

① 数据来源：《政府“绿色采购”已成中国发展循环经济重要助力》，新华网，2008 年 12 月 19 日。

② 数据来源：《2009 年全国政府采购规模达 7413.2 亿元》，《中国财经报》，2010 年 8 月 18 日。

③ 数据来源：《2010 年全国政采突破 8000 亿元》，《中国政府采购报》，2011 年 05 月 06 日。

④ 数据来源：《2010 年全国政采规模达 8422 亿元》，《中国财经报》，2011 年 5 月 26 日。

⑤ 数据来源：《落实政府强制采购节能产品政策，深化政府采购制度改革》，《中国财政》，2008 年 02 期。

实行定期发布和调整，相应地绿色政府采购范围也在逐步扩大。具体看，《节能产品政府采购清单》由第1期的6类节能产品和2类节水产品，扩大到第11期的22类节能产品、6类节水产品和3万多种节能节水产品。《环境标志产品政府采购清单》则由第1期的14个产品种类、81家入选企业和856种产品型号，扩大到第9期的24个产品种类、500多家入选企业和2万多种产品型号。

表1　　绿色政府采购规模和占比情况

年份	绿色政府采购规模（亿元）	政府采购总支出（亿元）	绿色政府采购支出占同类产品采购支出的比重	绿色政府采购支出占政府采购总支出的比重	绿色政府采购支出占GDP的比重
2006	—	3681.6	60%	—	—
2007	164.00	4660.9	84.5%	3.52%	0.06%
2008	—	5990.9	—	—	—
2009	302.10	7413.2	—	4.08%	0.09%
2010	700.00	8422.0	80%	8.31%	0.17%
"十一五"	2726.00	30168.6	65%	9.04%	0.18%

注：2007年和2010年的绿色政府采购支出只是节能（节水）产品的采购支出。

三、财税政策绿色转型面临的挑战

根据上述分析可知，随着我国环境财税政策的不断完善，财税政策的绿色化程度在不断提高。但与我国生态环境保护所要实现的目标相比，环境财税政策仍存在着一些问题，财税政策的绿色转型面临挑战。

（一）环保财政支出的相对规模偏低，财政资金使用效率有待提高

我国的环保财政投入规模和占比在逐年增加，2008年至2012年期间全国环境保护支出占GDP的平均比重为0.55%，与OECD国家污染减排和控制的财政支出（公共部门支出）占GDP比重的0.5%—0.8%范围相比，我国环保财政支出的规模尚处于其下限。尤其是我国目前处于污染频发的高峰期，相对于国内的污染治理需求，我国的环保财政支出比重偏低。且从环境治理投资和研发费用的

角度看，我国的环保财政投入的相关程度有待提高，部分领域的财政投入力度尚有不足，需针对环境保护的实际需要制定有效的政策手段。

同时，环境财政支出政策在设计和管理上的不足，降低了节能减排专项资金的使用效率，并相应影响到环境财政支出政策所预期实现的环境保护目标。例如，“十一五”期间节能减排专项资金的审计结果表明，节能减排专项资金存在着被套取、挪用等问题。再如，中央财政投入资金建设的污水处理厂等设施存在着闲置现象，以及一些节能减排治理设施不能正常运转等问题。此外，财政支出政策在引导有关环境保护的市场机制形成方面有所不足，尚缺乏以市场机制为主的相关基金和担保机制，也影响到财政支出政策效果的发挥。

（二）与环境保护直接相关的约束性税收政策缺位，激励性政策有待完善

我国的约束性环境税收政策在规模和占比上有一定的提高，2000 年至 2010 年期间环境税收收入占税收总收入和 GDP 的平均比重分别为 3. 33% 和 0. 53% 。与 OECD 国家的环境税收入占税收总收入比重的 5%—8% 范围和占 GDP 的平均比重 2%—2. 5% （算术平均数）相比，我国仍有一定的差距，这也表明我国未来有提高税收调控力度的需要。同时，最为突出的问题是，约束性环境税收政策中缺乏与污染物减排直接相关的排污税等税种，如而是由排污费来替代，存在着政策缺位。

在激励性环境税收政策上，“十一五”以来税收优惠政策的数量和规模都有所提高。但由于缺乏从整体上对环境税收政策进行设计和制定，各种税收政策之间各自独立、互不衔接，难以构建完善的环境税收政策体系和形成合力。同时，现行税收政策中还存在着一些不利于生态环境保护的优惠政策，其会在一定程度上的削弱和抵消对其他政策的环保调控效果。以农业面源污染为例，我国农村滥用农药、化肥是造成严重的面源污染的一个重要原因。而现行增值税对农药、化肥等农资又给予 13% 优惠税率的优惠政策，这虽然有利于减轻农业和农民的负担，却不利于农村的生态环境保护。再如，一些地方政府为了招商引资，对引进的污染企业给予变相的优惠政策，会造成国内的污染转移问题。

（三）绿色政府采购规模有待提高，采购范围需要扩大

我国的绿色政府采购支出虽然在逐步扩大，但绿色政府采购规模在整个政府

采购中的占比还较低。欧盟委员会于2004年发布了《政府绿色采购手册》，并成立了欧洲绿色采购网络组织（EGPN），目标是到2010年政府采购总额的50%实现绿色公共采购。从目前来看，绿色政府采购占欧盟各国政府采购支出的平均比重达19%。其中，瑞典达50%，丹麦40%、德国30%、奥地利28%、英国23%，均超过了欧盟的平均值。[①] 可以看到，我国现行绿色政府采购9.04%的占比水平，与欧盟国家相比有很大的差距，也表明我国政府采购的绿色化程度相对较低。

在绿色政府采购的采购范围和对象上，我国目前只涉及到办公设备等方面的节能、节水和环境标志产品，还不涉及与环境保护相关的工程和服务等方面的采购。尽管节能产品和环境标志产品的政府采购清单也在进行调整，但相对于加大环境保护的要求，有关节能和环保的标准有待提高。此外，政府采购作为一项节约财政资金和提高财政资金使用效率的政策，在于绿色政府采购上也需要注意现行政府采购出现的采购价格虚高，降低财政资金使用效率的问题。

四、加快财税政策绿色转型的改革建议

（一）进一步加大财政对环境保护的投入力度

根据“十二五”规划纲要要求，我国将深化财政体制改革，包括合理界定事权、理顺各级政府间财政分配关系、完善转移支付制度、加强县级政府提供基本公共服务的财力保障等。可以看到，在事权和财力合理划分的情况下，将有助于明确中央与地方在环境保护上的责任，并相应加大对环境保护的财政投入。同时，我国也将优化财政支出结构，加大对包括节能减排在内的民生方面的支出，切实保障和改善民生。这表明，财政支出政策未来将更多向民生倾斜，这也为加大财政对环境保护的投入提供了可能。

环境保护作为一项基本国策，应参照支农支出、教育支出和科技支出等财政支出，对中央财政和有条件的地方财政明确一定的环境保护支出要求。即规定：“国家逐步提高环境保护经费投入的总体水平；国家财政用于环境保护经费的增

① 林初宝：《实行政府绿色采购是大势所趋》，2009年12月。

长幅度，应当高于国家财政经常性收入的增长幅度。全国环境保护财政支出应当占国内生产总值适当的比例，并逐步提高”。

（二）优化环境保护的财政支出结构

根据《国家环境保护“十二五”规划》，环境保护的主要目标为：“主要污染物排放总量显著减少；城乡饮用水水源地环境安全得到有效保障，水质大幅提高；重金属污染得到有效控制，持久性有机污染物、危险化学品、危险废物等污染防治成效明显；城镇环境基础设施建设和运行水平得到提升；生态环境恶化趋势得到扭转；核与辐射安全监管能力明显增强，核与辐射安全水平进一步提高；环境监管体系得到健全。”同时，作为二氧化碳的排放大国，我国还需要实现到2020年中国单位国内生产总值二氧化碳排放比2005年下降40%—45%的减排目标。上述内容都属于我国未来需要加强的环境保护领域。

在整体增加财政投入规模的基础上，应根据目前环境保护的重点领域和财政支出政策对各类环保项目的支持力度差别，加大对重点环境保护领域的投入力度。具体来看，这些环境保护的重点领域，包括废气、污水、重金属等危险废物的污染防治，重点污染物（二氧化硫、氮氧化物、COD和氨氮）的污染减排，农村环保、生态环境保护和二氧化碳减排等项目。相对于其他一般环保领域来说，这些重点领域的财政投入力度应更大，增速应更快，以应对目前不断增长的资源环境压力。

（三）适时开征环境保护税，完善消费税、资源税等其他约束性税收政策

实施资源和环境方面的税收改革是我国未来税制改革的重点之一，其包括全面推进资源税改革、开征环境保护税、耕地占用税改革和调整消费税等，这有助于加强税收对节能减排和生态环境保护的调节作用。

根据未来税制改革的方向，结合环境保护的基本目标和领域，约束性税收政策的绿化改革内容为：一是尽快实施排污费改税，对大气污染物、水污染物、固体废物、噪音等污染物排放，以及二氧化碳的排放征收环境保护税；二是根据节能减排的实际需要，将目前不符合节能、环保等技术标准的高能耗、高污染和严重消耗资源的产品纳入消费税征税范围；三是扩大资源税从价计征办法的实施范围，对煤炭等矿产品实施从价计征改革，适度提高稀土等矿产品资源税税率，深

化资源税费制度改革；四是车船税可考虑逐步由现行排气量改为按照二氧化碳排放量进行征收，进一步完善有关节能环保车船的优惠政策等；五是车辆购置税政策可参考车船税按排气量或二氧化碳排量进行征收的做法对车辆设置差别税率，体现车辆购置税的节能减排调控作用。

（四）改革和完善企业所得税和增值税政策，优化激励性绿色税收政策

在加大约束性环境税收政策调控力度的同时，也需要结合环境保护的需要和税制改革的发展方向，完善激励性的环境税收政策。激励性税收政策的绿色化方向包括两个方面：

一是扩大优惠政策范围、完善相关政策规定，进一步加大加强企业所得税、增值税等环境税收优惠政策的激励力度。具体包括：适时调整和完善现行相关优惠政策，包括调整环境保护、节能、节水项目所得税优惠政策的适用条件等；根据企业环境保护的实际需要，适时修改和调整现有优惠政策所涉及的相关优惠目录，尽快出台配套办法；根据生态环境保护的形势需要，制定新的税收优惠政策。

二是废止企业所得税、增值税中不利于环境保护的相关优惠政策，降低对环境保护的不利影响。具体包括：取消农药和化肥等不符合生态保护要求的增值税优惠政策，对不易造成土壤污染的有机肥等农资产品给予优惠政策；加强税收优惠政策的管理，制止地方政府变相实施的不利于生态环境保护的优惠政策等。

（五）进一步提高绿色政府采购的规模和比重，扩大采购范围

我国政府采购政策的未来改革方向主要为扩大政府采购实施范围和规模，增强政府采购对经济社会发展的宏观调控作用。按国际上政府采购规模一般占财政支出的 30 – 40% 的情况，我国政府采购规模还有着很大的发展空间。同时，需要继续完善政府采购支持节能减排、环境保护的政策措施和执行机制。结合生态环境保护的基本目标和领域，政府采购政策的具体绿化内容包括：

一是进一步提高绿色政府采购的规模和比重。结合我国政府采购规模的逐步扩大，有必要逐步提高绿色政府采购占政府采购的比重，争取在 2020 年将绿色政府采购占政府采购的比重提高到 50% 。

二是进一步扩大绿色政府采购的采购范围。在完善细化“节能产品政府采

购清单”和“环境标志产品政府采购清单”的基础上，增加采购产品的种类，同时将绿色交通、建筑改造等绿色工程和服务采购也纳入到政府采购的范围中。完善政府采购制度，合理制定绿色采购的标准和加强政府采购的管理，提高政府采购资金的使用效率。

总之，实现财税政策的绿色转型是一个长期的过程，不可能一蹴而就。因此，提高财税政策绿色化的各种政策措施，还有必要根据我国经济社会发展的现状和未来趋势，结合相关财税政策实施的紧迫性和可操作性，分阶段地确定财税政策绿化的具体内容和实施步骤。

中美两国“政府花钱”应对全球金融危机的效应比较及启示

文宗瑜

由美国次贷危机所诱发的全球金融危机及其影响即将结束。美国是此轮全球金融危机的发源地，但是，出人意料之外的是美国率先实现了经济复苏，复苏质量也明显高于欧盟与日本，各种数据与指标都预示着美国经济正在步入一个比较快的复苏通道，美国经济将再次崛起。作为第二大经济体的中国，在应对此轮全球金融危机中的出手之快与力度之大，曾让全世界叹服，许多学者与官员曾一度信心满满地预言：中国将会很快化解全球金融危机的影响，领先美欧实现经济复苏，但是，不到一年半的经济增长反弹很快被证明是复苏假象，中国许多学者与官员的预言落空，中国经济复苏的进程不仅十分缓慢，而且还有很大的不确定性。当下美国经济“强复苏再崛起”与中国经济“弱复苏弱增长”形成了巨大的反差。

在此轮全球金融危机中，美国联邦政府出台了七千亿美元的救市计划，中国中央政府实施了四万亿人民币的刺激经济增长计划。在某种意义上，美国与中国都是“政府花钱”应对危机，而且两国政府花钱的数额基本相当。由于两国政府的“政府花钱”方式完全不同，导致了政府花钱的效果效应不同。通过比较可以看出，美国政府的七千亿美元救市计划助推了全球金融危机后的美国经济复苏，中国政府的四万亿人民币刺激经济增长计划一定程度上拖累了全球金融危机后的中国经济复苏。当然，美国经济率先复苏，中国经济滞后复苏，不会影响中国经济的中长远发展。但是，必须要承认，在此轮应对全球金融危机中，美国政府的许多经验及“政府花钱”方式值得中国政府借鉴与学习。

一、中美两国此轮应对全球金融危机的“政府花钱”数额基本相当

美国2007年的次贷危机诱发了2008年全球金融危机，此轮全球金融危机包括了美国的次贷危机，在某种意义上，美国应对自己的次贷危机也是应对全球金融危机。为了应对全球金融危机，美国联邦政府2007年下半年出台了七千亿美元救市计划，中国中央政府2008年下半年出台了四万亿人民币刺激经济增长计划。按当时美元与人民币的汇率计算，美国七千亿美元数额比中国四万亿人民币数额略大，两国应对全球金融危机的“政府花钱”数额基本相当。

（一）美国联邦政府七千亿美元额度的救市计划

次贷危机不仅对美国金融业产生了突然而至的巨大打击，而且给美国实体经济也带来了十分大的影响。面对金融业已经断裂的资金流动链、实体经济日渐收紧的资金流动链，美国联邦政府着眼于流动性危机及压力，拟出台七千亿美元的救市计划。就当时美国约14.45万亿美元的GDP规模而言，七千亿美元的救市额度不算大，但是，就美国联邦政府赤字已破10万亿美元大关而言，七千亿美元的救市额度又显得十分大。虽然在救市额度及具体救助企业名单方面存在着分歧与争吵，美国联邦政府最终还是决定推出七千亿美元的救市计划。美国联邦政府一直强调并重视市场力量作用的发挥，能够下决心让“政府花钱”救市实属不易。在某种意义上，此轮全球金融危机中，美国拉开了“政府花钱”应对危机的序幕，中国紧随其后。

（二）中国中央政府四万亿人民币额度的刺激经济增长计划

全球金融危机的突然而至，对于已经出现较大过剩与面临经济转型的中国经济运行带来较大影响。与当时美国流动性危机相比，中国主要是出口增长下坠式回落带来的实体经济运营困难。面对全球金融危机的冲击，中央国务院决定推出四万亿人民币的刺激经济增长计划，具体而言，就是由中央财政出资1.18万亿元人民币、地方财政出资2.82万亿元人民币，在2009年与2010年实施政府四万亿投资而拉动中国经济增长。四万亿人民币的刺激经济增长计划额度，比美国

七千亿美元救市计划额度要小。但是，中国中央政府的“政府花钱”投资的示范性与引导性很强；2009 年、2010 年的中国实际投资额不仅高于四万亿人民币，而且高于美国七千亿美元救市的救市额度。

需要做一步说明的是，判断“中国政府的四万亿人民币刺激经济增长计划一定程度上拖累了全球金融危机后的中国经济复苏”，不是单指四万亿人民币刺激经济增长计划，是指“四万亿刺激经济增长计划实际演变成的二十八万亿投资大跃进”。随着中央国务院推出四万亿刺激经济增长计划，各级地方政府、国有企业尤其央企、民营企业等，纷纷“搭四万亿刺激经济增长计划便车”，无限扩大投资规模；测算 2009 年与 2010 年的政府出资、银行贷款、证券市场融资、民间高利贷融资、国企民企积累的未分配利润转投资等，统计各种公开数据，可以判断：2009 年与 2010 年实际新投资约 28 万亿元人民币，且其中约 75% 是固定资产投资。可以说，中国四万亿刺激经济增长计划实际演变成了“二十八万亿投资大跃进”。就 2009 年与 2010 年中国实际的“二十八万亿投资”而言，远远大于美国七千亿美元的救市额度。

二、中美两国“政府花钱”的程序与方式存在很大差别

美国联邦政府的七千亿美元救市计划、中国中央政府的四万亿人民币刺激经济增长计划，都可以称之为“政府花钱”。就七千亿美元与四万亿人民币相比，在应对此轮全球金融危机中，中美两国的“政府花钱”额度基本相当。但是，美国政府的花钱程序尤其花钱方式都与中国政府不同。就花钱方式看，美国的“政府花钱”是政府把钱给企业让企业去花钱，中国的“政府花钱”是政府亲自花钱上各类项目。

（一）美国的“政府花钱”程序繁杂而且坚决禁止政府亲自花钱

为了应对次贷危机，2007 年下半年美国联邦政府拟出台七千亿美元的救市计划。美国的“政府花钱”，政府决定不了，布什总统拟出台的七千亿美元救市计划必须提交美国国会众议院讨论批准，但是，该救市计划议案在众议院被否决。七千亿美元救市计划议案被否决后，布什总统及内阁班子成员不得不重新修改完善，并就议案如何修改完善私下征求许多众议院议员的意见，在大

量补充工作完成后再次提交众议院审批，最终以略为过半数的表决被通过。就最后被国会众议院批准通过的救市计划议案看，不仅内容十分具体，而且所有被救助公司的相关信息全部公开。美国联邦政府的七千亿美元救市计划被国会批判后，救市计划在实施中，“钱”不是政府亲自花，而是政府把钱给企业让企业去花。具体而言，就是七千亿美元用来给美国两类大企业进行资本注资，一是美国金融大企业，二是美国制造业的大企业。在某种意义上，美国的“政府花钱”是政府把钱给企业让企业去花钱。当然，如果是政府亲自花钱，国会也不会批准。

（二）中国的“政府花钱”程序简单而且是各级政府亲自花钱

为了对冲全球金融危机对中国经济的影响，中国中央政府拟推出四万亿人民币刺激经济增长计划。该刺激经济增长计划从提议到批准再到开始实施只有几个月的时间，就程序而言，经过了国务院总理办公会的讨论通过。与美国七千亿美元救市计划的繁杂程序相比，中国四万亿人民币刺激经济增长计划的程序简单；在各国政府应对此轮全球金融危机的措施出台中，中国政府被国内国外“赞誉”为出手快、效率高。中国的“政府花钱”除了程序简单外，最大特征在于“政府亲自花钱”的方式，四万亿人民币的刺激经济增长计划具体实施是政府花钱上各类项目，项目包括铁路、公路、机场、市政、开发区或工业园区、房地产等。当然，政府花钱上的各类项目都要承包给企业或个人去施工完成。“政府亲自花钱”在国外饱受诟病，因为容易导致两个结果：一是低效率，二是“寻租”。

三、中美两国“政府花钱”应对危机的滞后经济效应完全不同

美国联邦政府的七千亿美元救市计划、中国中央政府的四万亿人民币刺激经济增长计划，虽然都是“政府花钱”应对危机，但是，由于花钱程序特别是花钱方式不同，滞后的经济效应完全不同。

（一）美国政府的花钱似乎延长了危机周期但为美国经济再次崛起打下了基础

美国联邦政府的七千亿美元是给企业让企业花钱。为了让企业把钱花在刀刃上，美国联邦政府与被注资企业之间签订了合约：政府给企业的注资在36—60个月（3—5年）后企业要还本付息，如果到期不能偿还，企业将被联邦政府接管、收归国有。严苛的条款使所有注资企业都谨慎花钱、严控成本、强化管理、加快创新，因此，美国政府的七千亿美元在2011年后带来了两个直接结果：①绝大多数被注资企业的营业收入、利润额、资本收益率都出现了大幅增长，企业财务指标好转。②美国的纽约证券交易所与纳斯达克（NASDAQ）两大证券市场触底反弹并大幅上涨，美国证券市场2012年的涨幅位居全球之最、2013年1—6月的涨幅仍位居全球之最。美国两大证券市场的大幅上涨，得益于这些被注资企业财务指标的好转，因为绝大多数被注资企业是在美国两大证券市场上市的上市公司。美国政府的七千亿美元救市计划在实施中刻意拉长了时间，这种设计及做法从表面上看似乎是要延长危机周期，但是，其作用在于可以让市场内生性动力充分恢复，为美国经济再次崛起打下基础。

（二）中国政府的花钱实现了经济增长短期内快速反弹却使经济中长期运行背上了沉重包袱

中国政府的四万亿人民币刺激经济增长计划是政府亲自花钱上项目，项目建设之快可称之为世界之最，虽然有各级发改委审批项目，但是，项目边建边批、先建后批几乎成为常态。因此，四万亿人民币刺激经济增长计划实施还不到一年，中国GDP增长就重新回到了10%以上的两位数增长，与当时世界各国GDP超低增长与负增长形成巨大反差；中国经济在全球金融危机影响下的两位数高增长成为全球经济低迷中一道最亮丽的风景线。除了各类项目上马快，四万亿人民币刺激经济增长计划带来的最大问题是在推进中演变成“二十八万亿投资大跃进”，由此带来三个直接结果：①新一轮全国性大规模重复建设。各地“搭四万亿刺激经济增长计划便车”，匆忙上马的项目除了投资规模大的特点，就是项目相互雷同、相似，很多项目在不同省市的名称虽然不同，但内容相同，从而导致了本世纪以来一次最大规模的全国性重复建设。②各行各业更加严重的产能过剩与产品过剩。随着四万亿刺激经济增长计划的实施，到2010年后，全国工业领域57个行业过剩，35个行业过剩超过70%，还有7个行业过剩超过100%。在各行各业的过剩中，不仅传统行业如钢铁、造船、机械装备、电解铝与氧化铝等过剩，而且一些朝阳行业如光伏、风电装备、LED等也严重过剩。③资产价格快速上涨及“资产泡沫”形成。在刺激经济增长的全民欢呼声中，买入黄金、艺术品尤其房产成为潮流，由此导致各类资产价格飙升。在当下全球金融危机及影响即将结束之际，中国与美欧等国家的最大不同之一，就是中国的资产价格是“天花板价甚至摩天大楼般的高价”，而美欧等国家的资产价格是“地板价”。中国资产价格孤零零的高悬在半空，使中国成为全球的“资产价格泡沫孤岛”。中国四万亿刺激经济增长计划从一开始就定位于“快速见效”，短短两年的超大规模投资拉动，确实实现了从2009年第四季度到2011年第一季度的经济增长快速反弹，但是，也使中国经济的中长期运行背上了沉重包袱。在某种意义上，对经济体的超剂量过猛用药，虽然抑制了短期经济运行风险，但中长期仍然存在风险且风险在继续积累放大。

四、美国政府给中国政府的启示

在此轮全球金融危机中，中美两国政府都是“政府花钱”应对危机。美国的“政府花钱”不仅“成功救市”，而且在救市过程中出清了风险，为美国经济再次崛起打下了坚实的物质基础。中国的“政府花钱”没有达到预期效应，在某种意义上，花钱刺激的过大过快及应对危机的“行政急躁”，给中长期经济运行增加了负荷，使中长期经济运行的风险进一步加大。中美作为全世界两个最大经济体，需要通过相互学习而塑造新型大国关系。就“政府花钱”应对危机而言，中国政府或许能从美国政府的做法上得到些许启示。

（一）冷静理性审慎应对危机而尽力避免经济干预措施的不当或草率

无论是来自境外的金融危机，还是自身的经济运行风险，危机或风险越大，形成的原因越复杂，应对起来就越棘手。面对大危机或大风险处惊不变，既是对政府能力的考验，也是对经济政策的考验。美国政府经历了更多的危机，政府应对危机的历练更强；面对美国自身的次贷危机及其所诱发的全球金融危机给美国的反冲击，美国政府表现出了更大更强的冷静理性，并相应采取了审慎的应对措施。面对全球金融危机的巨大冲击，中国政府出现了一定程度的“行政急躁”，某些经济干预措施“过快过急”且“过度过猛”，以货币政策为例，2008 年 3 季度作为分界线，之前是表述为“从紧的货币政策”而实际执行“严格从紧的货币政策”，之后是表述为“适度宽松的货币政策”而实际执行“极度宽松的货币政策”，可以说，为了应对全球金融危机，实际执行的货币政策从“严格从紧”瞬间转变为“极度宽松”，由此产生的货币超发及流动性过剩加剧了中国经济运行中的深层次风险。

（二）经济干预着眼于方向引导而不过多介入微观运行与产业发展

“政府花钱”应对危机，不仅要着眼于危机消除，还要兼顾危机过后的经济转型。美国政府在应对次贷危机及全球金融危机中的经济干预措施，既强化对危机的管控及化解，又兼顾市场力量的方向性引导；当下美国金融业风险出清、科技创新产业呈加速之势并在多个方向抢占了制高点、制造业的重振及超预期等表现，表明美国在化解危机的同时，还利用危机实现了结构调整与增长动能转换。或许是为了更好应对全球金融危机，中国政府出台的某些经济干预措施往往对微观运行与产业发展介入过深过大，除了由各级政府的发改委部门实行严格的项目审批，还对政府确定的新产业及项目进行大额的财政补贴。政府经济干预措施过多介入微观运行与产业发展，极易导致经济结构与产业方向的更大扭曲。

（三）维护竞争环境与谋划新全球战略而使产业与企业在新一轮全球竞争中抢占制高点

美国政府此次应对次贷危机与全球金融危机中，一直坚守不干涉市场竞争与不介入微观经济运行的底线，在兼顾竞争环境维护的同时，从应对危机开始就着手谋划新全球战略，从而为危机中生存下来的美国企业在新一轮全球市场竞争中抢占制高点创造了条件，给美国经济再次崛起开拓了更大的市场空间。需要强调指出的，美国联邦政府从应对危机之初就开始谋划的新全球战略，是把中国作为主要竞争对手而布局的。美国能源战略的调整与制造业提升战略等，一定程度上都针对了中国。要高度警惕美国在太平洋布置包围中国的“第一岛链”与“第二岛链”是虚、联合其他国家拖慢中国经济发展及增长进程是真的谋略。在某种意义上，未来10年美国对中国发展与国家安全的经济竞争压力比军事压力要大得多。

（四）不计较经济增长短期内快速反弹而着眼于结构调整及出清风险

“政府花钱”应对危机是对经济运行的外部干预，要充分尊重经济运行的内在规律，容忍危机时间的延长。美国政府应对危机的政策及措施在设计上预留了更长的时间周期。在某种意义上，不追求短期的经济增长快速反弹，或许能更好地调整结构，出清风险。随着去金融杠杆化的完成，美国政府的救市计划既修复了美国金融公司资产负债表，又大大改善了美国居民家庭资产负债表，从而实现了比预期更好的消费复苏。中国短短两年的四万亿人民币刺激经济增长计划结束后，不仅生产领域形成了更加严重的产能过剩与产品过剩，而且消费领域的消费回落及消费增长乏力也相伴而生。中国今后几年要谨防房地产泡沫破裂、资产价格大幅下跌、农产品与副食品价格快速上涨、人民币由对外升值与对内贬值突然转变为“对外对内双双贬值”等现象的相继出现，从结构调整的深层次问题解决与相应深层次改革推进着手，逐渐出清经济运行的风险。

（五）引导资本与新技术回流制造业而大幅提升实体经济的预期

次贷危机及全球金融危机，使美国政府更清醒地意识到实体经济的重要性。因此，美国政府从危机应对之初到现在一直在多措并举引导资本回流制造业，同时，支持制造业使用新技术。当下，美国制造业的回升超出了多数人预期。在某种意义上，美国制造业企业又重新走到了第三次产业革命的最前端。远远好于预期的美国制造业出现了多个方面的变化：①引入第六代第七代工业机器人提升自动化程度；②3D打印机与新材料的普遍使用；③页岩气大规模开采及使用使能源成本大幅降低；④理工类留学生取得硕士博士学位后滞留美国时间的延长使“工程师”人才得到了更好更快的补充；⑤1200万长期非法滞留美国的墨西哥人身份合法化使熟练技术工人补充有了保障。可以说，美国正在形成低成本高附加值的制造业。中国曾经引以为豪的制造业有可能受到美国制造业的巨大冲击。就未来10年中美两国制造业的竞争而言，是美国“低成本高附加值”制造业与中国“高成本低附加值”制造业的竞争。

后　记

中国财政科学研究院（原财政部财政科学研究所）历来重视理论与实践相结合，坚持学以致用，紧紧围绕经济社会重大现实问题开展理论与政策研究。2013 年下半年至 2014 年上半年，财政部财政科学研究所在财政部党组领导下，认真学习领会党的十八大和十八届三中全会精神，坚持为中心工作服务、为现实服务的科研工作指导方针，承担了近 20 项由国务院、中央办公厅、财政部交办或业务司局及其他方面委托的应急研究任务，完成了 23 项计划课题，参与了一系列由中央有关部委、金融机构及地方政府委托的研究项目，撰写并发表了近 200 篇《财政研究报告》和《财政研究简报》，为我国财政发展和体制机制改革创新提供了重要的智力支持。

在上述科研成果的基础上，我们以《稳中求进的财税政策选择》、《城镇化、债务融资与风险防控》和《建立现代预算制度研究》为题精选了一批有分量、有影响的研究成果，分三册结集公开出版，以期进一步扩大本院科研成果的社会影响力。

此次三本文集的编选由院组织策划，龙艳萍处长、马洪范研究员等具体承担完成。在本文集出版之际，谨向对中国财政科学研究院研究工作给予支持和帮助的财政部及部内有关业务司局领导和工作人员，以及中国财政经济出版社的领导和责任编辑，表示衷心的感谢。对文集编辑中可能出现的疏漏与错误之处，恳请广大读者批评指正。

编　者

2016 年 3 月